U0869879

资源禀赋、空间集聚与植物油加工业
全要素生产率变化研究

战炤磊　著

东南大学出版社
SOUTHEAST UNIVERSITY PRESS
·南京·

图书在版编目(CIP)数据

资源禀赋、空间集聚与植物油加工业全要素生产率变化研究 / 战炤磊著. —南京 ：东南大学出版社，2016. 12
ISBN 978-7-5641-6912-1

Ⅰ. ①资… Ⅱ. ①战… Ⅲ. ①植物油-油料加工-食品工业-全要素生产率-变化-研究-中国 Ⅳ. ①F426.82

中国版本图书馆 CIP 数据核字(2016)第 317891 号

资源禀赋、空间集聚与植物油加工业全要素生产率变化研究

著　　者	战炤磊
出版发行	东南大学出版社
社　　址	南京市四牌楼 2 号(邮编 210096)
出 版 人	江建中
责任编辑	唐允
印　　刷	虎彩印艺股份有限公司
开　　本	700 mm×1000 mm　1/16
印　　张	13
字　　数	252 千字
版　　次	2016 年 12 月第 1 版
印　　次	2016 年 12 月第 1 次印刷
书　　号	ISBN　978-7-5641-6912-1
定　　价	42.00 元

* 东大版图书若有印装质量问题，请直接联系读者服务部。电话：025—83791830。

目录
Contents

第一章
导 论

一、问题的提出

“早起开门七件事，柴米油盐酱醋茶”①，其中食用油（主要是食用植物油）作为位列第三的生活必需品，其人均消费量不断增加是人们生活水平不断提高的重要标志。1990—2012年，我国城镇居民和农民居民人均食用植物油消费量分别从6.4公斤和3.54公斤增加到9.14公斤和6.93公斤，精制食用植物油产量从1994年的723万吨增加到2012年的5 172.97万吨，生产和消费的增长数据似乎是中国植物油加工业繁荣发展的最有力证据。然而，近年来随着龙头企业的外资控制、主要原料的进口依赖、地沟油回流餐桌、市场价格大幅波动等问题不断涌现，中国植物油加工业的健康发展面临严重危机。而这一系列危机的共性根源则在于增长乏力的供给与快速膨胀的需求之间的失衡，面对低弹性需求的向下刚性约束，扩大供给似乎乃是最合乎情理的危机化解之道。

① 自古以来人们就将“柴、米、油、盐、酱、醋、茶”合称为“开门七件事”，用来指代生活中必需的物品以及最低的生活需求。这种提法最早源自宋代吴自牧编撰的《梦粱录》，原本列了八件事“柴、米、油、盐、酒、酱、醋、茶”，后来“酒”被剔除，成为“七件事”。元代之后出现了许多关于“开门七件事”的诗句，例如：元杂剧《刘行首》二折：“教你当家不当家，及至当家乱如麻。早起开门七件事，柴米油盐酱醋茶。”明朝唐伯虎《除夕口占》：“柴米油盐酱醋茶，般般都在别人家。岁暮清淡无一事，竹堂寺里看梅花。”张璨《无题》：“书画琴棋诗酒花，当年件件不离它。而今七字都变更，柴米油盐酱醋茶。”

然而，扩大供给同样面临劳动力、土地、气候等因素的瓶颈约束，因此，中国植物油加工业要化解危机，实现科学发展，必须转变经济发展方式，摆脱主要依靠要素投入的发展方式，使全要素生产率增长成为产业发展的核心动力。

那么，中国植物油加工业全要素生产率增长的现实状态究竟如何，主导植物油加工业全要素生产率变化的主要动因是什么？由于植物油加工业对于原料有较强的依赖性，以油料为核心的资源禀赋对于植物油加工业全要素生产率会产生什么样的影响，特别是原料丰裕地区是享受到了比较优势效应，还是陷入了诅咒陷阱？产业集聚或产业集群作为现代产业经济发展的主导模式，对于植物油加工业的适用程度如何；中国植物油加工业是否也出现了集聚态势，主要呈现出哪些集聚模式；空间集聚对于植物油加工业全要素生产率会产生什么样的影响，是正向外溢效应大，还是负向拥挤成本大？既然资源禀赋和空间集聚都可能对植物油加工业全要素生产率产生双向影响，那么二者耦合协调状态下的影响又如何呢？“十一五”以来，中国农产品加工业相关规划确立的农产品加工业向产地聚集的发展模式[①]，是否能够真正促进全要素生产率提高？我们应该从哪些方面着手提升中国植物油加工业的全要素生产率呢？对于这些问题的解答，有助于我们深刻理解中国植物油加工业面临的多重危机，从而优化植物油加工业的发展模式，全面促进植物油加工业的健康发展。

二、研究目标与内容

（一）研究目标

1. 全面分析中国植物油加工业的发展历程与现实状况，辩证分析成就与不足，把握中国植物油加工业安全危机的表征与成因，从应对安全危机视角引出研究

---

① 《农产品加工业“十一五”发展规划》将因地制宜确立为“十一五”期间我国农产品加工业发展的主要原则之一，提出“充分发挥资源、经济、市场和技术优势，依托优势农产品生产区域，发展特色农产品加工业，逐步形成农产品生产和加工相协调的现代农业产业带，实现农产品加工与原料基地的有机结合，将资源优势、区位优势转变为经济优势。”《农产品加工业“十二五”发展规划》将“大力推进农产品产地加工，促进初加工与精深加工协调发展”确立为指导思想，并且将“产地初加工与精深加工相结合”确立为首要原则，提出“重视发挥产地初加工在降低农产品产后损失、提高商品化率和入市品级方面的作用，以及农产品精深加工在延伸产业链条、提高附加值、增强竞争力方面的作用，大力发展农产品产地初加工和精深加工，加快形成产地初加工与精深加工分工合理、优势互补、协调发展的格局。”《全国食品工业“十一五”发展纲要》提出，“遵循经济规律，充分发挥不同区域的比较优势，加快资金、技术、人才等要素向优势产区和优势行业流动，促进产业延伸，培育产业集群，形成特色食品加工产业带（区）。”

植物油加工业全要素生产率的重要意义。

2. 依据测算结果，分析中国植物油加工业全要素生产率增长的总体态势、区域差异、动力结构与变化趋势。

3. 从理论与实证两个层面，分析资源禀赋对于中国植物油加工业全要素生产率变化的影响，对资源优势论和资源诅咒论的理论交锋做出实证回应。

4. 对中国植物油加工业空间集聚的基本态势进行定量评价，分析空间集聚对于中国植物油加工业全要素生产率变化的影响，对集聚论与均衡论做出实证回应。

5. 测算中国植物油加工业资源禀赋与空间集聚的耦合协调度，从耦合视角分析资源禀赋与空间集聚对于中国植物油加工业全要素生产率变化的影响，为农产品加工业的产地集聚模式提供学术证据。

6. 结合相关理论机理和实证研究结论，分析提升中国植物油加工业全要素生产率的相关对策思路。

(二) 研究内容

1. 中国植物油加工业发展的演化历程与现实状况。梳理改革开放以来中国植物油加工业的发展历程，从规模扩张和结构变迁两个层面剖析新世纪以来中国植物油加工业发展的总体态势，然后从产业、供给、质量、消费四个层面剖析中国植物油加工业面临的严峻安全危机，进而从粗放型发展方式的视角深入剖析多重安全危机的深层原因，强调植物油加工业转变发展方式的现实紧迫性，引出提升中国植物油加工业全要素生产率的重大意义。

2. 中国植物油加工业技术进步、技术效率与全要素生产率变化。依据 29 个省区 2003—2011 年植物油加工业的面板数据，运用基于 DEA 的 Malmquist 生产率指数法，以总产值为产出变量，以固定资产、存货、从业人员为投入变量，测算中国植物油加工业技术进步、技术效率与全要素生产率变化情况，然后运用聚类分析和收敛性检验，对测算结果进行分析，为后续的实证检验和对策探讨提供数据支撑和标靶。

3. 资源禀赋与中国植物油加工业全要素生产率变化。借鉴相关理论成果，结合植物油加工业的产业属性，从核心要素、共性要素、支撑要素三个层次来分析植物油加工业的资源禀赋结构，进而运用动态面板数据模型，对资源禀赋对植物油加工业的产业规模、全要素生产率变化及相关分解指标的影响进行回归分析，并从实证分析结果中找寻支持优势论或是诅咒论的证据。

4. 空间集聚与中国植物油加工业全要素生产率变化。借鉴相关理论成果，运用行业集中度、空间基尼系数以及区位熵三个测度指标来分析中国植物油加工业空间集聚的总体态势和区域格局，并且对应样本地区的资源禀赋情况，将植物油加工业区位熵大于1的地区归结为三大类，即邻近主要原料产地的地区、邻近主要消费市场的地区、邻近交通运输枢纽的地区，进而运用动态面板数据模型，以区位熵为解释变量，以企业规模为控制变量，分析空间集聚对植物油加工业全要素生产率变化及相关分解指标的影响，以便证明产业集聚同样应该成为植物油加工业的主导模式。

5. 资源禀赋与空间集聚耦合视角下中国植物油加工业全要素生产率变化。在深入分析资源禀赋与空间集聚之间的互动关系基础上，引入物理学的耦合系统分析工具，构建"资源禀赋—空间集聚"耦合系统，对各地区植物油加工业资源禀赋与产业集聚的耦合协调度进行测算，并分析不同地区耦合协调度差异的成因，然后分别将资源禀赋与空间集聚的序参量和耦合协调度作为解释变量引入动态面板数据模型，分析资源禀赋、空间集聚以及二者的耦合协调度对于植物油加工业全要素生产率变化及其分解指标的影响，从而证明资源禀赋与空间集聚良性协调互动的发展模式才是植物油加工业发展的理性路径。

三、研究思路、研究方法与技术路线图

（一）研究思路

本书首先通过分析中国植物油加工业的多重安全危机及其深层成因，引出提升中国植物油加工业全要素生产率对于转变经济发展方式、应对安全危机的重大现实意义；然后在测算中国植物油加工业全要素生产率变化及其分解指标的基础上，从理论与实证两个层面分别分析资源禀赋和空间集聚对于植物油加工业全要素生产率变化的影响；再在测算植物油加工业资源禀赋与空间集聚的耦合协调度的基础上，从耦合视角分析资源禀赋和空间集聚对于植物油加工业全要素生产率变化的影响，从而证明资源禀赋与空间集聚耦合协调的发展模式是植物油加工业科学发展的理性选择；最后结合相关研究结论探讨中国植物油加工业提升全要素生产率、转变经济发展方式的有效路径。

（二）研究方法

1. 文献研究法。借助公共图书馆和计算机网络系统查阅梳理与本书研究主题相关的文献，包括著作、论文、研究报告、新闻报道等，把握相关领域的理论脉络和研究进展，奠定本书研究的文献基础。

2. 比较分析法。比较分析不同区域植物油加工业全要素生产率的变化趋势以及主导动力的差异，比较分析不同区域资源禀赋、空间集聚及其耦合度的差异，

为实证结论找寻经验证据，并且为差异化的政策探讨奠定基础。

3. 辩证分析法。用辩证的思维审视资源禀赋与空间集聚的影响，既分析资源禀赋与空间集聚对植物油加工业的正向影响，又探讨负向影响。

4. 实证分析法。用数据包络分析法测算植物油加工业的全要素生产率变化，并且用聚类分析法划分为五类；用耦合系统分析法测算植物油加工业资源禀赋与空间集聚之间的耦合协调度；用动态面板回归分析法检验资源禀赋、空间集聚及其耦合协调度对植物油加工业全要素生产率的影响。

(三) 技术路线图

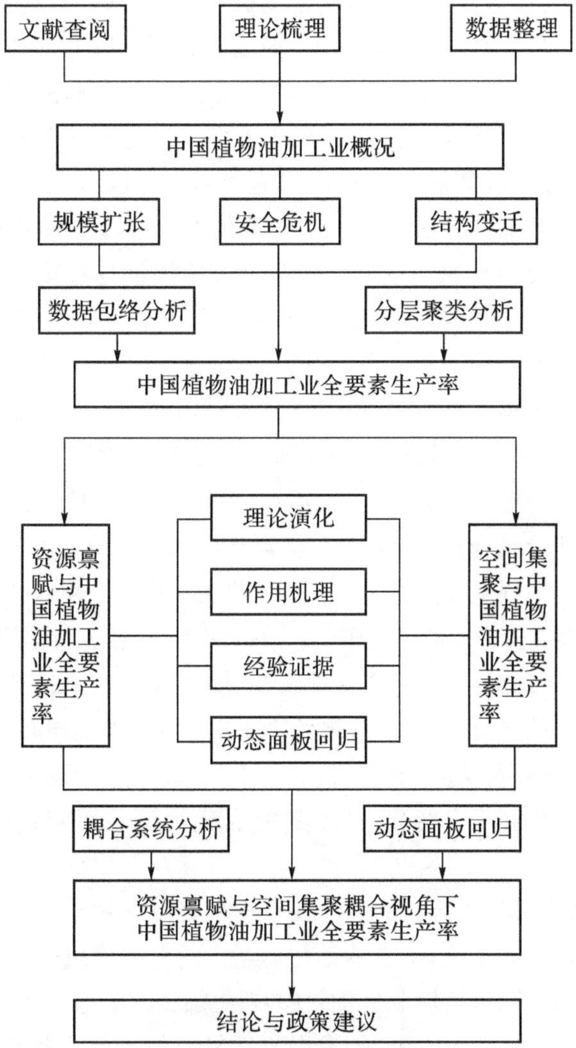

图 1-1 本研究技术路线图

四、可能的创新与不足之处

(一)可能的创新之处

1. 研究对象的整合创新。将全要素生产率、资源禀赋、产业集聚等热门研究范式引入植物油加工业研究领域,既拓展了植物油加工业研究的视野,又为验证并深化上述理论范式提供了重要的实践证据。综观国内关于植物油加工业的研究文献,直接以该产业为研究对象的规范的学术研究成果较少,而从全要素生产率、资源禀赋、产业集聚等视角探讨植物油加工业的文献更是鲜见,因而,本书探讨植物油加工业的全要素生产率以及资源禀赋与产业集聚的影响,能够丰富和拓展相关领域的研究。同时,植物油加工业是一个比较特殊的产业,不仅对植物油料有着超强依赖,而且具有较强的集聚发展诉求,从这个意义上说,它是检验资源禀赋理论和产业集聚理论的生命力和适应性的优质样本产业,本书以植物油加工业为样本的实证检验能够为资源禀赋理论和产业集聚理论提供具有较强说服力的佐证依据。(1)本书运用2003—2011年29个省区植物油加工业的面板数据,测算了中国植物油加工业的Malmquist生产率指数,结果显示,整个样本期间中国植物油加工业的全要素生产率呈增长态势,年均增长1.9%,而增长动力主要来自技术效率变化,特别是规模效率变化做出了突出贡献,而技术变化则对全要素生产率增长产生了制约作用。(2)基于动态面板模型的实证研究显示,植物油料产量对于植物油加工业规模优势及其增长速度、全要素生产率、技术进步、规模效率均有显著正向影响,表现出了良好的资源支撑作用,而植物油料播种面积对植物油加工业的规模及全要素生产率、技术效率、规模效率、纯效率都有显著负向影响,揭示了存在“资源诅咒”效应的可能性。(3)主营业务收入区位熵对植物油加工业全要素生产率变化、技术变化、技术效率变化、规模效率变化都有显著正向影响,但对纯效率变化的正向影响并不显著;从业人员区位熵对于技术进步和规模效率都有显著负向影响,但对于全要素生产率变化、技术效率变化和纯效率变化的正向影响都不显著。

2. 研究视角的综合创新。从耦合视角审视资源禀赋与空间集聚对于植物油加工业全要素生产率的影响,不仅能够化解基于简单替代指标的传统研究思路所面临的随意性、可比性、可信性危机,而且能够更加紧密地呼应实践,对相关规划确定的“农产品加工业向产地集聚”的发展思路做出更加富有说服力的理论回应。

(1)本书测算了29个省区2003—2011年植物油加工业资源禀赋与空间集聚的耦合协调度,结果显示,大部分省区的耦合协调度取值不高,仅有黑龙江处于良好协调状态,山东处于中级协调状态,5个省区处于初级协调状态,8个省区处于勉强协调状态,4个省区处于濒临失调状态,8个省区处于轻度失调状态,宁夏处于中度失调状态,而北京处于极度失调状态。(2)基于动态面板模型的实证研究显示,资源禀赋序参量和空间集聚序参量均对植物油加工业全要素生产率变化有显著正向影响,但资源禀赋序参量的正向影响主要源于技术变化和纯效率变化,而空间集聚序参量的正向影响主要源于技术效率特别是规模效率变化。进一步将资源禀赋与空间集聚的耦合协调度引入动态面板模型的计量结果显示,耦合协调度对植物油加工业全要素生产率变化以及技术效率变化和规模效率变化均有显著正向影响,对技术变化和纯效率变化均有显著负向影响。

3. 研究观点的局部创新。本书研究得出的部分观点也具有一定新意,例如:(1)植物油加工业多重安全危机的深层根源在于经济发展方式尚未彻底转变,仍然主要依靠要素投入而非全要素生产率提高来实现经济增长,因此,提高全要素生产率、转变发展方式是植物油加工业克服安全危机、实现科学发展的根本路径;(2)资源禀赋与空间集聚的耦合协调度对植物油加工业全要素生产率提升有显著促进作用,资源禀赋与空间集聚的耦合发展应成为植物油加工业发展的主导模式。

(二)不足之处

1. 受制于微观数据获取面临的诸多困难,本书研究结论缺乏基于典型案例的验证。由于全要素生产率的测算需要具有一定时间跨度的投入—产出数据,而在微观调查中获得截面数据较为容易,要获得时间序列数据和面板数据较为困难,需要对较大样本量的企业进行跟踪调查,本书无法获取相关数据,也就难以进一步从微观层面佐证相关实证研究结论。

2. 由于涉及大量实证研究,在替代指标选择方面仍面临诸多困惑和随意性问题。在实证研究过程中必然涉及大量替代指标选择和变量设定问题,但是由于本书涉及的全要素生产率测算、资源禀赋评价、空间集聚度量等,目前并无统一的标准,大多数文献都是根据研究需要自行设计,而且相互之间的差异性也比较大,这势必对本书的指标选择问题造成很大困惑。例如,在全要素生产率测算中,本书大致遵从研究惯例选择总产值作为产出变量,选择固定资产、存货、从业人员作为投入变量,但是也有文献选择完全不同的变量。在资源禀赋评价方面,不同文献的指标选择差异性更大,本书根据“核心要素—共性要素—支撑要素的圈层结构”,考虑指标可获得性来构建评价指标体系，但也难以彻底摆脱指标选择随意性的质疑。在空间集聚度量方面，经典文献提出了多种评价指标，但是每种指标都有优点和缺点，由于本书重点关注区域之间的比较，因而采用区位熵来衡量，然而这种解释显然不能打消所有读者的疑虑。诚然，这些指标选择难题确实会对本书的实证研究结论产生一定的负面影响，所幸，本书所采用的耦合系统分析方法能够包容多项替代指标，用资源禀赋与空间集聚的耦合协调度作为解释变量能够在一定程度上缓解指标选取随意性的不利影响。

3. 受制于样本数据结构，无法规避植物油品种差异的影响。不同省区生产的植物油料，在品种结构和质量层次方面存在很大差异，有的以大豆为主，有的以油菜籽为主，还有的以花生为主，这种差异会转化为植物油加工企业的规模、生产技术和产品差异，但是现有数据无法反映这种差异，我们只能通过标准化来平滑处理这种差异，这可能会影响到实证研究结论对于现实的解释力。

第二章 理论基础与文献综述

一、资源禀赋的理论演化:优势论与诅咒论的交锋

(一) 禀赋优势论

资源禀赋(或称要素禀赋)是指一个国家或地区所拥有的各种生产要素,包括土地、劳动力、资本等,在数量规模、质量层次、时空结构方面所呈现的状态。在国际贸易理论语境下,资源禀赋主要是指一个国家或地区所拥有的各种生产要素相对于其他国家或地区的丰裕或者匮乏程度。如果相对于其他国家或地区而言,某国家或地区的某种生产要素(例如劳动力)占全部生产要素的比重较大而价格较低,则说明该国家或地区的该生产要素(例如劳动力)相对丰裕,反之,则说明相对匮乏。按照比较优势原则,该国家或地区应该大力发展使用相对丰裕的生产要素比较多的产业,并大量出口此类商品,而抑制甚至取消使用相对匮乏的生产要素比较多的产业,并大量进口此类商品,这也是经典的禀赋优势理论——"赫克歇尔—俄林定理"的基本精神。

西方经济理论关于资源禀赋之于经济发展的影响总体上秉持着优势论调。威廉·配第关于"土地是财富之父、劳动是财富之母"的命题是对于生产要素正向作用的经典论述,此后

无论是萨伊的“三要素论”[①]还是马歇尔的“四要素论”[②]，只是扩展了生产要素的种类，仍然沿袭着威廉·配第的传统，强调生产要素对于经济增长的促进作用。真正将资源禀赋对于经济发展和国际竞争的优势作用阐释到极致的是国际分工和国际贸易理论。亚当·斯密的绝对优势理论和大卫·李嘉图的比较优势理论虽然都以劳动价值论为基础，从技术水平的绝对差异和相对差异角度来论证国际分工和国际贸易的基础和原则，但是他们所谓的技术水平差异实际上主要是产品的劳动生产率差异，而且亚当·斯密认为经济体的绝对优势来自于自然优势和获得性优势，这种从生产要素条件找寻分工基础和竞争优势的思路恰恰佐证了资源禀赋对于经济发展的重要作用。瑞典经济学家赫克歇尔和俄林在李嘉图比较优势理论基础上发展起来的要素禀赋理论将资源禀赋对于经济发展的关键作用推向了极致，其直接用资源要素的丰歉关系来解释国际贸易活动的发生动因和不同国家进口、出口商品的类型，奠定了现代国际贸易理论的基础。

赫克歇尔—俄林理论将生产要素的比例关系作为决定国际贸易模式的关键因素，认为“一国应该出口那些密集使用其本国丰裕生产要素的产品，并且进口那些密集使用其本国稀缺要素的产品”[③]。对此，俄林的表述为：“那些在它们的生产中需要大量丰裕生产要素和少量稀缺要素的商品被出口，以交换那些要素投入比例相反的商品。由此，间接地，供给充足的要素被出口，而供给稀缺的要素被进口。”[④]保罗·萨缪尔森等进一步发展了赫克歇尔—俄林理论，解释了国际贸易对于生产要素收入和价格的影响，形成了“斯托尔珀—萨缪尔森定理”和“要素价格均等化定理”。按照赫克歇尔—俄林理论的预期，“在每个国家中，由于相对产品价格的改变会提高一些要素的收入而降低另一些要素的收入，国际贸易几乎毫无例外地会将社会成员划分为贸易的受益者与受害者”[⑤]。“斯托尔珀—萨缪尔森定理”则表明，“在特定条件和假设前提下，一国产品价格的改变，从长期讲，无疑将提高密集使用于产品价格上升产业的要素的实际收益，降低密集使用于产品价格下降

① 萨伊在其著作《政治经济学概论》中指出：“价值是劳动（或人类的勤劳）的作用，自然所提供的各种要素的作用和资本的作用联合产生的结果”，由此将劳动、土地和资本视为创造价值的三种最为基本的生产要素。

② 马歇尔在《经济学原理》中论述了“组织”对于生产的重要作用，从而将“组织”视为第四种生产要素。

③ [美]托马斯·A·普格尔，彼得·H·林德特. 国际经济学[M]. 李克宁，等，译，第十一版. 北京：经济科学出版社，2001：45

④ Ohlin Bertil. Interregional and International Trade[M]. Cambridge: Harvard University Press, 1933:92

⑤ [美]托马斯·A·普格尔，彼得·H·林德特. 国际经济学[M]. 李克宁，等，译，第十一版. 北京：经济科学出版社，2001：50

产业的要素的实际收益,无论两种要素的销售者消费何种产品”①。“斯托尔珀—萨缪尔森定理”的更为广义的涵义是:“某种要素越是专业化或越是集中于出口生产,它便越能够从贸易中获益。相反地,一种要素越是集中于可进口商品的生产,它便越容易因贸易而受损。”②“要素价格均等化定理”主要揭示了国际贸易对于生产要素价格的国际差异的影响,认为“在特定条件和假设前提下,自由贸易不仅将使两国间的商品价格均等化,而且会使两国间的各种要素价格均等化,以至于即便在要素不能在各国间流动的情况下,两国工人也将享受同样的工资水平,两国中单位面积的土地也将获得同样的地租收益。”③

赫克歇尔—俄林理论对于现实的解释和预测总体上是合理,但是 1947 年美国经济学家瓦西里·里昂惕夫发现资本丰裕的美国竟然向世界其他国家出口的是劳动密集型产品,而进口的是资本密集型产品,这个令人困惑的悖论被称为“里昂惕夫之谜”。围绕“里昂惕夫之谜”的探索和解释,一些新的要素被发现或者引进,形成了新贸易理论。以克鲁格曼等为代表的新贸易理论主要从规模经济的视角解释不完全竞争市场结构下国际分工和国际贸易的动因,认为技术和要素禀赋差异并不是国际贸易的唯一动因,规模经济也是引起国际分工和国际贸易的重要动因之一。即便在技术和要素禀赋无差异的情况下,同样会产生同一产业内不同产品之间的贸易,即产业内贸易。若国家间差异较大则产业间贸易量较大,若国家间差异较小则产业内贸易量较大。

尽管在迈克尔·波特的竞争优势理论中生产要素的地位相对下降,但是总体上仍然强调生产要素条件对于竞争优势的重要影响,只是以一种更加辩证理性的视野来分析生产要素条件的双向效应。在其钻石体系中仍然将生产要素作为影响产业竞争力的首要因素,“生产要素如人工、耕地、天然资源、资本与基础设施等是任何一个产业最上游的竞争条件”④。波特依据形成方式将生产要素分为初级生产要素和高级生产要素,依据专业程度将生产要素分为一般性生产要素和专业性生产要素,进而在此基础上明确指出:“一个国家要想经由生产要素建立起产业强大又持久的竞争优势,则必须发展高级生产要素和专业性生产要素。这两类生产

① [美]托马斯·A·普格尔,彼得·H·林德特. 国际经济学[M]. 李克宁,等,译,第十一版. 北京:经济科学出版社,2001:53

② [美]托马斯·A·普格尔,彼得·H·林德特. 国际经济学[M]. 李克宁,等,译,第十一版. 北京:经济科学出版社,2001:55

③ Samuelson Paul A. International Factor-Price Equalization Once Again[J]. Economic Journal, 1949, 59(234):181-197

④ [美]迈克尔·波特. 国家竞争优势[M]. 李明轩,邱如美,译. 北京:华夏出版社,2002:70

要素的可获得性与精致程度也决定了竞争优势的质量以及竞争优势将继续升级或被赶上的命运”①。

(二) 资源诅咒论

“资源诅咒”思想起源于20世纪50年代，当时许多自然资源丰裕的国家和地区出现了经济停滞的问题，人们开始反思丰裕的资源禀赋对于经济增长的影响，并从多方面找寻丰裕资源从“恩赐”变为“诅咒”的原因。直到20世纪90年代，Auty(1993)②首次将矿产资源丰裕国家的增长悖论概括为“资源诅咒”，之后在大量实证研究文献的推动下，资源诅咒理论逐渐被人们所关注，对于资源诅咒是否存在的多样本验证、对于资源诅咒成因及作用机理的多学科解释、对于资源诅咒克服路径的多视角探讨构成了资源诅咒理论的主体内容。概括而言，资源诅咒就是指自然资源丰裕的国家或地区的长期平均增长速度反而低于自然资源匮乏的国家或地区。许多学者的实证研究结果都证明了在自然资源丰裕的国家存在资源诅咒，例如，Sachs & Warner 的多篇研究成果均显示，自然资源禀赋与经济增长速度之间呈显著负相关③；Gylfason(2000)以22个转轨经济体为样本验证了资源诅咒效应的存在④。

而关于资源诅咒成因的解释是资源诅咒理论体系中最为华丽的组成部分，中心—外围论、贸易条件恶化论、荷兰病、人力资本投资不足论、制度弱化论、技术创新挤出论、路径锁定效应论、政治环境恶化论等从不同视角给出了相应的解释，并且都有一定的拥趸者。

(1) 中心—外围论。阿根廷经济学家劳尔·普雷维什将世界上的国家分为两类，一类是以西方高度工业化国家为代表的中心国家，它们出口高附加值的工业品、进口低附加值的初级产品，拥有绝对的技术优势；另一类是以尚未实现工业化的国家为代表的外围国家，它们的经济增长依附于中心国家，用单一的初级产品换

① [美]迈克尔·波特. 国家竞争优势[M]. 李明轩，邱如美，译. 北京：华夏出版社，2002：74－75

② Auty, Richard. Sustaining Development in Mineral Economies: The Resource Curse Thesis[M]. New York: Oxford University Press, 1993

③ Sachs Jeffrey, Andrew Warner. Natural Resource Abundance and Economic Growth[A]//G Meier, J Rauch. Leading Issues in Economic Development[C]. New York: Oxford University Press, 1995; Sachs Jeffrey, Andrew Warner. The Curse of Natural Resources[J]. European Economic Review (Elsevier), 2001, 45(4－6):827－838

④ Gylfason Thorvaldur. Resources, Agriculture and Economic Growth in Economies in Transition[Z]. Kyklos, 2000, 53(4):545－579

回工业品。中心国家与外围国家之间进行着不平等的交换,只要中心—外围结构不改变,不合理的国际经济和分工秩序不改变,即便是自然资源丰裕的外围国家也不可能获得持续的增长。

(2) 贸易条件恶化论。"普雷维什—辛格"假说认为,相对于主要出口工业制品的发达国家而言,主要出口初级产品的发展中国家的国际贸易条件长期呈现恶化趋势。其原因在于,初级产品的生产要素具有供给有限性特征,呈现报酬递减趋势,应以不断上升的价格来弥补不断增加的成本,而工业制品的生产要素主要是资本和技术,能够在规模效应和技术进步的推动下呈现报酬递增趋势,可以随着不断下降的成本而降低价格,但是由于初级产品通常缺乏收入弹性和需求弹性,在国际贸易活动中,初级产品价格不但没有上涨反而有所下降,而工业制品的价格却逐步上涨。由于贸易条件恶化,发展中国家出口的初级产品越多,其利益损失越大,从而陷入"贫困化增长"。

(3) 荷兰病。"荷兰病"是解释资源诅咒的经典思路之一,其缘起是荷兰开发了新的北海天然气资源之后,出口商品生产受到抑制,国内工业出现衰退。Corden等用荷兰病效应来解释自然资源丰裕对于产业结构的影响,首先将国民经济分为可贸易的制造业部门、可贸易的资源出口部门和不可贸易的服务业部门,然后分析在均衡状态下自然资源发生重大利好变化(发现新的矿藏或者国际市场价格上涨)可能产生的两种影响:一是资源转移效应,即由于可贸易的资源出口部门利润水平上升,劳动和资本等生产要素大量流入,制造业的要素成本上升,同时,资源出口增加扩大外汇收入,使本币升值,降低制造业出口产品的价格优势;二是支出效应,即资源出口带来收入增加,扩大对其他部门产品的消费需求,但由于本币升值导致进口商品更加便宜,因而可贸易的制造业产品需求增加有限,而不可贸易的服务业需求增加较大。[①] 荷兰病假说的基本结论是,自然资源的丰裕会抑制制造业的发展,却会带来服务业的繁荣。在制造业中心主义的逻辑语境下,荷兰病无疑是一种"诅咒",但在服务业至上的语境下,反而可能成为一种"护佑"。

(4) 人力资本投资不足论。人力资本是推动经济增长的最重要的生产要素,自然资源对人力资本的侵蚀是资源诅咒形成的重要原因。自然资源丰裕的国家之所以会出现人力资本投资不足的问题,主要有三个方面的原因:一是自然资源开采属于资本密集型产业,其大规模扩张需要大量的资金投入,必然会对教育、培训、医疗等人力资本投资产生挤出效应;二是自然资源开发部门对于高素质劳动者的需

① Corden W Max. Booming Sector and Dutch Disease Economics: Survey and Consolidation[M]. New York: Oxford University Press,1984:359-380

求较低[①],企业和政府缺乏动力加大人力资本投资;三是依靠自然资源获利比较容易而且风险低,而人力资本投资的比较收益偏低,人力资本投资的长期价值易被低估。Gylfason(2000)发现教育支出与自然资源显著负相关,自然资源财富所占份额增长18个百分点,教育支出占GNP的比重将下降1个百分点。[②]

(5) 制度弱化论。制度是影响经济增长的重要变量,从制度的视角来看,资源诅咒之所以会发生,就是因为自然资源丰裕可能会侵蚀原有制度的效率,并阻碍新制度的产生。自然资源丰裕使得经济主体获利相对容易,大量既得利益者对于制度创新无积极性。而且自然资源开发往往给能够给投资主体带来不可持续的暴利,政府和经济主体通过寻租牟利的预期收益增加,进而会主动挑战制度的权威,破坏制度的规范作用,导致整体的制度质量下降。Sala-i-Martin 等(2003)对尼日利亚的研究发现,制度弱化是资源诅咒的根源之一。[③] Mehlum 等(2006)指出,制度质量较高的国家不会出现资源诅咒,但是制度质量一旦低于0.93的门槛值,资源诅咒便会发生。[④]

此外,在迈克尔·波特的竞争优势理论中也透露出了对于资源要素的审慎担忧。波特指出:"在实际竞争中,丰富的资源或廉价的成本因素往往造成资源配置没有效率。……人工短缺、资源不足、地理气候环境恶劣等不利因素,反而会形成一股刺激产业创新的压力。"[⑤]"不利的生产要素也会刺激企业脱离成本竞争等初级生产要素,寻求高层次的竞争优势。换句话说,充沛的环境资源会使企业在小康格局中自满,延迟引进先进科技的速度。"[⑥]

二、产业集聚的理论演化

产业集聚一直是经济学家关注的重点问题,最早可以追溯到亚当·斯密的分

---

① Sachs Jeffrey, Andrew Warner. Natural Resource Abundance and Economic Growth[A]//G Meier, J Rauch. Leading Issues in Economic Development[C]. New York: Oxford University Press, 1995

② Gylfason Thorvaldur. Resources, Agriculture and Economic Growth in Economies in Transition[Z]. Kyklos, 2000, 53(4):545-579

③ Sala-i-Martin Xavier, Arvind Subramanian. Addressing the Natural Resource Curse: An Illustration from Nigeria[Z]. Washington, D. C: IMF Working Paper, 2003

④ Mehlum Halvor, Karl Moene, Ragnar Torvik. Institutions and the Resource Curse[J]. Economic Journal, 2006, 116(508):1-20

⑤ [美]迈克尔·波特. 国家竞争优势[M]. 李明轩,邱如美,译. 北京:华夏出版社,2002:77

⑥ [美]迈克尔·波特. 国家竞争优势[M]. 李明轩,邱如美,译. 北京:华夏出版社,2002:78

工协作理论。亚当·斯密认为分工能够提高劳动生产率[①]，因而各个国家或地区为了获得最大化的利益必须依据由自身资源禀赋条件决定的成本差异来进行分工，由此必然导致某些产业主要集中在此地区，而某些产业主要集中在彼地区，即出现产业集聚。分工协作是形成产业集聚的根本基础，但是产业集聚的成因和魅力远不止于此，马歇尔、韦伯、胡佛、克鲁格曼、波特等人的经典解释和理论贡献，大大推动了产业集聚理论的发展，特别是克鲁格曼和波特的卓越贡献"改变了产业聚集理论在经济学界处于边缘的状态，并逐渐引发了研究产业聚集的热潮"[②]。概括而言，精彩纷呈的产业集聚理论可以归结为四大流派：一是以阿尔弗雷德·马歇尔为代表的新古典经济学的集聚理论；二是以阿尔弗雷德·韦伯和埃德加·胡佛为代表的古典区位理论中的集聚思想；三是以保罗·克鲁格曼为代表的新经济地理学的集聚理论；四是以迈克尔·波特为代表的基于竞争优势的集聚理论。

(一) 新古典经济学的集聚理论：外部经济

新古典经济学的集大成者马歇尔(1890)最早以规模收益不变、完全竞争市场为假设前提对产业活动的空间集聚现象做出了系统阐释。他认为，产业集聚的动因和收益主要源于空间邻近产生的外部经济，包括对雇主和工人都有利的丰厚的劳动力市场蓄水池、多样化且低成本的中间投入品市场、知识和技术的溢出效应。马歇尔将地方化的行业集聚的特定地区称为"产业区"，在这个"产业区"企业能够更好地获得外部规模经济所带来的收益，其原因有三：一是在这种地方"雇主们有很大的机会找到具有他们所需要的特殊技能的工人"，而"寻找就业机会的人"也能够遇到"许多需要他们的技术的雇主"；二是在这种地方"有许多同类生产活动聚集，……每一个附属产业虽然只服务于生产过程中一个很小的分支，但它为附近的许多产业工作，因而能够经常使用高度专用的机械，使这些机械可以支付得起它的费用"；三是在这种地方"行业的秘密不再成为秘密，而似乎是公开了，孩子们不知不觉地学到了许多秘密。优良的工作受到正确地赏识，机械上以及制造方法和企业的一般组织上的发明和改良之成绩，得到迅速的研究：如果一个人有了一种新思想，就为别人所采纳，并与别人的意见结合起来，因此，它就成为更新的思想之源泉。"[③]马歇尔提出的产业空间集聚的三个众所周知的原因，成为产业集聚理论的

---

① 亚当·斯密在《国富论》中指出："劳动生产力上最大的改进，以及运用劳动时所表现的更大的熟练、技巧和判断力，似乎都是分工的结果。"

② 徐康宁. 产业聚集形成的源泉[M]. 北京：人民出版社，2006：30

③ [英]马歇尔. 经济学原理[M]. 朱泰志，译. 北京：商务印书馆，1997：281－282

基石，此后涌现出来的各大流派也都是围绕这三个方面进行补充扩展或者深化，后来克鲁格曼将其概括为共享劳动力市场、专业性中间投入品的市场规模效应和技术外溢效应。遗憾的是，自马歇尔之后，在相当长的一段时期内，产业集聚研究一直游离于主流经济学之外。

（二）古典区位理论中的集聚思想：运输成本

工业区位理论的奠基者韦伯(1909)最早明确提出了“集聚因素”和“集聚经济”的概念，他在求解最优工业区位过程中将“集聚因素”和运输成本、劳动力成本一起纳入考虑范畴。韦伯认为，“聚集因素是一种优势，或是一种生产的廉价，或者是生产在很大程度上被带到某一地点所产生的市场化”，当集聚所带来的收益大于运输成本的节约时，厂商就倾向于在产业集聚地区选址，产业活动趋于集聚；而当拥挤引致的成本上升抵消了集聚的收益时，厂商就倾向于在其他地区选址，产业活动趋于分散。

胡佛(1936)在韦伯的基础上引入了规模报酬递增假设，并且首次将集聚经济效应分解为地方化经济和城市化经济。所谓地方化经济主要是指特定产业的空间集聚通过共享基础设施、劳动力市场以及知识溢出等机制对本行业的促进作用，也就是说由产业集聚所带来的规模报酬递增对企业而言是外部的，而对整个行业而言是内部的。所谓城市化经济主要是指特定产业的空间集聚对本地区或城市其他产业的促进作用，也就是说由产业集聚所带来的规模报酬递增体现在整个地区或城市范围内。胡佛关于集聚经济效应的经典划分，为后续的实证研究奠定了基础，至今仍被广泛运用。

西方区域科学、空间经济学的创始人沃尔特・艾萨德(1960)提出了产业综合体概念。他认为，产业综合体作为特定区位上的一组经济活动，由于相互之间在技术、生产和分配等方面存在着密切联系，能够带来成本上的节约。他认为，厂商通过权衡运输成本和生产成本做出区位选择，从而形成集聚力和反集聚力，而这两种力量又会导致产业经济活动的集中或者扩散。尽管艾萨德的产业集聚思想并不成熟，并且受到克鲁格曼的严厉批判，但是，在产业集聚被主流经济学所忽略的背景下，区域科学对集聚问题的关注和研究对于产业集聚理论的发展起了重要的传承作用，而且相关理论成果也为新经济地理学的集聚理论提供了重要的思想源泉。

（三）新经济地理学的集聚理论：规模报酬递增

以克鲁格曼为代表的新经济地理学，以不完全市场竞争和规模报酬递增为假设前提，吸收传统空间经济理论的精髓，借鉴迪克西特—斯蒂格利茨垄断竞争模型、新贸易理论、新增长理论，运用规模的空间经济模型对产业集聚的作用机理、影响因素、均衡条件做出了精彩的理论诠释和实证检验，将产业集聚理论推向了新的高度，并且使集聚经济在马歇尔之后再次进入主流经济学的视野。新经济地理学的核心分析范式是克鲁格曼(1991)在《收益递增与经济地理》一文中提出的“中心—外围”模型，其中规模经济、运输成本和制造业份额是形成“中心—外围”结构的主导因素。[①] 依据“中心—外围”模型，克鲁格曼认为产业活动在特定空间的集聚主要受到三种效应驱动：一是本地市场效应(也称市场接近效应)，即垄断竞争的厂商为了获取规模报酬递增效应并节约运输成本，总是倾向于将其生产安排在市场需求较大的区域；二是生活成本效应(也称价格指数效应)，即消费者为了更便捷地获得物美价廉的消费品、节约生活消费支出而倾向于居住在大量厂商聚集的区域，因为大量厂商集中的地区由于运输成本和贸易成本较低，消费品价格也相对较低；三是市场拥挤效应(也称市场挤出效应)，即为数众多的厂商在中心区的激烈竞争，会降低单个厂商的市场份额同时提高其成本，因而，为规避竞争，部分厂商会选择将生产活动安排在竞争者较少的地区。前两种效应通过后向关联效应和前向关联效应的循环累积形成促进厂商和消费者空间集聚的向心力，第三种效应则通过刚性的成本约束形成促使厂商和消费者在空间上扩散的离心力。

(四) 基于竞争优势的集聚理论：竞争优势

迈克尔·波特主要从竞争优势视角审视产业集群问题，并且将产业集群视为获取竞争优势的根本路径。尽管产业集群理论只是波特国家竞争优势理论的一个工具意义上的组成部分，而且波特的产业集群理论也并不像其他产业集聚理论流派那样系统、规范，但是波特对产业集群的内涵、影响因素和作用机理做出了精辟的阐释，并且为产业集群的培育和创新发展提供了可资借鉴的操作思路，特别值得指出的是，随着其国家竞争优势理论风靡全球，其产业集群理论也获得了更为广泛的认同。如果说克鲁格曼的努力使得产业集聚理论回归到主流经济学的视野的话，那么，波特的贡献则使得产业集群思想播撒到世界的各个角落。

波特认为，“集群即指在某一特定区域下的一个特别领域，存在着一群相互关联的公司、供应商，关联产业和专门化的制度和协会”，“集群不仅降低交易成本、提高效率，而且改进激励方式，创造出信息、专业化制度、名声等集体财富。……集群

---

① Paul Krugman. Increasing returns and Economic Geography[J]. Journal of Political Economy, 1991, 99(3):483-499

能够改善创新的条件，加上生产率的成长，也更有利于新企业的形成。”①正是基于产业集群的上述正向外溢效应，波特认为，“各国竞争优势形态，都是以产业集群的面貌出现”，产业集群“是产业发达国家的核心特征”②，而且“产业集群的竞争力大于各个部分加起来的总和”③。波特用钻石体系来概括生产要素、企业战略、需求条件、相关产业等国家竞争优势的四大关键要素及其相互关系，并且据此解释产业集群的成因与影响因素，他认为，“国家竞争优势的关键要素会组成一个完整的系统，是形成产业集群现象的主要原因”。④ 波特还剖析了产业集群内部不同构成要素之间的交互作用，他指出，“客户、供应商和关联产业之间绵密流通的需求和技术的信息，是国家钻石体系和产业集群的运作基础”，“产业集群内顺畅的互动机制会协助信息的流通更顺畅，缓和经济利益的冲突，替垂直或水平联结的公司创造合作与信任的空间。”⑤

三、资源禀赋、空间集聚与全要素生产率：理论机理与分析框架

（一）资源禀赋对产业发展及其效率的影响机理

由于不同产业对于资源禀赋的依赖程度存在显著差异，加上产业发展还会受到政策环境、技术条件等多种因素影响，因而产业经济理论对于资源禀赋的关注较少，即便涉及资源禀赋问题，往往主要借用国际贸易理论的基本范式。从优势论与诅咒论的交锋可以看出，资源禀赋对于产业发展及其效率的影响是双向的，既有可能产生正向影响，也有可能产生负向影响，只是两种影响的触发条件不同。

1. 资源禀赋对产业发展及其效率的正向影响

一是成本红利与规模优势。资源禀赋是所有产业发展的重要物质基础，无论产业的技术含量和技术水平高到何种程度，仍然离不开特定的资源要素条件。良好的资源禀赋条件意味着生产要素的数量丰富、质量上乘，能够显著降低产业的要素成本，在市场需求条件不变的情况下能够为生产者提供更高的利润水平，从而吸引更多的厂商和资源流向该产业，促使产业规模快速扩大。特别是对于某些对资

---

① [美]迈克尔·波特.国家竞争优势[M].李明轩，邱如美，译.北京：华夏出版社，2002：再版介绍 2—3

②③ [美]迈克尔·波特.国家竞争优势[M].李明轩，邱如美，译.北京：华夏出版社，2002：140

④ [美]迈克尔·波特.国家竞争优势[M].李明轩，邱如美，译.北京：华夏出版社，2002：142

⑤ [美]迈克尔·波特.国家竞争优势[M].李明轩，邱如美，译.北京：华夏出版社，2002：143

源要素投入依赖程度比较高的产业而言，这种成本红利更加明显，本书所重点研究的植物油加工业作为一种以植物油料为原材料的初级加工产业，便能够从丰裕的资源禀赋获得显著的成本优势。丰厚的成本红利能够带动相关产业的快速扩张，特别是在资源要素优势比较显著的情况下，能够更快地跨越规模效益的临界点，迅速累积起显著的产业规模优势，而规模经济优势扩张是产业全要素生产率增长的重要源泉。

二是学习效应与技术扩散。生产技术是产业发展的根本动力，而良好的资源禀赋条件不仅能够为生产技术的研发提供物质支撑，而且能够为生产技术的推广运用提供广阔的空间，延长生产技术的衰退周期，扩大技术革新的总体收益。在资源要素丰裕地区，为数众多的厂商和劳动者在同一产业从事生产经营活动，围绕特定产业活动积累了丰富的知识和经验，能够使生产技术达到较高的水平，并且地理上的邻近使得市场主体能够便利地学习先进技术和经验，技术扩散渠道更加通畅，因而会使该产业的整体生产技术相对领先于其他地区。技术进步是全要素生产率增长的直接动力，领先的技术水平会使资源要素丰裕地区的全要素生产率总体上处于一个比较高的水平，只是全要素生产率的增长速度可能会低于后发地区，个中原因一定程度上可以从边际递减规律中找到解释。

三是制度红利与品牌优势。资源要素丰裕地区往往能够凭借在整个产业链中举足轻重的地位，在与政策制定者的博弈中获得更多的支持，至少大多数地方政府都会将充分利用本地区丰裕资源要素的产业作为发展重点，并且给予各种各样的政策优惠，从而使该产业在制度红利的护佑下快速成长。同时，资源要素丰裕地区对于优势资源的开发利用往往会有一定传统积淀，不仅会形成许多对于产业发展特别重要却又难以言传的知识，而且更易于形成优势品牌，甚至在许多情况下资源要素的产地就是知名品牌，这往往是其他地区的竞争对手难以模仿和超越的竞争优势。制度红利和品牌优势不仅会促进产业规模的快速扩张，而且更重要的是二者作为无形的生产要素，本身就是索洛余值的重要组成部分，其对产出的贡献越大，越能够提高全要素生产率。

2. 资源禀赋对产业发展及其效率的负向影响

总体而言，资源禀赋对于产业发展及其效率的正向影响基本都是短期的、静态的，从长期的、动态的视角来看，资源禀赋的上述正向影响都有可能被创新惰性和路径依赖所侵蚀。资源禀赋对于产业发展及其效率的负向影响主要体现在如下几个方面[①]：

一是低进入门槛与过度竞争。在资源要素丰裕地区，相关产业往往被列为重点发展对象，面临的政府管制较少，进入门槛相对较低，而制度红利的诱惑也可能导致过多的厂商进入，从而引发资源的低效配置以及厂商之间的过度竞争。由于丰裕的资源要素相对于其他生产要素的市场价格较低，厂商可能通过大量投入此类资源要素而替代其他生产要素，而在生产函数不变的情况下，生产要素之间的边际替代率是递减的，因而必然导致资源要素的滥用，降低资源配置效率，制约产业全要素生产率的提高。同时，厂商之间的过度竞争使大多数厂商不得不通过压低生产成本来降低产品价格，而不断增大的成本压力不仅可能引发资源要素的过度开发，而且可能引发假冒伪劣、偷工减料等败德行为，损坏整个区域产业的市场声誉，制约产业的长期可持续发展。

二是低利润压力与创新惰性。通常情况下，资源要素丰裕地区的厂商比其他地区的厂商面临更宽松的成本约束和更高的利润空间，较低的利润压力难以充分激发厂商的创新积极性，许多厂商更愿意在现有技术水平下凭借资源红利获得稳定的收益，而不愿意承担技术创新的可能风险。厂商在资源红利的温床上滋生了浓重的创新惰性，整个产业的技术进步受到抑制，管理创新和制度创新的需求被稳定增长的利润所掩盖，产业发展主要依赖资源要素投入，技术效率改善和组织效率改善对于产业发展的贡献较低，整个产业的全要素生产率增长乏力。创新惰性不仅制约了技术创新的动力，而且抑制了企业家精神的培育，进而弱化了整个产业长期健康发展的动力源泉。一方面，不注重对资源要素本身的创新和升级，不注重对于产业发展技术的跟踪，一旦出现新的替代要素或者生产技术革命，整个产业将面临严重的生存危机；另一方面，不注重满足消费者的个性化需求，不注重消费者忠诚度的建立和维护，一旦市场需求发生波动，整个产业将面临严重的市场风险。

三是路径依赖与转型升级障碍。通常，受益于良好的资源要素支撑，资源要素丰裕地区的相关产业总体上会呈现比较好的发展绩效，而厂商则会在这种良好绩效态势的激励下不断强化对既有生产技术、经营管理模式的依赖，加上部分跨国公司对于产业链的战略控制，资源要素丰裕地区的相关产业极易陷入路径锁定效应，长期依靠初级要素投入而不是创新来推动产业发展。依然能够获利的厂商因受创

---

① 需要指出的是，本书罗列出资源禀赋可能的诸多负面影响，既不是要着意吹捧“资源禀赋无用论”，更不是要滥用辩证分析逻辑，吹毛求疵，“欲加之罪，何患无辞”，只是希望能够起到一定的警示作用，提醒政府和企业不要一味地躺在禀赋优势的温床上，陷入“温水煮青蛙”的尴尬境地。

新惰性困扰不愿意推动产业转型升级，而地方政府由于依然能够从资源要素开发中获得稳定的税收而沦为产业转型升级的旁观者，下游产业的厂商也不愿意轻易改变既定的分工格局，在这种情况下，产业转型升级将陷入困境，全要素生产率增长既缺乏技术进步的支持，又缺乏效率改善的推动。

(二) 空间集聚对产业发展及其效率的影响机理

从产业集聚理论的演化轨迹来看，分别以外部经济、运输成本节约、规模报酬递增、竞争优势等为关键特征的各理论流派，均主要关注产业集聚对于产业发展和区域经济增长的促进作用，创新孵化、成本节约、优化资源配置等几乎成为产业集聚效应的通行标签，集聚似乎成为解决一切产业问题的万能钥匙。然而，集聚也并非完美无缺的产业组织模式，与集聚相伴生的拥挤和惰性也可能产生负面影响，特别是当部分产业集聚本身存在诸多问题时，其集聚效应也必然大打折扣。①

1. 空间集聚对产业发展及其效率的正向影响

一是资源配置优化与产业规模扩张。产业集聚意味着众多厂商和消费者集中在特定区域，本身就构成了巨大的市场规模，加上地理上的邻近所带来的交易成本节约，能够为投资者提供更多的获利机会和更大的获利空间，从而吸引更多的经济资源流向特定地区的特定产业，由此，有限的经济资源被配置到利润水平更高的区域和产业，资源流入产业的规模也会顺理成章地快速扩张。恰如波特所言，“产业集群出现后，为寻求最大生产效益，一个国家的经济资源会自动远离单打独斗的产业，改朝产业集群集中。”②产业集聚中为数众多的厂商从事相同或相近产品的生产，必然会“目标一致地投资科技、信息、基础建设和人力资源”，从而“放大生产要素的创造力”③，提高经济资源的供给规模和使用效率。产业集聚中的厂商“以彼此的共通性和互补性相联结”，某一厂商的规模扩张将通过前向联系效应和后向联系效应导致产业链两端的厂商规模扩张，进而扩大整个产业的规模。

二是成本节约与企业生产效率改进。产业集聚能够通过多样化的成本节约机制促进企业提升生产效率。马歇尔所提炼的产业集聚的三种外部经济能够有效降低企业的劳动力成本、中间投入品成本和技术成本，同时，大量厂商在特定空间的集聚还能够分摊相关公共品供给的成本，包括较低的水电交通设施成本、较低的中

① 战炤磊. 产业集群对区域经济发展的双向效应——基本方式与作用机理[J]. 技术经济与管理研究，2011(1)：99 - 103

② [美]迈克尔·波特. 国家竞争优势[M]. 李明轩，邱如美，译. 北京：华夏出版社，2002：142

③ [美]迈克尔·波特. 国家竞争优势[M]. 李明轩，邱如美，译. 北京：华夏出版社，2002：142

介服务成本和较低的制度博弈成本。产业集聚中的厂商由于地理位置的邻近能够有效节约韦伯所关注的运输成本，而畅通的信息传递机制和市场声誉机制则有助于降低厂商的交易成本和信用成本。按照新制度经济学的观点，产业集聚本质上就是一种能有效降低交易成本的中间性经济组织，这种交易成本的节约不仅源于地理空间的邻近，而且源于产业集聚所形成的完备的服务支持体系和特色化的社会文化网络。克鲁格曼所重点关注的规模报酬递增同样能够解释产业集聚的成本节约机制，无论同质企业的空间集聚还是互补企业的空间集聚都能够形成稳定的市场规模，为厂商实现规模经济提供市场条件，而垄断竞争厂商层面的规模经济能够降低厂商的平均成本。

三是创新孵化与产业转型升级。产业集聚能够通过营造创新氛围、激发创新热情、降低创新成本、优化创新服务而促进产品创新、技术创新和管理创新，从而为产业的转型升级注入不竭动力。产业集聚使大量同质厂商在特定区域集中布局，使厂商能够感受到更大的竞争压力，而且厂商随时能够呼吸到“行业秘密的空气”，从而形成对于创新的迫切需求。畅通的信息传递机制使厂商更真切地感受到无处不在的群体压力，无障碍的知识转移机制、高效率的创新利益展示机制和崇尚创新的文化氛围使厂商对创新倾注了极大的热情。产业集聚必然伴随着生产要素的集聚，特别是技术、人才等高端要素的集聚能够显著降低创新要素的获取成本。集聚厂商之间的专业化分工使创新活动更加细化，每个厂商专注于有助于提升自身核心能力的创新，而且集聚厂商之间的频繁交流和高度信任使高效率的合作创新机制得以形成，从而使细化的创新成本在多个厂商之间被进一步摊薄。产业集聚不仅仅是为数众多的生产厂商在特定区域的集聚，而且还包括大量的科研机构、金融机构、中介服务机构、政府机构等，这些行为主体共同参与产业创新，在交互协同过程中形成了完备的创新服务网络，为创新活动的顺利开展提供良好的支撑。产业集聚凭借对创新的高效孵化“帮助产业克服内在惯性与僵化、破解竞争过于沉寂的危机，进而将这些现象转为竞争升级，……使产业不会在国际创新竞争中落后。”[①]

2. 空间集聚对产业发展及其效率的负向影响

一是系统风险与周期波动。产业集聚将特定区域的相关经济主体紧密联系在一起，处于产业链条不同环节的厂商通过前向联系和后向联系共同享受各种正向外溢效应，也共同承受各种市场波动风险。产业集聚系统的某个局部要素发生恶性突变将迅速传递到整个产业链条，特别是当出现价格波动、质量安全、信誉危机

① [美]迈克尔·波特. 国家竞争优势[M]. 李明轩，邱如美，译. 北京：华夏出版社，2002：142

等问题时,整个产业都会受到严重影响。恰如波特所言:“当一个国家的重要产业失去竞争优势时,它会影响到产业集群中的其他产业。自满的态度是有传染性的,当一个产业降低它对需求的精致和质量时,这种态度也会影响到相关产业。本地供应商一旦失去对竞争优势的讲究,下游产业的工艺水平、信息、上进心也都连带被削弱。”①同时,产业发展总是遵循特定的生命周期规律,扩张繁荣与衰退萧条的交替总会引致产业发展的周期波动,由于产业集聚使为数众多的同质厂商在特定区域集中布局,并且实施趋同的经营战略,其所产生的叠加效应,必将进一步放大产业发展的周期波动,可能导致盲目扩张和跟风收缩两种非理性行为倾向快速转换,进而危及整个产业的健康发展。

二是创新惰性与自我超越困境。产业集聚确实存在多种促进创新的便利条件,但是便利条件并不必然转化为创新成果。产业集聚给相关厂商带来的巨大利润可能销蚀厂商的创新动力,因为集聚可能使处于主导地位的厂商对市场的控制力持续增强,使市场结构由垄断竞争向垄断转变,而处于垄断地位的厂商往往会对创新失去兴趣。一旦出现了难以克服的创新惰性,产业集聚也就距离解体不远了。克鲁格曼曾用循环累积效应来解释产业集聚的形成,但是当缺乏创新刺激时,这种循环累积会使产业发展步入路径依赖陷阱,由于难以突破自我超越困境,整个产业集聚将出现自我封闭的倾向,最终不可避免地走向崩溃。对此,波特做了理性警示:“自满与内向被动会造成国家丧失竞争优势,缺乏挑战与压力则使企业不再重视市场趋势核心的技术与流程。……企业因缺少竞争对手而傲慢自大,也无意牺牲眼前利润换取更有利竞争条件。当产业集群的地理集中性很显著时,它本身也隐含自我崩溃的因子。当竞争者衰退或客户需求不再挑剔时,地域化的产业集群往往有向内看、与大环境隔离的趋势。内向型的产业集群在应付结构变迁或重大机会时的能力相当薄弱。”②

(三) 资源禀赋、空间集聚对全要素生产率的影响:分析框架

全要素生产率是衡量经济效率的重要指标,是分析经济增长源泉的重要工具,也是宏观调控的重要依据之一。关于生产率的定量研究最早可以追溯到以创造生产函数而闻名于世的美国经济学家道格拉斯(Paul H. Douglas),之后全要素生产率由施蒂格勒(1947)独立地提出,并成为美国国家经济研究局的一项主要研究计划的起点。

---

① [美]迈克尔·波特. 国家竞争优势[M]. 李明轩,邱如美,译. 北京:华夏出版社,2002:161

② [美]迈克尔·波特. 国家竞争优势[M]. 李明轩,邱如美,译. 北京:华夏出版社,2002:160-161

20世纪50年代，美国经济学家罗伯特·默顿·索洛(Robert Merton Solow)第一次将技术进步因素纳入经济增长模型，将人均产出增长扣除资本集约程度增长后的未被解释部分归为技术进步的结果，称为技术进步率，这些未被解释的部分就是后来所谓的“增长余值”或“索洛余值”，即全要素生产率的增长率。美国经济学家爱德华·富尔顿·丹尼森(Edward Fulton Denison)在此基础上发展了“余值”的测算方法，把投入要素进行了更加详细的分类，然后利用权数合成总投入指数。从此，随着索洛余值法的不断完善，全要素生产率的测度研究成为学界经久不衰的热点，索洛余值法也成为全要素生产率测度的主流方法之一。

20世纪70年代以后生产率研究领域出现了两种新的研究方法：一是随机前沿生产函数法。1977年Aigner，Lovell，Schmidt和Meeusen，van den Broeck分别独立提出了随机前沿生产函数，突破了传统生产函数“生产在技术上是充分有效的”这一假设前提的限制，在此基础上形成的随机前沿生产函数法比传统生产函数法更接近生产和经济增长的实际，能够将技术效率等影响全要素生产率的因素从全要素生产率的变化率中分离出来。二是非参数的生产率指数法。这也是目前生产率研究的主流方法之一，其基础是1978年美国著名运筹学家A. Charnes，W. W. Cooper和E. Rhodes首先提出的数据包络分析方法(Data Envelopment Analysis，DEA)。他们创建的用于评价部门间相对有效性的模型，从生产函数角度可以看做是一种用来研究具有多个输入和多个输出的“生产部门”同时为“规模有效”与“技术有效”的十分理想且卓有成效的方法。随着诸多数据包络模型的完善和发展，特别是相关软件的开发和使用，这种可以有效处理多种投入和多种产出的分析方法，得到了日益广泛的应用，已成为一种国际通用的生产率研究方法。

全要素生产率作为分析经济增长源泉的重要工具，撬开了经济增长的黑箱，但是，由于它本质上只是剔除其他有形要素投入贡献之后的一种余值，所以它实质上是藏匿在大黑箱中的一个小的黑箱。因此，对于全要素生产率影响因素的研究至今尚未取得一致的框架，各种各样的因素，包括人们期望的因素(例如技术进步、人力资本、制度创新等)和无法解释的因素(例如测量误差、文化传统等)都可能从某个角度对全要素生产率增长产生影响。

肯德里克(J. W. Kendrick，1951)将全要素生产率增长的源泉归纳为五大类，即关于研发与教育培训的无形投资的增加、适应经济变化的资源配置优化、技术创新水平及其扩散程度的提升、规模经济效应的提高、人力资源质量和自然资源质量的改善。丹尼森(E. F. Dennison，1974)在《1929—1969年美国经济增长的核算》一书中将经济增长因素划分为劳动、资本和土地等要素投入的贡献和全要素生产率的贡献，并且进一步将全要素生产率增长的决定因素概括为四大类，即资源配置效率改善、知识进步、规模经济以及气候和灾害等不规则要素。①

从索洛余值所揭示的内涵来看，要获得更高水平的全要素生产率增长，实质上就是要用更少的有形要素投入增长实现更大的产出增长。综合肯德里克和丹尼森的观点，我们可以将决定全要素生产率增长的主要因素概括为如下五个方面：一是知识创新和技术进步（T）；二是资源优化配置（A）；三是规模经济效应（S）；四是要素质量改善（Q）；五是政策制度变革（P）。由于全要素生产率是剔除要素投入贡献的余值，因此，不考虑质量的普通有形要素投入数量（N）是制约全要素生产率增长的因素。资源禀赋（R）、空间集聚（E）及其耦合互动关系（D）对于全要素生产率增长的影响也主要通过这五个方面来实现。资源禀赋和空间集聚对于上述五个方面都既可能产生正面影响，也可能产生负面影响，而其综合影响的是正的还是负的，取决于二者互动关系的状态。从图 2－1 来看，在分立视角下，资源禀赋和空间集聚都既包含促进全要素生产率增长的内容，也存在制约全要素生产率增长的内容，因而其最终影响的正负方向并不确定；而在耦合视角下，资源禀赋和空间集聚能够相互取长补短，资源禀赋的成本优势可以缓解空间集聚的拥挤成本问题，而空间集聚的创新效率优势可以一定程度上消解资源禀赋的创新惰性问题，最终在二者的耦合互动下对全要素生产率增长产生确定的正向影响。

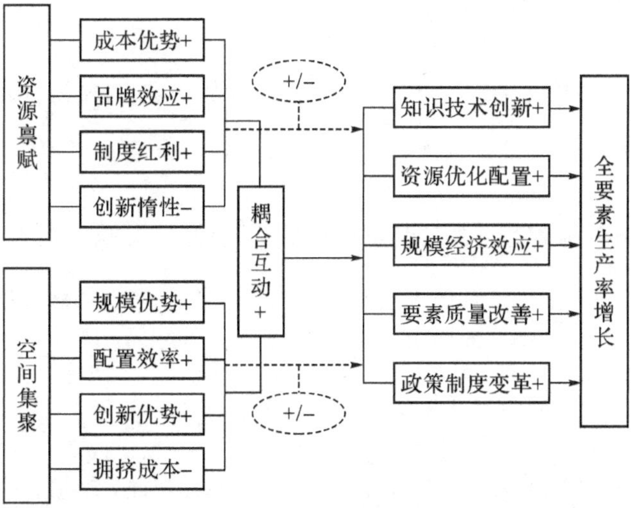

图 2－1　资源禀赋、空间集聚对全要素生产率的影响机理

① Denison Edward F. Accounting for United States Economic Growth: 1929—1969[M]. Washington, D. C. : Brookings lust Press, 1974

假设全要素生产率是知识创新和技术进步(T)、资源优化配置(A)、规模经济效应(S)、要素质量改善(Q)、政策制度变革(P)、要素投入数量(N)的函数：

$$TFP = F(T,A,S,Q,P,N)$$

其中，$\frac{\partial TFP}{\partial T}>0$，$\frac{\partial TFP}{\partial A}>0$，$\frac{\partial TFP}{\partial S}>0$，$\frac{\partial TFP}{\partial Q}>0$，$\frac{\partial TFP}{\partial P}>0$，$\frac{\partial TFP}{\partial N}<0$。

进一步分别将 T、A、S、Q、P 表示为资源禀赋(R)、空间集聚(E)及其耦合互动关系(D)的函数，即：

$$T = G^{T}(R,E,D)$$
$$A = G^{A}(R,E,D)$$
$$S = G^{S}(R,E,D)$$
$$Q = G^{Q}(R,E,D)$$
$$P = G^{P}(R,E,D)$$

其中，$D = \mathrm{d}(R,E)$。

由于资源禀赋和空间集聚都是包括多种要素的复杂系统，其对于知识创新和技术进步(T)、资源优化配置(A)、规模经济效应(S)、要素质量改善(Q)、政策制度变革(P)的影响也非常复杂，既可能有正向影响，也可能有负向影响，也就说，$\frac{\partial T}{\partial R}$、$\frac{\partial T}{\partial E}$、$\frac{\partial A}{\partial R}$、$\frac{\partial A}{\partial E}$、$\frac{\partial S}{\partial R}$、$\frac{\partial S}{\partial E}$、$\frac{\partial Q}{\partial R}$、$\frac{\partial Q}{\partial E}$、$\frac{\partial P}{\partial R}$、$\frac{\partial P}{\partial E}$ 究竟是大于 0 还是小于 0 无法确定。但是，资源禀赋与空间集聚的耦合互动对于知识创新和技术进步、资源优化配置、规模经济效应、要素质量改善、政策制度变革都有正向影响，也就是说，$\frac{\partial T}{\partial D}$、$\frac{\partial A}{\partial D}$、$\frac{\partial S}{\partial D}$、$\frac{\partial Q}{\partial D}$、$\frac{\partial P}{\partial D}$ 均大于 0，并且随着二者耦合互动程度的提高，正向影响逐渐强化而负向影响逐渐弱化，最终使知识创新和技术进步、资源优化配置、规模经济效应、要素质量改善、政策制度变革等成为资源禀赋和空间集聚的增函数。

假设存在一个阈限值 d_0，当 $D> d_0$ 时，$\frac{\partial T}{\partial R}>0$，$\frac{\partial T}{\partial E}>0$；$\frac{\partial A}{\partial R}>0$，$\frac{\partial A}{\partial E}>0$；$\frac{\partial S}{\partial R}>0$，$\frac{\partial S}{\partial E}>0$；$\frac{\partial Q}{\partial R}>0$，$\frac{\partial Q}{\partial E}>0$；$\frac{\partial P}{\partial R}>0$，$\frac{\partial P}{\partial E}>0$。因此，要通过促进资源禀赋与空间集聚的耦合互动来提升植物油加工业的全要素生产率的理性选择就是：

$$\max TFP = f(R,E,D)$$
$$\text{s. t. } \mathrm{d}(R,E) - d_0 > 0$$

四、相关研究述评

本书研究涉及植物油加工业、农产品加工业、全要素生产率、资源禀赋、空间集聚、耦合等关键词，按照研究惯例应对这些关键词的相关研究成果分别进行综述，为了使文章结构更加均衡，本书在此仅对植物油加工业、农产品加工业、全要素生产率的相关文献进行重点述评，而资源禀赋、空间集聚、耦合等相关文献述评将在后面章节中与研究假说结合在一起。

（一）植物油产业相关研究述评

植物油是重要的生活必需品，以植物油生产和供给为基本职能的植物油产业也是国民经济中的重要产业门类。随着我国粮油体制改革的不断深化，国内学者对于植物油产业的研究也不断增多。综观已有文献，当前关于植物油产业的研究主要沿着产业链条的三大基本环节展开，即以植物油加工为中心，向前延伸到植物油市场和消费，向后回溯到植物油料生产与贸易，本书拟按照这一逻辑线索对相关领域的代表性研究成果进行总结概括和述评。

1. 植物油市场与消费研究

关于植物油市场与消费的研究文献主要可以分为两大类。一是基于权威统计数据对特定时期植物油市场的现状进行总结，对未来趋势进行展望和预测。总体而言，这类文献的理论成分相对较少，更加注重数据发布和现状展示，但是由于研究者往往在业界具有较强代表性和权威性，其数据和观点也具有较高的参考价值。例如，王俊籽（2004）[①]、陈艳君（2004）[②]、郭平丽（2005）[③]、郭清保（2008）[④]、程黔（2008）[⑤]、李云峰（2009）[⑥]、李攀峰（2012）[⑦]、董彦彬（2010）[⑧]、李娜（2010）[⑨]、朱行

① 王俊籽. 我国食用植物油供求分析及发展态势展望[J]. 粮油加工与食品机械，2004(3)：10－12

② 陈艳君. 2003 年植物油市场年度回顾暨 2004 年展望[J]. 粮食与油脂，2004(3)：30－32

③ 郭平丽. 2004 年植物油市场行情分析及 2005 年市场展望[J]. 粮食与油脂，2005(2)：33－37

④ 郭清保. 2007 年国内食用植物油市场回顾及 2008 年走势展望[J]. 黑龙江粮食，2008(1)：30－35

⑤ 程黔. 2008 年国内食用油市场行情展望[J]. 农业展望，2008(1)：20－23

⑥ 李云峰. 2008 年我国油脂油料市场回顾与 2009 年展望——植物油市场[J]. 中国粮食经济，2009(3)：36－38

⑦ 李攀峰. 2010 年食用油走势展望[J]. 粮食问题研究，2012(2)：7－12

⑧ 董彦彬. 2009 年国内食用油市场分析及后市展望[J]. 农业展望，2010(1)：13－17

⑨ 李娜. 2009 年国内食用油市场回顾与展望[J]. 农业展望，2010(2)：17－19

(2010)[①]、王瑞元(2011)[②]、郭清保(2011)[③]、程黔(2012)[④]、王新和颜繁宝(2013)[⑤]、李楠和董彦彬(2014)[⑥]等分别对相关年度的植物油市场进行了回顾与展望，为认识和理解植物油市场的变化和走势提供了重要依据。其中，相关文献的观点和判断还能够相互佐证呼应，并且某些观点具有良好的启示意义。例如，徐伟平(2008)分析了2007年油料和食用油价格上涨的主要原因，认为全球油菜籽和花生减产、国际豆油价格上涨、棕榈油工业消费增加导致菜籽油、花生油、豆油、棕榈油等主要植物油品种价格上涨。[⑦] 李娜、郭清保(2009)则分析了2008年中国植物油市场经历的牛市与熊市的转换[⑧]，并且预测2009年难以再现牛市[⑨]。王瑞元(2011)认为，国外食用油市场的未来发展趋势主要包括发展生物能源可能导致油脂更加短缺、更加重视食用油的质量与安全、更加重视油品的营养与健康，因此，国内食用油市场“十二五”时期的政策重点包括充分利用国内、国外两个市场满足需求，倡导适度加工、健康消费等生产和消费理念，重视发展特种油脂、功能性油脂和小包装食用油。[⑩]

二是从多个角度对植物油市场和消费方面的典型问题进行理论探讨，分析问题的成因及对策。这类文献虽然具有较高的理论价值，但是往往相对分散，观点差异较大。

(1) 从价格视角：李争、杨俊(2009)对食用植物油价格波动与CPI之间的关系进行了实证研究，结果发现，二者的波动趋势并不完全一致，CPI是食用植物油名义价格波动的格兰杰原因，但食用植物油价格上涨并不是CPI上涨的原因。[⑪] 李全根(2008)认为我国食用油价格异常波动的深层成因在于在战略上忽视油料生产，现有储备油管理体制缺乏应急导向功能，因此，应从实施粮油并重战略、通过精深加工挖掘油源、引导合理消费、强化农技服务等方面统筹国内食用油生产，同时，通过建立统一有序的食用油进出口调控中心、积极稳妥发展期货市场来有利、有节地利用国际资源。[⑫] 马晓平、江可申、邓晶(2010)从行业原料过度依赖国际市场、

---

① 朱行. 2010/2011年度世界油籽与植物油供求预测[J]. 中国粮食经济，2010(7)：39-40

② 王瑞元. 国内外食用油市场的现状与发展趋势[J]. 中国油脂，2011(6)：1-6

③ 郭清保. 2011年中国食用油市场回顾与展望[J]. 饲料广角，2012(1)：21-22

④ 程黔. 我国2011年食用油市场回顾及2012年展望[J]. 粮食与油脂，2012(3)：36-38

⑤ 王新，颜繁宝. 中国油料油脂市场回顾与展望[J]. 中国油脂，2013(4)：12-14

⑥ 李楠，董彦彬. 2013年油料和食用植物油市场分析与2014年展望[J]. 农业展望，2014(3)：9-14

⑦ 徐伟平. 2007年油料食用植物油市场回顾与2008年展望[J]. 农业展望，2008(1)：12-16

⑧ 李娜，郭清保. 2008中国植物油市场演绎牛熊转换[J]. 粮油加工，2009(2)：24-27

⑨ 李娜，郭清保. 2009年国内植物油市场难以牛市再现[J]. 农业展望，2009(3)：15-18

⑩ 王瑞元. 国内外食用油市场的现状与发展趋势[J]. 中国油脂，2011(6)：1-6

⑪ 李争，杨俊. 食用植物油价格波动与CPI关系研究[J]. 价格理论与实践，2009(12)：59-60

⑫ 李全根. 我国食用油价格异常波动的成因与对策研究[J]. 中国井冈山干部学院学报，2008(4)：81-86

产业链被外资控制、市场集中度过高、相关机构反垄断不力以及国家油料储备体系不完善等方面剖析了国内食用油价格大幅上涨的原因，并围绕这些原因探讨了相关对策。① 肖敏(2010)从原料成本变动、国际资本运作、原油价格、中国大豆收储政策预期等方面剖析了2009年我国食用油价格波动的原因，并且主张通过降低对国际市场的过度依赖，培育国内市场，壮大本土油脂企业来维护食用油价格稳定。② 刘家富、李秉龙、李孝忠(2010)对国产大豆与豆油市场价格之间的传导关系进行了实证检验，结果发现，大豆与豆油之间属于典型的需求拉动型价格传导机制，大豆价格跟随豆油价格波动，因而单个企业无法通过提价来转移原料价格上涨的成本，政府应在大豆价格上涨时给予加工国产大豆的企业以更多的支持。③

(2) 从消费视角：王永刚(2006)分析了我国食用植物油消费的影响因素，发现植物油需求的收入弹性和价格弹性均处于较低水平且呈减少趋势，需求弹性的城乡差异和区域差异非常显著。④ 彭可茂、祁春节、雷海章(2006)分析了城乡居民对不同食用植物油品种的需求消费收入弹性，结果发现，在城镇市场各品种的弹性排序为：大豆油＞葵花籽油＞花生油＞棕榈油＞棉籽油＞菜籽油；在农村市场为：葵花籽油＞大豆油＞棕榈油＞花生油＞棉籽油＞菜籽油。⑤ 沈琼(2008)分析了城镇居民对不同植物油品种的需求弹性，结果发现各种植物油的消费支出弹性均为正值，顺序为：花生油＞ 大豆油＞ 其他植物油＞ 菜籽油，说明随着收入增加消费量均会增加，花生油增长最快；各种植物油的自价格弹性均为负值，且绝对值小于1，说明植物油为缺乏弹性的生活必需品；不同植物油之间的补偿性价格弹性揭示了相互之间的明显的替代关系。⑥ 马冠生等(2008)对我国成年居民食用油消费情况进行了调查研究，结果发现成年居民平均每人每天消费食用油40 g(男性为44 g，女性为38 g)，其中植物油32 g；成年居民食用油超过中国居民膳食指南推荐量的比例达65.2%，男性为67.4%，女性为63.2%；城市为65.3%，农村为65.1%。⑦ 何杰夫、张博(2011)分析了中国植物油供给和消费实际数量与统计数量的差异，认为产量的统计值高于实际值，统计值约为实际值的134.9%，但购买量和消费量的

① 马晓平，江可申，邓晶. 近阶段食用油价格上涨的原因分析及对策探讨[J]. 价格月刊，2010(3)：8－12

② 肖敏. 我国食用油价格波动的原因与对策研究[J]. 价格理论与实践，2010(2)：23－24

③ 刘家富，李秉龙，李孝忠. 基于VAR模型的国产大豆和豆油市场价格传导研究[J]. 农业技术经济，2010(8)：33－38

④ 王永刚. 我国食用植物油消费增长及其影响因素分析[J]. 农业技术经济，2006(6)：54－59

⑤ 彭可茂，祁春节，雷海章. 中国城乡居民食用植物油的需求弹性分析[J]. 中国物价，2006(4)：61－64

⑥ 沈琼. 我国城镇居民植物油消费需求分析[J]. 中国农业大学学报，2008(3)：36－42

⑦ 马冠生，等. 中国成年居民食用油消费现状[J]. 中国食物与营养，2008(9)：29－32

统计值要低于实际值。[①] 马龙波等(2012)对北京市食用油消费的调查结果显示,一般消费的食用油品种主要为花生油、大豆油和调和油,一般消费者主要注重营养价值和功效,高端消费的主要品种为橄榄油和山茶油,高端油消费者更注重产品品牌。[②] 付亦男等(2013)对北京市某高校的调查结果显示,该高校师生人均每日食用油摄入量为(55.46±7.21) g,高于中国营养学会推荐值(25～30 g)。[③] 周金星等(2012)对沈阳市的消费者调查结果显示,消费者选择食用油时主要考虑品牌、营养价值和是否转基因,而营养知识主要获取途径是电视广告和朋友介绍。[④]

(3) 从可持续发展视角:钟甫宁、陈希、叶锡君(2006)的实证研究结果显示,转基因食用油强制标签政策会影响消费者的购买行为,致使转基因食用油的市场份额出现一定幅度的下降。[⑤] 钟甫宁、陈希(2008)分析了消费者转基因食用油购买决策的影响因素,认为男性、中年、受教育程度低、关注价格不关注转基因原料、低收入的消费者倾向于购买转基因油,相对高收入、不关注价格关注营养和转基因原料等的消费者倾向于购买非转基因油。[⑥] 谢玉梅、邬一羽(2014)的实证研究发现,44%的消费者对转基因食用油持否定态度,女性消费者更愿意购买转基因食用油,消费者的收入水平和受教育程度越高越不愿意购买转基因食用油,家中有未成年人的消费者倾向于购买非转基因食用油。[⑦] 刘爱民等(2008)分析了生物柴油产业与植物油产业之间的互动关系,认为我国植物油供给严重不足制约了生物柴油产业的发展,而生物柴油产业发展会进一步加剧植物油市场的供求紧张局面。[⑧] 杨庆敏(2010)从政府、企业、家庭三个层面分析了日本处理废食用油的经验,对于我国应对地沟油问题具有重要启示。[⑨]

(4) 从营销视角:姜法竹、王存、杨秀峰(2010)对 14 个品牌小包装食用油的营销竞争力进行了定量评价,并且从差异化道路、队伍建设、信息系统、网络布局、合

---

① 何杰夫,张博. 中国食用植物油的供应量和消费量究竟是多少? [J]. 中国农村经济,2011(4):87-92

② 马龙波,等. 北京市食用油消费调查及消费者需求偏好研究[J]. 林业经济,2012(2):63-65

③ 付亦男,等. 北京市某高校师生日均食盐食用油摄入量调查[J]. 中国健康教育,2013(11):976-977

④ 周金星,等. 沈阳市食用油消费意识现状与分析[J]. 中国油脂,2012(9):1-5

⑤ 钟甫宁,陈希,叶锡君. 转基因食品标签与消费偏好——以南京市超市食用油实际销售数据为例[J]. 经济学(季刊),2006(4):1311-1318

⑥ 钟甫宁,陈希. 转基因食品、消费者购买行为与市场份额——以城市居民超市食用油消费为例的验证[J]. 经济学(季刊),2008(3):1061-1078

⑦ 谢玉梅,邬一羽. 消费者对转基因食用油的认知和购买行为分析——基于无锡市消费者的调查数据[J]. 江南大学学报:人文社会科学版,2014(2):115-119

⑧ 刘爱民,等. 生物柴油产业发展与植物油供求关系分析[J]. 资源科学,2008(4):560-564

⑨ 杨庆敏. 日本废食用油处理路径及对中国的启示[J]. 当代经济,2010(18):10-12

作发展等方面系统探讨了提升竞争力的对策。① 石帅、张大红、骆耀峰(2010)对上海市食用油供给和消费情况进行了调查研究,结果发现一般食用油消费的品种主要是花生油、大豆油、葵花籽油和调和油,其消费者最看重食用油的营养价值和功效,高端食用油消费的品种主要是橄榄油、核桃油和山茶油,其消费者最看重产品品牌,并据此系统探讨了相关营销策略。② 赵新华(2010)分析了食用油价格变动对青岛居民消费行为的影响,并就产品、渠道、价格、促销等方面分析了厂商的影响策略。③

2. 植物油料生产与贸易研究

关于植物油料生产与贸易的研究主要沿着两条线索展开,一是针对我国植物油料生产的问题探讨相关对策,特别是探讨如何提高植物油料的自给率。

(1) 部分文献从一般意义上探讨植物油料生产的问题与对策。例如,杨红旗、路风银、吴恩淮(2010)从加大政策支持力度、促进农业科技进步、健全市场调控体系等方面分析了促进我国油料生产的有效路径。④ 郭元章、霍艳爽(2013)系统分析了河北省油料产业的问题与对策。⑤

(2) 针对日渐严峻的植物油料自给率低下问题,许多学者主张通过扩展油料品种来予以缓解。例如,吴金玉、杜亚光、孙娟(2009)主张通过发展油棕生产来提高我国食用植物油自给率,相应对策包括将油棕生产纳入国家发展规划、建立油棕生产基地、加强技术创新与推广、扶持龙头企业、走出国门开发国外资源等。⑥ 屈宝香等(2008)主张通过发展花生产业来保障食用植物油供给安全⑦,胡志全、程广燕(2010)认为,实施花生补贴和收购最低保护价制度是提高我国食用植物油安全保障水平的有效措施⑧。王瑞元(2011)主张通过大力发展油菜产业来提高我国食用油自给率,其理由包括:在油菜籽种植方面,不仅适应范围广,而且不与粮食争

---

① 姜法竹,王存,杨秀峰.品牌小包装食用油营销竞争力评价研究[J].商业研究,2010(11):72-75

② 石帅,张大红,骆耀峰.上海市食用油消费调查及消费者需求偏好研究[J].中国油脂,2010(10):1-5

③ 赵新华.食用油价格变动对居民消费行为的影响分析——基于对青岛市居民的问卷调查[J].江苏商论,2010(10):18-19

④ 杨红旗,路风银,吴恩淮.我国食用植物油生产现状分析与发展对策[J].江西农业学报,2010(1):211-212

⑤ 郭元章,霍艳爽.河北省油料产业的发展现状问题与对策[J].河北农业科学,2013(3):81-85

⑥ 吴金玉,杜亚光,孙娟.积极发展油棕生产努力提高我国食用植物油自给率[J].中国热带农业,2009(2):11-13

⑦ 屈宝香,等.中国花生产业发展与食用植物油供给安全保障分析[J].中国食物与营养,2008(11):13-15

⑧ 胡志全,程广燕.实施花生补贴和收购最低保护价制度是提高我国食用植物油安全保障水平的有效措施[J].农业经济,2010(10):31-32

地;油菜籽不仅产量高、含油量高,而且备受消费者喜爱;菜籽饼粕也是优质的蛋白质资源。[①] 基于相似的理由,王瑞元(2011)认为发展油茶产业也是提高中国食用油自给率的重要举措。[②]

二是从多视角分析我国植物油料国际贸易的发展态势、综合影响、突出问题与应对策略。

(1) 部分文献重点探讨植物油料国际贸易的发展趋势和应对策略。例如,王永刚、张正河、卢向虎(2006)系统分析了世界油料生产和贸易的格局,结果显示,大豆和大豆油是世界生产和消费的主角,棕榈油是国际贸易的主角,美国主导着世界大豆的生产和出口,巴西、阿根廷主导大豆油出口,马来西亚和印度尼西亚主导棕榈油的生产和出口,中国主要进口大豆、大豆油和棕榈油,印度主要进口大豆油、棕榈油等成品油,日本主要进口大豆、油菜籽等油料。[③] 刘李峰、武拉平、刘庞芳(2006)系统分析了贸易自由化背景下中国植物油籽的总体特征和重点品种的发展趋势,并探讨了相关对策,包括夯实国产油籽的发展基础、改善油籽购销储运条件、争取更有利的贸易环境、发挥好自身比较优势等。[④] 沈琼、刘小和(2006)分析了我国油料进口的特征及品种之间的替代关系,结果发现,油料进口仍以大豆为主,油菜籽与大豆之间有明显的替代效应,但大豆进口的需求价格弹性为正值,说明国内大豆供给严重短缺。[⑤] 李然(2008)在分析我国植物油籽贸易的特征与问题的基础上,探讨了相关对策,包括通过科技增长和进口主体多元化来降低油料的进口依赖及其负面影响,促进花生、芝麻、非转基因大豆等优势产品的出口,利用WTO规则中的特别保障条款来减少进口油料对国内产业的冲击。[⑥] 彭争光等(2010)主张通过加强检验检疫、加强后续监管、加强法规标准宣传等方式来治理我国进口橄榄油存在的标签不规范、以次充好、掺杂使假等问题。[⑦]

(2) 部分文献探讨植物油料国际竞争力及其影响因素。例如,朱再清(2009)运用相关指标测算了我国油菜生产的比较优势及油菜产品的国际竞争力,结果发

---

① 王瑞元.大力发展油菜产业,提高我国食用油自给率[J].农业机械,2011(14):21-24

② 王瑞元.发展油茶产业是提高中国食用油自给率的重要举措[J].粮食科技与经济,2011(4):5-6

③ 王永刚,张正河,卢向虎.世界油料及植物油生产、贸易格局分析[J].中国油脂,2006(1):10-13

④ 刘李峰,武拉平,刘庞芳.贸易自由化背景下中国植物油籽贸易的现状及前景[J].中国油脂,2006(10):14-17

⑤ 沈琼,刘小和.我国油料、植物油的进口特征及品种间的替代性分析[J].中国农村经济,2006(5):25-31

⑥ 李然.当前我国植物油籽贸易的特征、发展趋势与对策[J].国际贸易问题,2008(8):34-41

⑦ 彭争光,等.进口橄榄油存在的主要问题及对策研究[J].粮食与食品工业,2010(6):56-58

现，我国油菜生产不具有比较优势，油菜籽及菜油的国际竞争力较弱。① 沈琼(2009)分析了不同关税减让模式对我国油料进出口的影响，实证结果显示，由于我国进口大豆数量巨大而且关税很低，进一步削减关税对进口的影响不大，而采用瑞士公式对于我国花生出口最有利。② 王永刚(2010)的实证研究结果显示，跨国公司直接投资与油料进口互为因果关系，但是与植物油进口、油料出口、植物油出口之间不存在长期均衡关系。③ 陈新华、冯中朝、刘洁(2010)的实证研究结果显示，实施技术性贸易壁垒虽然会产生进口抑制作用，但由于油料产品需求弹性不大，可以在保障国内油料需求不出现剧烈波动的情况下增加国内油料种植的效益，因此，应通过选择合理的技术性贸易壁垒实施方式，合理运用绿箱和黄箱政策，继续托市收购，培育龙头企业，来加强对国内油料产业的保护和扶持。④ 郑芳(2010)认为，我国和亚太 16 国彼此形成对方重要的油料作物出口输入地和进口来源地，市场规模扩大对我国向亚太地区出口油料具有积极作用，但不合理的产品结构和市场结构则产生了制约作用。⑤ 肖嵘(2010)的实证研究结果显示，我国植物油籽出口结构不合理，不仅出口规模偏小，而且出口市场和出口品种都过于集中，植物油籽的国际竞争力整体较弱，但不同品种存在显著差异。⑥ 吴学君(2011)运用相关指标分析了我国植物油籽的产业内贸易情况，认为我国植物油籽的整体产业内贸易水平非常低，未来应促进油籽品种多元化，减少油料进口对本土产业的冲击。⑦ 唐海燕(2012)分析了人民币汇率对我国食用植物油贸易的影响，结果显示汇率水平及其波动对进口无显著影响，汇率水平对出口有负面影响，汇率波动对出口有正面影响。⑧

3. 植物油产业发展战略研究

关于植物油产业发展战略的研究主要沿着两条路径展开，一是从宏观层面探讨我国植物油产业发展的问题与对策。

---

① 朱再清. 我国油菜籽及菜籽油的比较优势及国际竞争力分析[J]. 华中农业大学学报：社会科学版，2009(6)：10－13

② 沈琼. 关税减让对我国油料和植物油贸易的影响分析[J]. 统计与决策，2009(3)：96－98

③ 王永刚. 跨国公司直接投资与中国油料和植物油贸易的关系研究[J]. 南京农业大学学报：社会科学版，2010(3)：45－49

④ 陈新华，冯中朝，刘洁. 技术性贸易壁垒(TBT)对我国食用油料产业安全的影响与保护的有效性分析[J]. 农业现代化研究，2010(6)：674－677

⑤ 郑芳. 我国与亚太地区国家油料作物贸易流动与影响因素分析[J]. 兰州学刊，2010(7)：62－66

⑥ 肖嵘. 我国植物油籽出口结构及国际竞争力的实证研究[J]. 国际贸易问题，2010(5)：12－18

⑦ 吴学君. 中国植物油籽产业内贸易的实证分析[J]. 中国油料作物学报，2011(1)：87－92

⑧ 唐海燕. 人民币汇率变动对我国食用植物油贸易的影响及展望[J]. 农业展望，2012(3)：52－54

(1) 以全国为研究对象，分析植物油产业发展的问题与对策。例如，蒋新正、武丽荣(2007)在分析世界食用油工业发展的经验与趋势的基础上，全面剖析了我国食用油工业发展的现状和突出问题，结合"十一五"时期我国食用油工业发展的机遇与挑战以及总体趋势，探讨了"十一五"时期我国食用油工业发展的目标、任务、重点领域和相关政策建议。① 励建荣(2008)分析了我国植物油加工业的突出问题，例如，加工能力薄弱、规模效益较低、副产品利用率低、自主创新能力低、质量标准不完善等，并针对这些问题探讨了相关发展战略。② 王瑞元(2010)在系统分析我国食用植物油加工业的现状与特点的基础上，提出了植物油加工企业应重点关注的问题，即食用植物油的质量与安全问题、适度加工的标准问题、产能过剩问题、节能减排问题、转基因食品安全问题。③ 王瑞元(2011)还在系统分析我国食用植物油加工业的概况基础上，指出了"十二五"时期应重点关注的一系列问题，包括持续增长的市场需求，完善空间布局，倡导安全营养、健康消费、适度加工的理念，资源综合利用与节能环保，结构调整与转变发展方式，适度集聚发展，自主创新与设备水平，应急加工供应体系，安全保障体系，严格行业准入等。④

(2) 借鉴产业经济理论的主流分析范式，从不同视角探讨我国植物油产业发展的对策思路。王永刚(2006)分析了国际贸易和国际投资对我国植物油加工业市场结构的影响，认为国际贸易促进了企业规模扩大，提高了进入壁垒和市场集中度，跨国公司大举进入提高了平均资本规模壁垒、绝对成本壁垒、产品差异化壁垒，使我国植物油加工业市场结构迅速向垄断竞争或寡头垄断转变，这虽然有一定积极作用，但也会危及产业安全。⑤ 王永刚(2006)分析了我国植物油加工业的空间集聚态势及其对增长绩效的影响，结果发现，我国植物油加工业以进口贸易为直接动力的空间集聚本质上仍然是规模经济和外部经济共同作用的结果，东南沿海地区的植物油加工产业集聚虽然已经开始遇到运输成本制约，但是仍然对产业增长有显著促进作用。⑥ 陈晓群、庄丽娟(2010)分析了我国食用油产业链不同环节的

① 国家粮食储备局西安油脂科学研究设计院."十一五"时期我国食用油工业发展战略研究(上)[J].食品科技,2007(4):1-3

② 励建荣.中国植物油工业的现状及发展战略[J].食品科技,2008(1):100-104

③ 王瑞元.2009年我国食用植物油加工业的基本状况和应关注的几个问题[J].中国油脂,2010(9):1-5

④ 王瑞元.我国食用植物油加工业的基本情况和在"十二五"期间应关注的一些问题[J].中国油脂,2011(11):1-5

⑤ 王永刚.贸易、国际投资与植物油加工业市场结构[J].重庆工商大学学报:社会科学版,2006(6):61-64

⑥ 王永刚.浅析空间集聚对植物油加工业增长绩效的影响[J].新疆农垦经济,2006(11):20-24

利益格局，发现在开放市场条件下，油料生产者受损最严重，油脂加工企业也处于弱势地位，零售商则具有比较优势，因此，政策重点包括改革价格支持政策、增加"绿箱"政策、降低进口依存度、培育龙头企业、完善储备制度。[①] 许良、王永刚(2006)分析了同为人多地少，需要进口油料的印度、日本和韩国关于植物油产业的政策及其对我国的启示，主张政策制定时要统筹各方利益，适当进口油料，抑制成品油进口，扶持国内油料生产。[②]

(3) 以细分行业或地区为研究对象，分析植物油产业的问题与对策。例如，周垂钦等(2009)系统剖析了我国花生油产业的现状、趋势、问题与对策，主张加大对花生生产的政策扶持力度，依托科技进步提升花生和花生油质量，通过扶持龙头企业优化区域布局，规范生产经营秩序，健全储备保险制度。[③] 杨涛、李娜(2009)分析了我国玉米油产业的现状与未来发展前景。[④] 陈云飞、何东平(2005)探讨了武汉市食用植物油产业的发展策略[⑤]。胥镤(2010)则系统分析了四川食用植物油产业的问题与对策[⑥]。杨振和、苏振华(2013)探讨了湖南食用植物油产业的问题与对策[⑦]。

二是针对备受关注的我国植物油产业安全问题探讨相关成因与出路。

(1) 分析外资对于植物油产业安全的影响及应对策略。例如，郭清保(2008)探讨了植物油跨国集团在中国的产能布局及发展趋势，并且分析了外资进入我国植物油产业的双向影响，正向影响在于满足国内市场需求，促进技术进步，更新消费观念；负面影响在于危及产业安全、造成资源浪费等。[⑧] 马苏(2009)针对我国食用油领域出现的外资并购热潮，探讨了反垄断法的完善问题。[⑨] 谢春凌(2011)分析了外资对我国植物油产业的负面影响，例如，原料进口依存度过大、国内豆农利益受损、产能过剩、垄断定价等，相应的对策包括扶持国内油料生产、加大宏观调控、培育内资大企业集团、套期保值、严格执行反垄断法。[⑩]

(2) 分析我国植物油产业面临的供给安全危机及对策。赵丽佳、冯中朝

---

① 陈晓群，庄丽娟. 通胀预期背景的食用油产业链利益分配格局[J]. 改革，2010(1)：55－60

② 许良，王永刚. 印度、日本和韩国植物油产业政策及其对我国的启示[J]. 中国油脂，2006(7)：16－19

③ 周垂钦，等. 我国花生油产业发展现状与前景[J]. 中国油脂，2009(10)：5－8

④ 杨涛，李娜. 我国玉米油产业现状与前景分析[J]. 黑龙江粮食，2009(6)：36－37

⑤ 陈云飞，何东平. 武汉食用植物油产业的现状与发展策略[J]. 粮油加工与食品机械，2005(12)：13－14

⑥ 胥镤. 四川省食用植物油产业发展研究[J]. 粮食问题研究，2010(2)：13－17

⑦ 杨振和，苏振华. 基于三大油料资源优势的湖南食用植物油产业发展研究[J]. 黑龙江粮食，2013(1)：46－49

⑧ 郭清保. 当前跨国集团在华植物油产能研究[J]. 粮食与油脂，2008(3)：36－39

⑨ 马苏. 从外资并购食用油企业谈反垄断法的适用和完善[J]. 中国粮食经济，2009(9)：12－14

⑩ 谢春凌. 外资对我国植物油产业的影响与对策[J]. 改革与战略，2011(3)：136－138

(2008)从进口视角分析了大豆、油菜籽、棕榈油、豆油和菜籽油的可靠性和产业安全状况，结果发现，只有菜籽油处于基本安全状态，棕榈油、大豆和豆油、油菜籽都处于危机状态或不安全状态，虽然总体的进口供给基本是有保障的，但过度依赖进口使该产业总体处于危机状态。[①] 苟勇(2008)认为全球食用植物油安全形势已经不容乐观，而我国植物油安全形势尤其严峻，其依据在于油料产量三连降、油脂加工业的外资控制、自给率偏低、进口依赖度高、价格上涨过快、消费需求居高不下，相应的化解对策包括转变认识、把握消费特点、增加供给、抑制需求、加强预警和监管。[②] 王汉中(2007)认为我国食用油供给形势非常严峻，油料的对外依存度达61%，并且生物柴油产业的快速发展使得国际市场上油料产品价格暴涨，应对策略包括加强对国内油料生产的政策扶持、建立食用油储备制度。[③] 程广燕、王东阳(2011)认为，我国植物油自给率已下降到35%，为了保障产业安全，未来十年菜籽油、花生油的外资加工比例应控制在20%以内，油菜籽原料对外依存度应控制在25%以内，花生油加工原料100%自给，相应的对策包括提升油料作物综合生产能力、提升内资油脂企业的市场竞争力、鼓励内资油脂企业使用国产原料、引导居民营养健康合理用油。[④]

(3) 从某个具体角度深入探讨植物油产业安全危机的应对方法。高铁生、安毅、张俊(2008)从规模、布局、结构、深精加工、轮换机制、调控决策方式等方面系统分析了我国食用油储备体系的问题，主张通过转变油脂安全观、确定合理规模、优化储备布局、实行动态储备、发展储备油深加工、完善制度保障来进一步完善我国食用油储备制度。[⑤] 刘悦、聂作明、王兴国(2009)主张通过应用 HACCP 体系来应对食用油的生产和消费安全问题，并且探讨了在食用油产业推广应用 HACCP 体系的对策思路。[⑥] 潘学清(2009)主张通过扶持花生产业的规模化经营来保障中国食用油战略安全，其依据主要在于花生产量高、出油率高、油品质量高且不与粮食争地，因此，应像补贴粮食一样补贴花生生产，加强战略储备支持，建立花生生产核

---

① 赵丽佳，冯中朝. 我国油料和植物油的产业安全：基于进口视角的分析[J]. 国际贸易问题，2008(12)：29-36

② 苟勇. 对我国食用植物油安全问题的思考[J]. 粮食问题研究，2008(5)：15-24

③ 王汉中. 我国食用油供给安全形势分析与对策建议[J]. 中国油料作物学报，2007(3)：347-349

④ 程广燕，王东阳. 当前国内植物油产业格局、趋势及对策分析[J]. 农业展望，2011(1)：39-42

⑤ 高铁生，安毅，张俊. 我国食用油市场安全与储备制度改革[J]. 经济与管理研究，2008(8)：34-37

⑥ 刘悦，聂作明，王兴国. HACCP 在食用油加工行业中的应用探讨[J]. 中国粮油学报，2009(7)：148-152

心区。①

4. 简单述评与未来展望

总体而言，植物油产业作为一个与人们生活息息相关的产业门类，受到学界的高度重视，涌现出了许多高水平的研究成果，对植物油产业发展的热点问题和重点问题进行了深入探讨，对推动植物油产业健康发展提供了重要的智力支持。不过，既有文献也存在一些问题，数据介绍偏多，理论分析偏少；演化分析偏多，实证分析偏少。这可能是因为植物油产业的统计口径不统一，难以成为主流研究范式的有效样本，产业集聚和竞争力等时髦范式虽然也有所涉及，但是由于测算评价的难度较大，高水平文献的数量相对较少。未来植物油产业研究的重点方向可以考虑如下几个方面：一是规范统计标准，完善植物油产业统计数据库，引进主流分析范式，将植物油产业推入经济学和管理学研究的主流视野，特别是产业集聚、竞争力、产业链、全要素生产率等分析范式，都可以作为下一步研究的重点。二是对植物油产业的典型个案进行深入研究，一方面，可以通过实地调查来弥补统计数据的不足；另一方面，可以为基于统计数据的研究成果提供验证。三是对植物油产业的热点问题进行跟踪研究。例如，当前关注度比较高的问题有自给率问题、外资控制问题、质量安全问题，应该动员广泛的力量，借用多学科的理论和方法，借鉴其他国家和地区的经验教训，进行全面系统的探讨。四是增强对策研究的可操作性。例如，关于植物油产业发展路径中被广为推崇的扶持国内油料生产、培育龙头企业、完善储备制度等对策思路，大多数文献只是点到即止，缺乏具有可操作性的建议。未来应开设专题研究，对既有政策的效果进行评估，探讨更具可操作性的政策建议。

（二）农产品加工业相关研究述评

农产品加工业是国民经济的重要组成部分，是现代高效农业的核心内容，对于农村的工业化、城市化、现代化具有举足轻重的作用。国外学者关于农产品加工业的研究始于 20 世纪中叶，Moses(1958)在前人的产品理论和区域理论研究的基础上，提出了发展农产品加工业的新思路，对农产加工业研究做出了开创性贡献。真正为农产品加工业奠定理论基础的是 Lauschner R.（1980），他通过分析农业综合企业与农户间的整合关系，提出农产品加工业是对农业的加强和延伸，是新的、最

① 潘学清.论花生产业与中国食用油战略安全[J].北京农业，2009(29)：5－7

有朝气的产业部门。[①]由于以农业为主的发展中国家在发展农产品加工业方面具有更好的现实基础和更广阔的发展前景，因此，发展中国家和地区不仅成为农产品加工业的主要实践基地，而且成为农产品加工业研究的主战场。James E. Austin (1981)认为，在发展中国家，农产品加工业发展能有效带动农业经济的发展，既可以增加发展中国家人民的收入，促进城市化进程，又可以满足迅速增长的人们对加工农产品的需求。[②] Araujo P. F. C. (1983)认为农产品加工业是区域经济发展的重要力量[③]，Winhorst, Hans-Wilhelm(1989)认为发展农产品加工业是推动农业工业化的基础[④]。

改革开放以来，我国农产品加工业发展经历了贸工农一体化、农业产业化、订单农业三个基本阶段，相应的理论研究也主要围绕着三个阶段的基本特征而展开。20 世纪 90 年代后期，随着改革开放的深入发展，在我国工业经济迅速发展壮大的同时，三农问题也日益突出，而农产品加工业凭借自身在解决三农问题方面的独到优势成为各地区竞相发展的焦点。在这种背景下，农产品加工业的理论研究也迅速升温，涌现出了大量的理论研究成果。概括来看，当前国内关于农产品加工业的理论研究主要集中在农产品加工业的意义与发展前景、农产品加工业的特点与趋势、农产品加工业的竞争力、农产品加工业的组织模式与技术创新、农产品加工业的问题与对策等方面。

1. 农产品加工业的意义与前景

随着农产品加工业的发展，特别是相关扶持政策和发展战略的出台，农产品加工业在经济社会发展中的意义和作用不断凸显，人们开始从多个视角阐释农产品加工业的意义和前景。韩俊(2001)指出，大力发展农产品加工业是中国农业发展进入新阶段后面临的重大课题，一方面，居民生活方式和城乡人口结构的变化将为农产品加工业的发展提供巨大的市场空间；另一方面，世界经济全球化进程的加快及中国农业对外开放程度的提高，将为中国农产品加工业的发展提供更多空间。[⑤]

---

① Lauschner R. Agroindustry as a factor strengthening the agricultural sector[J]. Revista de Economia Rural, 1980, (18): 217 - 233

② James E. Austin. Agroindustry Project Analysis[M]. Baltimore: The Johns Hopkins University Press, 1981: 15

③ Araujo P. F. C. Agroindustry and regional development[J]. Centro Luiz Queiroz, 1983, 75(1): 5 - 15

④ Winhorst, Hans-Wilhelm. Industrialized and Agroindustry[M]. Vechtaer Druckerei und Verlag GmbH and Co, 1989:150

⑤ 韩俊. 中国农产品加工业的发展与政策选择[J]. 商业时代，2001(11):10 - 12

杜彦坤(2001)从结构调整、农村社会发展、人民生活水平、国际竞争等视角诠释了农产品加工业的重要意义,认为发展农产品加工业是实现农业和农村经济结构战略性调整的新突破口,是促进城镇化进程、缓解就业压力的重要举措,是提高人民生活水平、改善膳食结构的现实需要,是提高国际竞争力、扩大出口创汇的有效途径。[①] 兰徐民(2003)指出,发展农产品加工业是增强我国农业基础地位的需要,是推进农业产业化经营和农业结构调整的重要带动力量,是提高农业综合效益、增加农民收入的有效途径,是重振乡镇企业的有效途径,也是应对加入 WTO、提高我国农产品国际竞争力的有效措施,对吸收城乡剩余劳动力,缓解就业压力和促进农村城镇化建设也具有重要意义。[②] 张润清、李崇光(2004)认为,农产品加工业作为对农业部门提供的初级产品和中间产品进行加工的工业部门,是对农业产业链的延长,是农业现代化和农村经济发展的增长极,因此,只有优先发展农产品加工业,才能带动农村经济的全面发展,增加农民收入,为中国农村实现全面小康奠定基础。[③] 陈会英、周衍平、刘肖梅(2004)指出,农产品加工业作为连接最终消费的农业生产的后向产业,对于延伸农业产业链,使农业摆脱仅仅提供原料和初级产品的基础地位,成为一种"从田头到餐桌"的完整产业,提高初级农产品的附加值,提高农业国际竞争力具有重要的现实意义。[④] 王伟、黄汉权(2004)从科学发展观的视角阐释了农产品加工业的重要意义,认为发展农产品加工业是统筹经济社会发展的迫切需要,是统筹城乡发展的战略选择,是统筹区域经济发展的内在要求,是协调人与资源关系,促进可持续发展的有效途径,是坚持以人为本的具体体现。[⑤] 王秀忠(2006)从新农村建设的视角阐述了农产品加工业的重要意义,认为农产品加工业是新农村建设的生力军,农产品加工业不仅有利于提高农民素质,为新农村建设培育更多的新型农民,而且有利于加快现代农业发展,为新农村建设培育新型产业;不仅有利于提高农民的组织化程度,为新农村建设催生新型组织,而且有利于提高农业的综合效益,为新农村建设提供新型保障,还有利于发展农村循环经济,为新农村建设创造新型环境。[⑥] 张霞、鲁德银、蔡根女(2007)运用湖北农产品加工业的证据证实了农产品加工产业集群在缓解"三农"问题方面的独到功效,指出发

① 杜彦坤.政府发展农产品加工业的政策目标预期及职能界定[J].中国软科学,2001(11):10-13
② 兰徐民.由美国柑橘引发的思考——我国应大力发展农产品加工业[J].农业经济问题,2003(5):33-36
③ 张润清,李崇光.中国农产品加工业优先发展的经济学分析[J].农业经济问题,2004(10):66-69
④ 陈会英,周衍平,刘肖梅.中国农产品加工产业组织创新与政策选择[J].经济地理,2004(2):272-276
⑤ 王伟,黄汉权.科学发展观与农产品加工业[J].宏观经济管理,2004(10):34-36
⑥ 王秀忠.农产品加工业是新农村建设的生力军[J].农产品加工,2006(6):6-7

展农产品加工产业集群不仅有利于增加非农产业就业岗位，而且有利于提高农民收入，还有利于加快农村城镇化步伐。① 邹积慧(2007)测算了农产品加工业对农村经济增长的贡献，结果显示，1985—1993 年，东部、中部和西部地区农产品加工等生产要素的产业间转移对经济增长的贡献率为分别为 25.2%、18.8% 和 14.9%，三个地区简单平均贡献率为 20%，进而认为，发展农产品加工业不仅有利于提高农村经济增长水平，而且有利于增强农业产业内部劳动力消化能力，还有利于推进社会主义新农村建设。② 孟宏斌(2010)认为，西部省区农产品加工业发展水平相对落后是制约农民增收的重要因素，而立足当地特色农产品的资源优势，通过组建农产品专业合作组织、发展壮大龙头企业、规范农企利益联结机制等途径，切实提升农产品加工业的发展水平，能够促进西部农民收入的稳定增加。③

2. 农产品加工业的特点与趋势

准确认识和把握农产品加工业的特点与趋势是选择和制定科学的发展对策的重要前提。为了给政策供给提供科学依据，保障农产品加工业的健康发展，学界开始关注国内外农产品加工业的特点与趋势。一方面，总结国内外农产品加工业的基本特点，有助于正确认识农产品加工业发展的现实基础；另一方面，总结国内外农产品加工业的基本趋势，有助于正确把握农产品加工业的发展方向。

当前，关于农产品加工业特点与趋势的研究可以划分为两大类：一是集中介绍国外农产业加工业的发展趋势，总结其他国家和地区农产品加工业的经验，以期为中国农产品加工业的发展提供经验借鉴。魏益民(2004)将国际食品加工业的发展趋势概括为四个方面，即产业化经营管理越来越成熟；加工技术和设备越来越先进；资源的有效利用率越来越高；产品的规格标准和质量控制体系越来越完善。④ 何国辉、李赛群(2008)指出，当前国际农产品加工业发展的特点与趋势：一是农产品加工企业规模大，品牌优势明显；二是利用现代科技成果，提高农产品加工技术的高科技含量；三是农产品深加工程度高，产业链不断延伸；四是农产品物流业不断完善；五是农产品质量标准和质量控制检测体系日益完善。⑤ 张忠明、钱文荣、

① 张霞，鲁德银，蔡根女. 湖北省农产品加工产业集群发展与“三农”问题的缓解[J]. 西北农林科技大学学报：社会科学版，2007(4)：28-32

② 邹积慧. 农产品加工业对拉动农村经济增长的贡献分析[J]. 哈尔滨工业大学学报：社会科学版，2007(2)：95-102

③ 孟宏斌. 优势、合作与增收：西部特色农产品加工业促进农民增收研究[J]. 学术探索，2010(1)：24-29

④ 魏益民. 国外农产品加工与食品产业发展趋势[J]. 中国食物与营养，2004(4)：27-29

⑤ 何国辉，李赛群. 湖南省农产品加工业的发展及走向国际化的若干建议[J]. 湖南农业科学，2008(3)：134-137

栾立明(2008)认为,国外农产品加工业的发展趋势包括:大力发展国际化大型跨国公司;积极发展中小企业;农产品加工业的产品品种向安全、绿色、休闲方向发展。[①] 国家食物与营养咨询委员会赴日考察团(2005)总结了日本农产品加工业的基本经验,认为日本的农产品加工业以食品工业为主,特别强调与农业和农村发展相结合,强调原料生产的专用化和标准化,在发展地区经济和提供就业方面起了重要作用,而且为农村提供了稳定的产品销路。[②] 周淑景(2006)认为,20 世纪 80 年代后法国农产品加工业的显著特点体现在五个方面:一是生产快速增长,农产品附加值水平不断提高;二是产品出口不断扩大;三是出口盈余大幅增加,产业优势日益明显和突出;四是生产经营的企业组织迅速增多;五是提供日益增多的就业机会。而支撑法国农产品加工业发展的政策条件主要包括:加强对农业发展持续推进政策及其结构的调整与完善,不断完善和强化中小企业发展的基本条件,构建合宜、有效的企业结构模式,组织健全、完善的科技研发及其成果推广运作体系。[③]

二是概括总结中国农产品加工业的基本特点,分析中国农产品加工业的发展趋势,包括一些对个别地区的分析。杜鹰等(1999)对改革开放以来中国农产品加工业的特点进行了概括:一是尽管农产品加工业在工业中的比重呈下降趋势,但加工业产值与农业产值的比值有所提高;二是在农产品加工业结构中,食品工业比重上升,而纺织、服装及皮革工业比重下降;三是农产品加工业的就业人数从 20 世纪 80 年代中期到 90 年代初保持增长态势,但 1992 年以来增长缓慢并有所下滑;四是农产品加工业企业的规模呈逐步扩大的趋势,但多数行业的企业规模偏小;五是农产品加工业的城乡布局已有很大改观,但区域布局仍不平衡。[④] 刘坚(2004)认为,我国的农产品加工业有以下几个特点:一是发展速度呈较快增长态势;二是促进了农民增收和就业;三是与农户的关系日趋紧密;四是区域特色初步形成;五是涌现出一大批上规模和上水平的农产品加工企业;六是正在形成具有一定竞争力的产业产品体系。[⑤] 张忠明、钱文荣、栾立明(2008)认为,国内农产品加工业的发展趋势包括:因地制宜,发挥资源优势,发展有地域特色的农产品加工业;扶优扶强与全面开花相结合;加强农产品加工业的前、后向关联并与农业产业化相

① 张忠明,钱文荣,栾立明. 发展东北老工业基地农产品加工业的对策——基于长春、哈尔滨、沈阳三市的实地调查分析[J]. 经济地理,2008(3):367 - 371

② 国家食物与营养咨询委员会赴日考察团. 日本农产品加工业的发展及其经验[J]. 中国食物与营养,2005(7):4 - 6

③ 周淑景. 法国农产品加工业发展特点与经验借鉴[J]. 经济研究参考,2006(28):27 - 33

④ 农业部软科学委员会课题组. 中国农产品加工业的发展与政策选择[J]. 中国农村经济,1999(12):4 - 15

⑤ 刘坚. 农产品加工是农民增收的关键[N]. 农民日报,2004 - 02 - 20

结合。[①] 魏益民、万桂林、丁凡(2009)基于1993—2006年的统计数据分析了我国农产品加工业的发展现状和趋势,认为从2000年开始农产品加工业产值大幅度上升,到2006年占国内生产总值的28.61%,农产品加工业在国民经济中的地位日益提高,按照目前的发展速度,中国农产品加工业有望在2015年达到发展中国家的领先水平,接近工业化国家的中下等水平。[②] 王守经等(2008)通过分析山东农产品加工业的现状总结了山东农产品加工业的发展趋势,认为山东省农产品加工业的发展趋势主要包括:高新技术的应用和现有技术的集成;农产品资源的高效综合利用;农产品加工质量标准化体系的建设;营养、保健型功能食品的发展;加工企业的规模化发展;农产品加工设备的智能化、自动化。[③] 卢永军(2010)认为当前我国农产品加工业发展的基本特点包括:发展速度有所放缓,但食品工业增长较快;区域特色基本形成;规模企业大批涌现;带动作用不断增强;企业与农户的关系日趋紧密。[④]

3. 农产品加工业的竞争力

随着农产品加工业在促进经济社会发展方面的良好效应的日益显现,各地竞相将其作为国民经济中的战略性产业,由此必然引发同构产业之间的竞争。同时,随着经济全球化的深入以及我国改革开放进程的加快,我国农产品加工业不仅存在国内各地区的竞争,而且面临着来自国际市场的竞争。为了能够在竞争中获取市场优势,人们开始关注农产品加工业的竞争力问题,逐渐将竞争优势理论和竞争力评价理论等相关理论成果用于分析我国农产品加工业的竞争力。不过,相对于竞争力理论的巨大发展而言,现有的关于农产品加工业竞争力的研究还非常薄弱,研究成果的数量和质量均有待提升。

当前,关于农产品竞争力研究的成果,根据分析对象范围不同可以分为两类:一类是以全国的农产品加工业为分析对象,分析全国农产品加工业竞争力的现状及提升对策。代表性的研究成果包括:丛海彬、邹德玲(2006)从农产品加工业的市场进入壁垒低和退出壁垒高的问题、农产品加工企业技术创新的问题、农产品加工业的利益分配机制问题、政府对农产品加工业的政策扶持问题等方面,分析了中国农产品加工业国际竞争力的制约因素,并进而提出了相应的对策建议,包括培养和

① 张忠明,钱文荣,栾立明.发展东北老工业基地农产品加工业的对策——基于长春、哈尔滨、沈阳三市的实地调查分析[J].经济地理,2008(3):367-371

② 魏益民,万桂林,丁凡.农产品加工业发展现状与趋势分析[J].农产品加工,2009(3):48-49

③ 王守经,等.山东省农产品加工业的发展趋势分析[J].农产品加工:学刊,2008(6):75-77

④ 卢永军.我国农产品加工业的发展现状与展望[J].农产品加工:创新版,2010(7):4-5

发展农产品加工企业，提高其技术创新意识和创新能力；开拓国际市场，提高农产品加工企业的国际竞争力；大力发展知名品牌龙头企业等。① 周应恒、王图展(2006)对近年来我国31个省市区农产品加工业的地区比较优势格局进行了量化研究，结果显示，农产品加工业的区域比较优势已经显著“分化”，福建、山东、河南、湖北、广西和四川6省区是农产品加工业的优势地区。② 马蕾(2008)从市场表现和本质两个方面对农产品加工业国际竞争力的涵义进行了界定，并通过对古典贸易理论及其演进、竞争优势理论、企业竞争战略管理理论进行比较研究，将我国农产品加工业国际竞争力的源泉归结为技术差异、资源差异、规模经济、专业化生产、核心能力、战略性资源以及外部环境质量等。③ 苏李、臧日宏(2010)借助显示性比较优势指数和国内竞争力指数，从国家和民族两个层面对2003—2008年中国农产品加工业的国际竞争力进行了分析，结果显示：中国农产品加工业整体表现为国际竞争优势，但这种竞争优势正在减弱；民族农产品加工业也表现为国际竞争优势，各行业间分化特征明显，纺织服装鞋帽制造业、皮革毛皮羽绒制品业等传统优势行业的优势在逐渐丧失，而农副产品加工业、饮料制造业等行业的劣势在扩大。④

另一类是以某个行政区域为分析范围，对其农产品加工业的竞争力进行评价，并探讨提升竞争力的对策建议。代表性的成果有：刘李峰等(2006)对北京农产品加工业的产业竞争力进行了全面分析，结果显示，与其他工业相比，北京市农产品加工业整体的产业竞争力不强，但是有明显的社会效益，尤其对劳动力就业贡献巨大；与沿海发达省市相比，北京市农产品加工业发展水平低，产业整体竞争力不强；北京市农产品加工业内部不同行业之间竞争力有显著差距，服装业和鞋帽制造业、食品加工业及医药制造业是北京市农产品加工的主导行业。其中医药制造业的竞争力最强，皮革毛皮加工业、木材加工业和烟草业是最不具备竞争优势的行业。⑤ 王冬(2007)在深入分析黑龙江农产品加工业的优势与劣势的基础上，提出了城乡统筹背景下提高黑龙江省农产品加工业竞争能力的对策，包括大力发展绿色农产品加工业，建立相关支持产业优势网络，降低企业交易风险和成本，大力发

① 丛海彬，邹德玲. 中国农产品加工业国际竞争力分析[J]. 浙江万里学院学报，2006(3)：73-76

② 周应恒，王图展. 我国农产品加工业地区比较优势的实证分析[J]. 农村经济，2006(5)：101-103

③ 马蕾. 中国农产品加工业国际竞争力研究范式分析[J]. 农业发展与金融，2006(8)：92-93

④ 苏李，臧日宏. 中国农产品加工业竞争力实证分析——基于国家和民族视角[J]. 国际经贸探索，2010(8)：16-20

⑤ 刘李峰等. 北京市农产品加工业的产业竞争力分析[J]. 农产品加工：学刊，2006(2)：57-62

展外向型农产品加工业，营造良好的产业环境；引导企业加大对高级生产要素的投资，鼓励其以为顾客创造价值为导向培育创新能力，全面加快农产品加工企业创新步伐等。① 聂亚珍(2007)从全员劳动生产率、贸易特化系数、R&D强度指标、专利数量指标等方面对湖北省农产品加工业的市场竞争力进行了评价，认为由于科技含量低、农产品质量差、成本高、价格高、信誉低，湖北农产品加工业在市场竞争中处于不利地位，要提升农产品加工业的竞争力，必须培育并壮大农产品加工业龙头企业，推进农产品区域化、专业化、标准化生产，提高基地生产水平，提高农产品加工企业的创新与营销能力。② 刘彩云、马殿平、张润清(2007)从整体竞争力和分行业竞争力两个层面对河北农产品加工业的竞争力进行了分析，认为河北农产品加工各行业中，皮革、毛皮、羽绒及其制品业最具竞争力，与全国同行业相比竞争力较强的有食品制造业，木材加工及竹、藤、棕、草制品业和农副食品加工业，作为河北省的传统产业的纺织业和纺织服装、鞋帽制造业竞争力很低，作为果品资源大省的河北省饮料制造业的竞争力较弱。③ 张前进、马丽(2009)对枸杞产业、清真牛羊肉产业、牛奶产业、马铃薯产业、造纸产业、羊绒产业、发酵产业等宁夏的特色优势农产品加工产业的竞争力进行了评价，并剖析了其中存在的问题。④ 钟咏、张珺(2011)借助SWOT分析法分析了湖南农产品加工业发展的优势、劣势、机会与威胁，认为湖南农产品加工业的优势包括原材料优势、劳动力优势、农产品加工企业数量优势，劣势在于产业链不完善、加工程度低、规模化程度低、品牌辐射力度不大，机会在于农业发展优惠政策、农业产业化转型时期的机遇、高素质人员参与量增多，而威胁主要来自于行业科技需求增加、加工农产品质量检测标准提高。⑤

4. 农产品加工业的创新发展

创新是包括农产品加工业在内的所有产业发展的动力源泉，更是解决产业发展难题、提升产业竞争力的根本路径。随着知识经济时代的到来，创新浪潮不断高涨，农产品加工业的创新问题也受到越来越多的关注。在农产品加工业创新研究方面，有三个经久不衰的热点问题：一是农产品加工业的组织模式创新问题。组织模式是农产品加工活动中基本利益主体(企业、农户、政府)之间的责权利结构和利

---

① 王冬.城乡统筹背景下提高黑龙江省农产品加工业竞争能力的对策[J].哈尔滨商业大学学报:社会科学版,2007(2):56-58

② 聂亚珍.湖北省农产品加工业的竞争力分析[J].农业经济,2007(2):71-72

③ 刘彩云,马殿平,张润清.农产品加工业竞争力分析[J].中国统计,2007(9):48-50

④ 张前进,马丽.民族地区特色优势农产品加工业竞争力评价——以宁夏为例[J].安徽农业科学,2009(2):859-861

⑤ 钟咏,张珺.基于湖南省农产品加工的SWOT分析[J].经济研究导刊,2011(19):178-179

益联结机制的总称。它直接决定着农产品加工活动的效率高低，对农产品加工业发展具有非常深刻的影响。同时，农产品加工业中涉及的利益主体、产品客体、市场结构、地域空间都存在显著差异，这无疑对组织模式创新提出了更高的要求，同时也使得组织模式创新研究更为精彩。陈会英、周衍平、刘肖梅(2004)通过分析“农产品加工企业＋农户”的产业关联组织模式的双赢绩效、囚徒困境与逆向选择问题，提出了促进中国农产品加工业组织模式创新的政策建议，例如，增加专用性资产投资，强化农产品加工企业与农民契约双方之间的相互依赖性；完善合同管理，促进合约制度的形成，提高合同履约率等。[①] 张晓、霍学喜(2007)总结分析了我国农产品加工业中常见的经营模式，包括“公司＋农户＋基地”模式、“龙头企业＋农户”模式、“企业(外向型企业)＋基地＋农户＋市场”模式、“集团＋科教＋农户”模式、“政府＋企业＋农户”模式、“公司＋科技＋基地＋农户”模式、“公司＋基地＋农户＋中介”模式、“公司＋基地＋中介＋农户”模式等。[②] 吕敏(2008)比较分析了我国农产品加工业中的市场交易关系型、“农产品加工企业＋农户”型、“农产品加工企业＋中介＋农户”型、一体化联接型等四种组织模式的优缺点，指出我国农产品加工产业组织模式创新发展过程中应坚持稳定家庭承包经营制度的原则，以市场为导向和等价交换的原则，因地制宜、分类指导、循序渐进的原则，建立科学的利益分割机制，促进农产品加工企业和农户结成利益共同体。[③]

二是农产品加工业发展模式的创新问题。农产品加工业具有很强的原材料依赖性，而且行业的进入壁垒相对较低，因而各地区在发展农产品加工业方面呈现出巨大的差异性，涌现出了许多形态各异的发展模式。综观形形色色的农产品加工业发展模式，虽然都是区域产业创新发展的重要成果，但是受制于显著的区域适应性，多数并无更大范围的参考价值。当前，关于农产品加工业发展模式创新的较为一致的取向就是培养产业集群，实现集群发展、集群创新，国家关于农产品加工业的总体规划明确提出了向产地集中的空间布局思路，许多学者也对农产品加工产业集群进行了深入研究，从理论与实践两个层面证明了产业集群是新时期农产品加工业发展的基本的空间组织模式。张霞、鲁德银、蔡根女(2007)运用湖北农产品加工业的证据证实了农产品加工产业集群在缓解“三农”问题方面的独到功效，指出发展农产品加工产业集群不仅有利于增加非农产业就业岗位，而且有利于提高

---

① 陈会英，周衍平，刘肖梅. 中国农产品加工产业组织创新与政策选择[J]. 经济地理，2004(2)：272－27

② 张晓，霍学喜. 我国农产品加工业的经营模式分析与发展对策研究[J]. 商业研究，2007(5)：103－107

③ 吕敏. 我国农产品加工产业的组织模式评析与发展对策研究[J]. 中国乡镇企业，2008(3)：12－14

农民收入，还有利于加快农村城镇化步伐。[①] 周志霞(2010)的实证研究结果显示，山东木材加工产业集群与区域经济增长之间呈现相互促进的关系，集群规模扩张会带动经济增长，而经济增长又会进一步扩大集群规模。[②] 项喜章、吴素春、胡坤(2011)认为农产品加工产业集群是一种新型的产业发展模式，并系统概况了我国农产品加工产业集群的典型特点，指出虽然我国农产品加工产业集群已经取得了显著发展，在地域性方面表现为从东部沿海向中西部扩展，在行业性方面从以纺织业为主到行业的多样化，但是，农产品加工产业集群的产品以初加工为主，发展呈现非均衡性，总体创新不足，而破解上述问题的唯一出路就是加强农产品加工产业集群的创新能力。[③] 秦建军、武拉平、闫逢柱(2010)对产业集聚对农产品加工业成长的影响进行了实证研究，结果发现，地理集聚度对产业成长指数具有正面影响，但产业不同地理集聚度对产业成长的影响存在差异，因而在通过培养农产品加工产业集聚，实现经济增长和产业发展时，要充分考虑各行业的自身特性和资源禀赋分布，着重合理解决集聚式发展与均衡发展的关系。[④]

三是农产加工业的技术进步与技术创新问题。随着科学技术是第一生产力的理念的深入人心，加上技术在促进农产品加工业发展方面的特殊重要意义的不断凸显，人们开始对农产品加工业相关技术进步和技术创新倾注了极大的热情，并且对此寄予很高的期望。关于农产品加工业技术创新问题的研究主要从两条线索展开：

其一，立足农产品加工业的实际，分析有利于促进农产品加工业发展的关键技术或者技术发展趋势。代表性的研究成果包括：廖森泰、徐玉娟(2008)概括了国内外农产品加工技术的七大趋势，即高新技术广泛应用在农产品加工各个环节；精深加工能力越来越强，资源利用越来越综合；加工新产品向安全、绿色、休闲方向发展；加工设备向新型、高效、节能、环保方向发展，越来越高新化；加工原料专用化，既保证产品的质量，又降低产品的成本；重视加工过程的质量管理，建立国际市场标准；农产品保鲜技术向符合食品和保持农产品品质的方向发展。[⑤] 陈方源

---

① 张霞，鲁德银，蔡根女. 湖北省农产品加工产业集群发展与“三农”问题的缓解[J]. 西北农林科技大学学报：社会科学版，2007(4)：28-32

② 周志霞. 山东省木材加工产业集群与区域经济增长实证研究[J]. 林业经济问题，2010(5)：444-446

③ 项喜章，吴素春，胡坤. 农产品加工集群的现状及特点分析[J]. 湖北社会科学，2011(10)：73-76

④ 秦建军，武拉平，闫逢柱. 产业地理集聚对产业成长的影响——基于中国农产品加工业的实证分析[J]. 农业技术经济，2010(1)：104-111

⑤ 廖森泰，徐玉娟. 广东省农产品加工科技现状、差距及发展对策研究[J]. 科技管理研究，2008(6)：145-147

(2005)着重从技术角度分析湖北省农产品加工产业发展的影响因素，认为影响湖北农产品加工业发展的关键技术因素包括优质原料基地建设综合技术、双低油菜综合利用及深加工技术、稻米综合利用及深加工技术、畜牧业加工技术、名特优水产品安全贮运及加工技术、特产资源加工技术。①

其二，对农产品加工业的技术创新状况进行分析，探讨农产品加工业技术创新存在的问题与求解对策。代表性的研究成果包括：王强(2010)对我国农产品加工业的科技创新体系进行了系统研究，全面剖析了我国农产品加工业科技创新的突出问题以及与发达国家的差距，准确概括了农产品加工科技创新体系的科学内涵、重点内容，并从目标任务、基本原则、重点布局等层面分析了我国农产品加工科技创新体系建设的战略思路。② 孙瑜等(2007)对农产品加工业的行业技术标准与科技研发的关系状况进行了定量评价，结果显示，我国农产品加工业的技术标准与科技研发关系比较弱，存在相互脱节现象，其主要影响因素体现在体制、机制和产业技术水平三方面。③ 廖森泰、徐玉娟(2008)从科技创新能力、科技创新活动、科技产出、科技产业四个要素分析了广东省农产品加工科技的发展现状及差距，提出了提高广东省农产品加工科技竞争力的总体思路和对策建议。④ 崔超、吴林海(2009)通过构建评价指标体系对中国农产品加工业技术创新能力进行了总体评价，结果显示，“十五”期间，中国农产品加工业技术创新能力整体水平有了一定程度的提升与发展，技术创新综合能力年均增长率为 9.07%，但仍然处于一个较低的水平，相对于整个工业行业来看，创新能力在提升中进一步扩大了差距。⑤ 岳玮、吴素春、许艳菊(2011)在深入分析湖北省农产品加工企业科技发展现状的基础上，基于现代营销的视角探讨了农产品加工企业技术创新的问题和对策。⑥ 冯蕾、李树超、角田毅(2011)通过对中日农产品加工业科技创新的比较分析，认为我国农产品企业科技创新的突出问题在于物质技术装备水平低、科技储备不足、科研方向单一、资源综合利用水平低，我国在实施农产品加工业科技创新战略方面应积极

① 陈方源. 湖北省农产品加工产业发展的关键技术分析[J]. 湖北农业科学，2005(2)：100－103

② 王强. 论我国农产品加工业科技创新与体系建设[J]. 农业科技与装备，2010(1)：3－5

③ 孙瑜，等. 技术标准与科技研发关系状况评价研究——以农产品加工业为例[J]. 农业技术经济，2007(1)：108－112

④ 廖森泰，徐玉娟. 广东省农产品加工科技现状、差距及发展对策研究[J]. 科技管理研究，2008(6)：145－147

⑤ 崔超，吴林海. 中国农产品加工业技术创新能力研究[J]. 农业工程学报，2009(3)：303－307

⑥ 岳玮，吴素春，许艳菊. 现代营销视角下的农产品加工企业技术创新——以湖北省农产品加工企业为例[J]. 安徽农业科学，2011(18)：11278－11279

借鉴日本的成功经验，包括加快农产品加工业的质量标准体系建设、积极发挥合作经济组织和专业协会的中介连接作用、加快培育农产品深加工龙头企业、推进功能性食品研发。① 罗小锋、秦军(2010)认为农业科技成果只有被农户接受并应用才能真正转化为现实生产力，运用 Logistic 模型对农户采用农产品加工技术的主要影响因素进行了实证检验，结果发现，农村金融、农村教育、技术宣传对于农户采用先进农产品加工技术具有显著的激励作用。② 李文君、曾森(2010)主张通过引入市场化运作模式加快建设创新技术服务平台、公共技术平台和信息网络服务平台等公共服务平台，创新农产品加工业产学研相结合的基本模式，促进农产品加工业技术创新。③

值得一提的是，在农产品加工业技术创新研究方面还有一个不容忽视的重要变量——外商直接投资。尽管关于外商直接投资对于农产品加工业的技术溢出效应究竟如何并无统一定论，但是谁也不会否认外商直接投资对于农产品加工业技术创新具有非常重要的影响，而且许多计量分析文献也证明，总体而言，外商直接投资确实对于农产品加工业有正的技术溢出效应。代表性的文献包括：吕立才、黄祖辉(2006)基于面板数据分析法对外商直接投资中国农产品加工业的技术转移效果进行了实证分析，结果显示，在总体上，外商直接投资对中国农产品加工业有积极而显著的技术外溢效应，但是，外商直接投资对国有及国有控股企业的外溢效应则不明朗。④ 吕立才、熊启泉(2008)对外商直接投资对浙江农产品加工业发展的影响进行计量分析的结果显示，外商直接投资对浙江农产品加工业国内投资和就业没有明显的挤出效应，技术转移的效果显著，但较大的技术差距不利于国有及国有控股农产品加工企业获取跨国公司技术转移外溢效应。⑤ 田泽永(2008)基于2000—2006 年江苏省分行业面板数据，实证分析了 FDI 对江苏农产品加工业行业内与行业间的技术溢出效应，结果显示，在样本期内，内、外资农产品加工企业存在较明显的技术差距，存在发生技术溢出的前提和可能；FDI 企业通过产业间的前、后向关联促进了内资企业劳动生产率的增长，但产业内的水平溢出效应却不显著，

① 冯蕾，李树超，角田毅. 中日农产品加工企业科技创新对比研究[J]. 经济问题探索，2011(4)：151 - 156

② 罗小锋，秦军. 影响农户农产品加工技术采用的因素分析[J]. 调研世界，2010(3)：7 - 8

③ 李文君，曾森. 武汉市农产品加工与转化研发服务平台市场化运作机制研究[J]. 武汉工业学院学报，2010(4)：110 - 111

④ 吕立才，黄祖辉. 外商直接投资对中国农产品加工业影响的实证研究——增长、国内投资和就业[J]. 中国农村经济，2006(5)：18 - 24

⑤ 吕立才，熊启泉. 外商直接投资对浙江农产品加工业影响研究[J]. 亚太经济，2008(4)：46 - 50

前向关联溢出效果要好于后向关联溢出效果。[①] 但是，与外资带来的正向技术溢出效应相对应，有研究显示，外资对于国内投资也有明显的挤出效应。邱立成、张兴(2010)研究发现，我国农产品加工业 FDI 对国内投资造成一定程度的挤出效应，这主要与我国农产品加工业外商直接投资的特征及行业特点有关。[②]

5. 农产品加工业发展的问题与对策研究

鉴于农产品加工业在解决"三农"问题、促进经济社会发展方面的独到优势，无论是加工企业和农户，还是政府都希望能够在发展农产品加工业方面取得显著成功。因此，人们一直注重分析农产品加工业发展中存在的问题，积极探讨促进农产加工业发展的科学对策。这在学术研究层面的具体体现就是关于农产品加工业的问题与对策的研究是农产品加工业研究中内容最精彩、成果最丰富的领域。

概括来讲，关于农产品加工业问题与对策的诸多研究成果可以划分为三大类：一是立足中国农产加工业的发展实际，全面总结梳理中国农产品加工业发展中存在的问题，从全局出发系统探讨中国农产品加工业发展的政策体系。这方面的研究成果为数众多，其中不乏一些权威专家的观点。代表性的研究成果包括：杜鹰等(1999)全面梳理总结了我国农产品加工业发展存在的突出问题，包括：(1) 农产品品质不能满足加工需要，农产品加工业发展缺乏专用的优质原料；(2) 原料供应分散、细小，基地化程度低，发展农产品加工业缺少规模化、标准化的原料保证；(3) 加工企业与农户之间的利益联结机制不完善，农产品加工业发展缺少稳定的原料供应；(4) 企业技术、装备、管理水平落后，农产品加工业不适应现代化的要求；(5) 体制和结构性矛盾突出，农产品加工业没有发挥出区域优势。在此基础上全面探讨了我国农产品加工业发展的政策建议，包括：(1) 调整和优化农业结构，不断提高农产品质量，推动农产品加工业的发展；(2) 以农业产业化龙头企业为依托，带动农产品加工业的发展；(3) 发育要素市场，促进农产品加工企业兼并、改组，形成合理的企业布局和规模结构；(4) 乡镇企业要把农产品加工业作为今后一个时期内的发展重点；(5) 加快科技进步，努力提高农产品加工业的科技含量；(6) 开拓国际市场，提高农产品加工企业的国际竞争力；(7) 制定优惠政策，为农产品加工业的发展创造宽松的政策环境。[③] 马晓河(2000)通过深入分析我国农产品加工业的发展历程和未来前景，认为农产品加工档次低、深加工精加工不足、产品

---

① 田泽永. FDI 技术溢出对江苏农产品加工业的影响研究[J]. 农业经济问题，2008(11)：101－106

② 邱立成，张兴. FDI 对国内投资挤入挤出效应再检验——以我国农产品加工业为例[J]. 中央财经大学学报，2010(11)：47－50

③ 农业部软科学委员会课题组. 中国农产品加工业的发展与政策选择[J]. 中国农村经济，1999(12)：4－15

结构单一、关键环节技术落后、农产品品质差等是制约农产品加工业发展的主要因素，相应的产业政策包括：调整产业、产品结构，不断提高农产品加工质量；加强农产品生产基地建设，走产加销一体化的道路；为加工企业营造一个良好的发展环境，鼓励和支持其进行技术改造；积极培养和扶持大型农产品加工企业；重视防治环境污染；重视中西部地区农产品加工业的发展。① 杜彦坤(2002)从体制、主体、技术、市场等四个方面探讨了我国农产品加工业面临的制约因素以及相应的金融支撑政策，认为宏观管理存在"婆婆过多"现象，缺乏统一规划，需要政府制定产业发展政策，通过政策性金融加以科学引导；企业资金缺乏、布局分散，难以形成规模收益，需要政策性金融对龙头企业予以扶持；专用加工品种缺乏，技术储备不足，原料基地建设滞后，需要政策性金融加大科技产业化支持力度；行业标准不健全，市场体系不完善，需要政策性金融发挥宏观调控作用。② 卢永军(2010)在剖析我国农产品加工业发展的特点和问题的基础上，指出今后农产品加工业发展的对策思路包括：建设标准化农产品加工专用原料基地、发展壮大龙头骨干企业和产业集群、推进农产品加工业科技创新与成果转化、健全农产品加工制品质量安全体系、搭建农产品加工业信息服务平台、开展农产品加工创业辅导等。③

二是立足某个行政区域或者经济区域的实际，分析其农产品加工业发展存在的问题，探讨促进其农产品加工业发展的科学路径。这类文献分布面非常广，质量差异也很大。代表性的文献包括：张润清、李崇光(2005)在深入分析江汉平原农产品加工业现状基础上，提出了江汉平原农产品加工业发展五大战略，即产业链、物流网、梯度发展、优势农产品产业带和大市场等，并且区分不同企业或行业提出了不同的发展对策：已具备规模的行业应以提高效益为发展重点；经济效益好的行业应以扩大规模为发展重心；出口交货值高的企业应以提高质量为突破点；对于发展优势明显的加工业应加大投资力度；对于品牌企业应扶持其营造知名品牌；对于特色农产品企业应给予重点扶持；对于传统行业应通过加快技术创新使其焕发新的活力。④ 陈武元(2005)指出四川农产品加工业存在的问题主要在于农产品加工率低，农产品加工企业规模小，农产品加工技术落后，农产品加工产品品种单调、质量差，农产品"出省转内销"导致价值流失，农产品加工的质量安全标准体系及监管体

① 马晓河.中国农产品加工业的市场供求前景与政策选择[J].管理世界，2000(2)：157-162

② 杜彦坤.政策性金融支持农产品加工业发展的政策选择[J].农业经济问题，2002(5)：40-43

③ 卢永军.我国农产品加工业的发展现状与展望[J].农产品加工：创新版，2010(7)：4-5

④ 张润清，李崇光.江汉平原农产品加工业发展的战略与对策[J].农业现代化研究，2005(3)：221-224

系不健全等。相应的发展对策包括：合理确定奋斗目标，重点发展五大支柱产业；抓好农产品基地建设；加大对龙头企业的扶持与投入；推进科技进步，促进农产品精深加工；积极开拓国际农产品市场；建立健全质量安全标准体系和监管体系等。[①] 刘春泉(2007)集中分析了江苏农产品加工业发展的问题与对策，认为江苏农产品加工业的突出问题包括：农产品加工比重低，缺乏加工专用品种；企业规模偏小，缺乏科技创新意识；加工工艺和设备落后，资金投入少；农产品质量安全体系不健全；产加销严重脱节，农产品资源有效利用低。相应的对策建议包括：着力发展江苏优势产业，加大扶持龙头企业的力度；大力发展农产品加工特色区域；提升农产品技术创新能力，创建农产品加工工程中心；建立健全农产品加工检测及质量控制体系；建立农户与企业间稳定的利益关系；加大政策扶持，提供一整套政府服务、协调的体系。[②] 张秀生、杨刚强(2008)在全面分析中部地区农产品加工业的发展现状基础上，总结了中部地区农产品加工业发展存在的问题，包括农产品加工程度低，产品附加值小；技术创新能力低，科技储备不足；农产品加工企业资金缺、融资难；加工标准和质量控制体系不健全，社会化服务体系建设滞后等。相应的发展对策包括：调整和优化农业结构，不断提高农产品质量；壮大农业产业化龙头企业，推动农产品加工业发展；提高农产品加工度，增加农产品的附加值；加快科技进步，努力提高农产品加工业的科技含量；加强社会化服务，完善社会化服务体系。[③] 黄良港、陈伟诚(2008)对湖北农产品加工业的现状进行了全面剖析，深入分析了存在的问题及成因，提出了发展湖北农产品加工业的系统对策：一是以水稻、棉花、油料、畜牧产品为重点，形成优势农产品加工行业；二是推动粮食、棉花、油料、茶叶加工业资产重组，构建大型农产品加工企业集团和产业群；三是围绕项目建设，加快实施“千亿元产业计划；四是实行“三个优先”，着力打造知名农产品品牌。[④] 刘小宁(2008)在全面分析黑龙江农产品加工业的优势和制约因素基础上，探讨了黑龙江农产品加工业发展的路径选择：一是做大做强农产品加工龙头企业，大力实施特色品牌战略；二是推进农产品质量和安全体系建设，提高加工产业优质化程度；三是鼓励农产品加工企业向省外、国外投资；四是进一步探索和完善多种模式的利

---

① 陈武元.关于加速四川农产品加工业发展的对策研究[J].农村经济，2005(6)：75－76

② 刘春泉.江苏省农产品加工业发展的战略思考[J].江苏农业科学，2007(5)：14－17

③ 张秀生，杨刚强.积极发展农产品加工业促进中部地区农业发展[J].宏观经济管理，2008(11)：49－51

④ 黄良港，陈伟诚.湖北省农产品加工业发展现状与对策[J].华中农业大学学报：社会科学版，2008(3)：18－24

益连接新机制；五是采用先进适用技术和高新技术，加快农产品加工产业升级步伐。[①] 王文亮、杜方岭、徐同成(2009)全面分析了山东农产品加工业存在的问题，包括农产品资源加工率和利用率较低，环境污染严重；加工技术、创新能力亟须提高；专用品种和基地亟须发展；缺少高层次领军人物，学科研究方向设置特色不突出；缺乏横向联合攻关意识，技术研究开发的时效性、针对性差等。[②]王亚静、毕于运、唐华俊(2010)在从行业盈利能力、资产质量、债务风险和经营增长等四个方面对湖北省农产品加工业的绩效进行评价的基础上，探讨了提升湖北省农产品加工业的产业发展能力的基本思路，包括提升企业管理水平，提高农产品加工行业资产质量降低行业债务风险，提升行业盈利能力和经营增长能力等。[③] 许烜(2011)集中分析了湖南农产品加工贸易的现状，认为湖南农产品加工贸易产值占湖南加工贸易总额的30%，已成为湖南经济发展新的增长点，但是仍存在诸多问题，例如，相关支撑产业发展不够，农产品加工企业的技术创新薄弱，农产品加工企业竞争力不强且辐射力度有限等。相应的对策思路包括：建立"公司＋基地＋农户"的运作模式，推动农产品加工贸易企业的技术创新，加强对农产品加工贸易的金融扶持，创造良好的政策环境等。[④] 刘娴(2011)在总结分析南宁市农产品加工出口产业的现状和问题的基础上，提出了发展农产品加工出口产业的对策建议，包括加快建设农产品出口专业基地、提高农产品加工业生产标准化程度、完善农产品加工出口的金融服务体系等。[⑤]

三是借鉴其他领域的新成果对农产品加工业的发展提供新的思路，或者立足新的背景或视角分析农产品加工业的问题与对策。例如，随着可持续发展理念的深入人心，部分学者借鉴绿色营销、循环经济等理念来审视农产品加工业的发展问题。王文军、张晓(2007)顺应人们环保意识不断增强，绿色消费迅速崛起的国际潮流，提出中国的农产品加工业要形成国际竞争优势就必须积极推行绿色营销战略。[⑥] 康凌翔(2010)主张通过实施绿色营销来发展银川市农产品加工业。[⑦] 仰和芝(2010)主张通过发展循环经济模式促进农产品加工业发展，认为农产品加工业

---

① 刘小宁.黑龙江省发展农产品加工业对策研究[J].求是学刊,2008(3):53-57

② 王文亮,杜方岭,徐同成.山东省农产品加工业存在问题及对策[J].中国食物与营养,2009(1):23-25

③ 王亚静,毕于运,唐华俊.湖北省农产品加工产业绩效评价[J].农业技术经济,2010(1):71-79

④ 许烜.湖南农产品加工贸易的现状及发展对策[J].特区经济,2011(2):192-193

⑤ 刘娴.南宁市农产品加工出口产业的发展现状及对策研究[J].农产品加工:学刊,2011(2):86-88

⑥ 王文军,张晓.绿色营销与农产品加工业的持续发展[J].商业研究,2007(2):139-141

⑦ 康凌翔.银川市农产品加工企业绿色营销的现状及对策研究[J].安徽农业科学,2010(28):15979-15981

发展循环经济是从根本上缓解农业自然资源约束，实现可持续发展；减少环境污染，保护生态环境；提高社会经济效益；应对绿色贸易壁垒挑战，增强农产品国际竞争力的必然要求。针对当前江西农产品加工业发展循环经济面临的主要困境应重点采取的对策建议包括：提高企业对循环经济的认识，构建发展循环经济的技术支持体系，完善循环经济发展的政策支持体系，通过规模经济和企业集聚发展循环经济，构建完善的循环经济信息网络系统。① 再如，日益严峻的食品安全问题使得农产品加工业在保障食品安全方面的责任不断凸显，食品安全成为农产品加工业研究的重要目标和语境。杨艳涛(2008)从食品安全的角度分析了我国农产品加工业存在的问题，认为当前农产品加工业发展中存在的主要问题包括总体发展水平不高、企业规模小、加工原料基地建设滞后、质量安全关键控制技术发展落后、行业标准及质量安全管理体系不健全等，而这些问题是导致我国加工食品安全形势不容乐观的重要原因。② 白丽、巩顺龙、谭屹然(2010)主张通过实行 HACCP 标准来保障食品安全，并以屠宰及肉类加工企业为例将我国农产品加工企业采纳 HACCP 标准的行动模式分为战略型和工具型两大类，进而探讨了两类行动模式下企业采纳 HACCP 标准的激励政策。③ 谭涛、陈超(2011)则将研究对象集中于转基因农产品的生产加工，在研判国内形势并借鉴国外经验的基础上，探讨了我国转基因农产品安全管理政策的现实影响以及未来的战略取向。④ 再如，有学者主张通过制定完善的财税政策扶持农产品加工业的发展。徐海波(2009)从农产品加工业的产品特点、产业属性以及贡献潜力、利益传导机制等方面，分析对农产品加工业进行财政扶持的合理性依据，进而在借鉴国内外已有经验的基础上，从对象瞄准机制、媒介选择机制、方式选择机制、实施机制和配套机制等方面探讨了加强对农产品加工业的财政扶持力度的对策建议。⑤ 邱丽敏(2010)集中分析了我国农产品加工业税收政策存在的突出问题，并探讨了相应的完善思路，包括调整相关税收政策、建立适应农产品加工业发展特点的税收调节机制、完善农产品加工业的增值税和所

---

① 仰和芝. 农产品加工业发展循环经济面临的主要困境及对策[J]. 江苏农业科学，2010(3)：3-4

② 杨艳涛. 基于加工食品质量安全的我国农产品加工业发展问题分析[J]. 中国科技论坛，2008(12)：104-107

③ 白丽，巩顺龙，谭屹然. 我国农产品加工企业采纳 HACCP 标准的行动模式研究——以屠宰及肉类加工企业为例[J]. 农业技术经济，2010(6)：98-105

④ 谭涛，陈超. 我国转基因农产品生产、加工与经营环节安全监管：政策影响与战略取向[J]. 南京农业大学学报：社会科学版，2011(3)：132-137

⑤ 徐海波. 财政扶持农产品加工业发展的理由及机制研究[J]. 湖南农业科学，2009(2)：98-101

得税等。[①] 戴芳(2010)则集中探讨了优化我国农产品加工业增值税政策的基本思路，包括重新确定合理的增值税扣除率，对农产品加工龙头企业实行增值税即征即退，降低农产品加工业小规模纳税人的税负；取消农产品收购凭证以及对农产品及其加工品实行真正的零税率等。[②] 再如，爆发于2008年的国际金融危机对农产品加工业发展产生了深远影响，也为农产品加工业研究提供了新的分析语境，有学者基于金融危机的视角分析农产品加工业的发展问题。史芹(2009)从金融危机的视角分析了我国农产品加工业的发展思路，认为这次全球性金融危机对我国农产品加工业的影响表现在我国农产品的价格全面下行、优势农产品出口受阻、乡镇企业和农产品加工业发展困难、农民工就业困难等方面。在金融危机背景下我国农产品加工业的发展思路主要在于，以科学发展观为统领，围绕现代农业建设、社会主义新农村建设和农民就业增收，因地制宜，发挥优势，科学规划，合理布局，依靠科技，突出大宗和优势农产品加工，提高精深加工程度，做好综合开发利用，转变增长方式，提升产业层次，拓展产业功能，逐步实现由数量增长向质量和效益提高的转变。[③] 陈辞、刘建文(2010)集中探讨了后危机时代我国农产品加工业的国际化发展问题，提出了系统的对策思路，包括加大财政扶持力度；做好人才培训，提高企业素质；尽量采取多样化的税收优惠形式；采取适度规模和产业化经营；实施农产品品牌战略，创新农产品市场营销；鼓励农业对外投资，跨越现有贸易壁垒等。[④]

(三) 涉农产业全要素生产率相关研究述评

近年来，随着科学发展观的深入人心以及社会各界对于转变发展方式的热切期盼，全要素生产率作为审视经济发展方式转变的基本范式和路径，迅速占据理论界研究视野的中心。全要素生产率作为一种热门的分析范式在不同研究对象和研究领域显示了旺盛的生命力，涉及的产业门类不断更新，区域范围不断拓展，甚至一直因统计数据不全而被排除在多数实证研究范围之外的西藏，也有文献用生产函数法测算分析了其全要素生产率。[⑤] 纵观国内不断涌现的关于全要素生产率的研究成果，根据其研究对象的差异主要可以归结为两大类：一是区域视角的研究，主要是运用各种方法对整个国家或不同地区的全要素生产率变化情况进行测算和

① 邱丽敏. 我国农产品加工业税收政策存在的问题及对策[J]. 经济纵横，2010(7)：94－96

② 戴芳. 我国农产品加工业增值税政策的优化[J]. 北京理工大学学报：社会科学版，2010(1)：38－42

③ 史芹. 金融危机对我国农产品加工业的影响及其发展思路[J]. 农业装备技术，2009(4)：56－58

④ 陈辞，刘建文. 后危机时代中国农产品加工业国际化问题研究[J]. 前沿，2010(15)：80－82

⑤ 潘明清，付婷婷，卓玛. 西藏全要素生产率的测算与分析[J]. 西藏大学学报：社会科学版，2011(2)：74－80

比较。二是产业视角的研究，主要是运用各种方法对工业、农业、服务业等不同产业的全要素生产率变化情况进行测算和比较。

随着社会各界对“三农”问题的关注程度不断升温，全要素生产率作为探究农业经济科学发展的重要工具被广泛运用，涌现出了大量以农业相关产业为研究对象的成果。综观现有文献，就研究方法而言，主要集中在 Malmquist 生产率指数法和随机前沿生产函数法；就研究对象而言，则广泛涉及各种与农业相关的产业门类，既有第一产业，又有第二产业；就研究结论而言，大多数文献在总体变化态势方面的判断基本一致，但是由于变量选择、数据来源的差异，导致不同文献的具体测算结果存在显著差异。本书拟主要对近年来国内一些运用 Malmquist 生产率指数法和随机前沿生产函数法的“涉农”产业全要素生产率研究文献进行述评，以供后续研究参考和借鉴。

1. 基于随机前沿生产函数法的“涉农”产业全要素生产率研究

(1) 宏观产业研究

运用随机前沿生产函数法测算我国农业全要素生产率的文献大多数认为农业全要素生产率呈增长态势，并且增长动力主要来自技术进步，但是对具体增长速度的判断存在较大差异，而对农业全要素生产率的区域差异的判断又比较接近。例如，全炯振(2009)运用随机前沿距离函数法测算了 1978—2007 年中国 30 个省区的农业全要素生产率，结果发现，中国农业全要素生产率年均增长 0.7%，技术进步是主要增长动力，技术进步和技术效率的年均增长率分别为 6.5%和－5.5%，全要素生产率增长对农业产出增长的贡献率约为 11.3%；东、中、西部地区农业全要素生产率的年均增长率分别为 2.4%、0.7%、－0.9%。① 张海波、刘颖(2012)运用随机前沿函数法测算了 1980—2009 年我国 30 个省区的农业全要素生产率，并进行了收敛性检验，结果发现，我国农业全要素生产率总体呈现增长态势，年均增长速度为 6.87%，增长动力主要源于农业技术进步，并且地区间农业全要素生产率差距在不断扩大，并不存在 σ 收敛和 β 收敛。② 王奇、王会、陈海丹(2012)运用随机前沿生产函数法测算了 1992—2010 年中国农业的绿色全要素生产率，结果发现，我国农业全要素生产率和绿色全要素生产率的年均增长速度分别为 5.60%和 5.61%，增长动力均主要来自技术进步，技术效率的降低抵消了部分技术进步的效果。③

① 全炯振. 中国农业全要素生产率增长的实证分析：1978—2007 年——基于随机前沿分析(SFA)方法[J]. 中国农村经济，2009(9)：36－47

② 张海波，刘颖. 我国农业全要素生产率增长及收敛研究[J]. 统计与决策，2012(13)：139－142

③ 王奇，王会，陈海丹. 中国农业绿色全要素生产率变化研究：1992—2010 年[J]. 经济评论，2012(5)：24－33

运用随机前沿生产函数法测算中国农业细分行业全要素生产率的文献普遍认为农业全要素生产率增长缓慢，无论是以牛奶为代表的畜牧业，还是以粮食为代表的种植业，均在技术进步的推动下实现了全要素生产率的缓慢增长。例如，马恒运、唐华仓(2007)用随机投入距离函数法测算1992—2003年中国24个主要牛奶生产省的牛奶全要素生产率的结果显示，国有及集体和个体奶牛场全要素生产率的年均增长率分别为0.25%和2.33%，增长动力主要来自于技术进步。① 刘威、陈书章、马恒运(2011)运用多产出随机距离函法测算了2004—2008年我国23个省市原料奶全要素生产率，结果发现，我国原料奶生产全要素生产率增长较为缓慢，年均变化率为0.77%，主要动力源于技术效率改善，规模效率和资源配置效率的贡献较小，技术水平退步是阻碍全要素生产率增长的主要原因。② 李谷成、冯中朝(2010)运用随机前沿生产函数法测算了1978—2005年中国农业内部各行业的全要素生产率增长情况，结果发现，农业全要素生产率年均增长率为1.39%，整体上具有较强的技术推进特征，但不同行业呈现明显差异，各行业全要素生产率增长基本上都表现出技术推进或效率增进的单驱动模式，技术进步与效率增进双重驱动模式尚未出现。③

(2) 微观农户研究

李谷成、冯中朝、范丽霞(2007)运用随机前沿生产函数法测算了1999—2003年湖北农户的全要素生产率，结果发现，在2000年仅有9.685%的农户全要素生产率保持增长，2002年之后超过2/3的农户全要素生产率缓慢增长；农户全要素生产率增长的直接推动力是技术进步，规模效率和技术效率的贡献并不理想。④ 郑循刚、胡培(2010)基于110份调查问卷运用随机前沿生产函数法分析了2005—2007年四川省农户生产全要素生产率增长率，结果发现，农户生产全要素生产率年均增长8.51%，低于农户同期农业总产值年均14.85%的增长速度，增长主要由技术进步贡献，规模效率变化呈正影响，配置效率和技术效率变化呈负影响。⑤ 尽管由于样本范围和周期差异导致测算结果存在明显差异，但是大多文献认为农户

---

① 马恒运，唐华仓. 中国牛奶生产的全要素生产率分析[J]. 中国农村经济，2007(2)：40-48

② 刘威，陈书章，马恒运. 我国原料奶生产全要素生产率增长分析[J]. 商业研究，2011(7)：58-63

③ 李谷成，冯中朝. 中国农业全要素生产率增长：技术推进抑或效率驱动——一项基于随机前沿生产函数的行业比较研究[J]. 农业技术经济，2010(5)：4-14

④ 李谷成，冯中朝，范丽霞. 农户家庭经营技术效率与全要素生产率增长分解(1999—2003年)——基于随机前沿生产函数与来自湖北省农户的微观证据[J]. 数量经济技术经济研究，2007(8)：25-34

⑤ 郑循刚，胡培. 四川省农户农业生产全要素生产率增长分解——基于2005—2007年的面板数据分析[J]. 农村经济，2010(6)：39-42

全要素生产率变化的动因主要来自技术进步。

2. 基于Malmquist生产率指数法的“涉农”产业全要素生产率研究

(1) 农产品加工业

运用Malmquist生产率指数法研究农产品加工业全要素生产率的文献，样本范围涉及全国、江苏、吉林、辽宁等，多数文献的研究结论认为农产品加工业全要素生产率呈增长态势，增速在5%～20%。例如，赵燃、骆乐、韩鹏(2008)测算了1999—2005年中国农产品加工业12个行业的Malmquist生产率指数，研究结果显示，中国农产品加工业全要素生产率增长速度较快，国有及国有控股企业和“三资”企业的年均增长率分别为8.7%和5.2%，并且增长动力主要源自技术进步，而非效率变化；企业规模对全要素生产率增长率有明显正的影响，影响系数为0.428；资本密集度有显著负影响；资产负债率的积极影响不显著。[①] 王艳华、王军、张越杰(2010)运用Malmquist指数法分析了2000—2007年吉林省农产品加工业内部12个行业的全要素生产率变动情况，结果发现，吉林省农产品加工业全要素生产率保持较快增长态势，年均增长率为14.3%，全要素生产率增长主要源于技术进步，并且不同行业之间存在很大差异。[②] 战炤磊、王凯(2012)测算了2000—2008年江苏农产品加工业12个行业的Malmquist生产率指数，结果显示，样本期间江苏农产品加工业全要素生产率一直呈现增长态势，而且多数年份增幅超过5%，增长动力主要是技术变化，效率变化的贡献相对较小，并且效率变化滞后的原因主要在于规模效率变化的滞后。[③] 然而，李鹏、曾光(2012)却得出了全要素生产率下降的结论，他们对2003—2009年我国农副食品加工业17个细分行业全要素生产率的测算结果显示，我国农副食品加工业的全要素生产率增长速度从2004年的10.2%下降到2009年的-4.8%，平均每年下降1.77%。[④]

(2) 广义农业

运用Malmquist生产率指数法研究广义农业全要素生产率的文献，样本范围涉及全国总体、各省区以及海南、河南、广东、四川等具体省区，多数文献的研究结

① 赵燃，骆乐，韩鹏. 中国农产品加工业技术效率、技术进步与生产率增长[J]. 中国农村经济，2008(4)：24-32

② 王艳华，王军，张越杰. 吉林省农产品加工业全要素生产率变动及其分解分析——基于Malmquist生产率指数的实证研究[J]. 农业技术经济，2010(10)：108-114

③ 战炤磊，王凯. 产业集聚、企业规模与农产品加工业全要素生产率——来自江苏的证据[J]. 中南财经政法大学学报，2012(5)：134-140

④ 李鹏，曾光. 我国农副食品加工业全要素生产率研究——基于17个细分行业数据[J]. 中国农业大学学报，2012(4)：179-184

论认为农业全要素生产率呈增长态势，增速在1%～8%之间，但是全国平均增速均在5%以下，省区之间差异较大，并且增长动力主要来自技术进步。由于Malmquist生产率指数法主要依据面板数据进行测算，所以多数文献以各省区为单位开展总体研究。例如，刘洋、吴育华(2008)运用Malmquist指数法测算了1995—2005年中国农业全要素生产率，结果发现，年均增长率为2.4%，增长动力主要源于技术进步，技术效率的下降抵消了技术进步的贡献；东、中、西部地区农业全要素生产率年均增长率分别为4.5%、1.4%、1.1%。① 李谷成(2009)在考虑人力资本要素和技术非效率的前提下，运用Malmquist指数法测算了1988—2006年中国28个省区的农业全要素生产率，结果发现，中国农业全要素生产率经历了程度较为适中的增长，年均增长率为3.49%，增长主要由技术进步所致。② 郭军华、李帮义(2009)运用Malmquist指数法测算了全国及31个省区1985—2007年的农业全要素生产率，结果发现，我国农业全要素生产率呈现增长态势，年均增长率为3.9%，增长主要由技术进步所致，技术效率呈负增长；收敛性分析结果表明，我国农业全要素生产率同时存在绝对β收敛和条件β收敛。③ 方福前、张艳丽(2010)运用Malmquist指数法测算了1991—2008年中国29个省区的农业全要素生产率，并分析了相关影响因素，结果发现，全国农业全要素生产率年均增长率为4.7%，增长动力主要源于技术进步，技术效率起了制约作用；东、中、西部地区年均增长率分别为2.7%、7.8%、12.3%，增长动力均主要源于技术进步；农业在当地经济中的地位、财政支农的力度和农业的市场化程度都对农业全要素生产率增长有显著积极影响，而乡村从业人员占总人口比重则有显著消极影响。④ 郑云(2011)运用Malmquist指数法测算了1992—2008年中国28个省区的农业全要素生产率，结果发现，中国农业全要素生产率年均增长率为3.8%，增长动力主要源于技术进步，全要素生产率对中国农业产出增长的贡献率约为60%，东、中、西部地区农业全要素生产率年均增长率分别为5.1%、3.9%和4.5%。⑤ 杨杰、叶小榕(2011)运用Malmquist指数法测算了2000—2008年我国30个省区的农业全要素生产率，结果发现，我国农业全要素生产率年均增长速度为3.1%，增长的主要动力源于技

---

① 刘洋，吴育华. 中国农业全要素生产率变动：1995—2005[J]. 中国农机化，2008(6)：41-44

② 李谷成. 人力资本与中国区域农业全要素生产率增长——基于DEA视角的实证分析[J]. 财经研究，2009(8)：115-128

③ 郭军华，李帮义. 区域农业全要素生产率测算及其收敛分析[J]. 系统工程，2009(12)：31-37

④ 方福前，张艳丽. 中国农业全要素生产率的变化及其影响因素分析——基于1991—2008年Malmquist指数方法[J]. 经济理论与经济管理，2010(9)：5-12

⑤ 郑云. 中国农业全要素生产率变动、区域差异及其影响因素分析[J]. 经济经纬，2011(2)：55-59

术进步，技术效率则起了制约作用；东部、东北部、中部、西部年均增长速度分别为4.8%、0.2%、3.7%、1.9%，增长动因也主要是技术进步。[①] 白林等(2012)运用Malmquist指数法测算了1996—2010年中国29个省区农业全要素生产率，并进行了区域趋同性分析，结果发现，中国农业全要素生产率年均增长率为4.1%，农业技术进步和技术效率年均增长率分别为4.8%和−0.7%，即增长动力主要源于技术进步，技术效率起了制约作用；东、中、西部地区的农业全要素生产率年均增长率分别为5.5%、3.37%和3.23%，农业全要素增长率的区域差异主要源于技术效率差异，解释度为58%；中西部区域农业技术效率和农业技术进步的交替增长，使得东、中、西区域间农业全要素生产率呈现出长期的趋同效应。[②]

以具体省区为样本的研究文献基本都认为农业全要素生产率呈增长态势，指标选择和时间周期的差异是导致具体研究结果差异的主要原因。例如，李尽法、吴育华(2008)对1999—2006年河南省农业全要素生产率的测算结果显示，河南农业全要素生产率总体上呈增长态势，年均增长1%左右，增长主要由技术进步所推动，并且呈现区域不平衡的特点。[③] 杨易、吴秀敏、赵智晶(2011)运用Malmquist指数法分析了1999—2008年四川省农业全要素生产率变化情况，结果发现，四川省农业全要素生产率呈现平稳增长态势，年均增长4.2%，增长动力主要来源于技术进步。[④] 苏柱华、陈胜学(2012)运用Malmquist指数法测算了广东1995—2010年的农业全要素生产率，并分析了人力资本对农业全要素生产率的影响，结果发现，广东农业全要素生产率总体处于上升期，年均增长率为8%，技术效率和技术进步均产生正向作用，但是技术进步为主要增长动力；人力资本中农业劳动力的平均受教育年限对农业全要素生产率有显著负向影响，而农业研究开发人员数有正向影响。[⑤] 郑素芳、韦明、张岳恒(2012)运用基于DEA的Malmquist指数法测算了2000—2009年海南省及各市县的农业全要素生产率，结果表明，海南省的全要

① 杨杰，叶小榕. 中国农业全要素生产率测算及动态分解研究——以2000—2008年我国30个行政区域数据为样本[J]. 常熟理工学院学报：哲学社会科学，2011(7)：38-43

② 白林等. 中国农业全要素生产率构成及区域趋同性分析——基于1996—2010年Malmquist指数法[J]. 农业现代化研究，2012(5)：552-555

③ 李尽法，吴育华. 河南省农业全要素生产率变动实证分析——基于Malmquist指数方法[J]. 农业技术经济，2008(2)：96-102

④ 杨易，吴秀敏，赵智晶. 基于Malmquist指数的四川省农业全要素生产率分析[J]. 湖北农业科学，2011(6)：1283-1287

⑤ 苏柱华，陈胜学. 人力资本对农业全要素生产率、技术效率和技术进步的影响——基于广东省1995—2010年面板数据的分析[J]. 南方农业学报，2012(8)：1235-1240

素生产率整体呈上升趋势，但增长速度缓慢，年均增长1.6%，并且各市县的全要素生产率差异较大，而推动农业生产率增长的主要原因是技术进步。[①]

但与多数文献的增长判断不同，王珏、宋文飞、韩先锋(2010)得出了中国农业全要素生产率下降的结论，他们对1992—2007年中国各地区农业全要素生产率的测算结果显示，全国整体农业全要素生产率增长率年均下降2.6%，技术进步是增长动力，而技术效率倒退则是导致下降的主要原因；地理因素、工业化进程、对外开放、科技水平、资源利用水平有显著正向影响，而要素投入水平有显著负向影响。[②]潘丹、应瑞瑶(2012)针对中国农业全要素生产率研究结论分歧较大的状况，综合整理国内外1982—2011年46个文献关于农业全要素生产率的测算结果，总结了中国农业全要素生产率的变化特征，结果发现，1978—2008年中国农业全要素生产率的年均增长率为3.17%，增长动力主要来自技术进步；东、中、西部地区农业全要素生产率年均增长率分别为4.55%、2.05%和1.45%，增长动力均主要源于技术进步，呈现出农业技术进步和农业技术效率损失并存的特点，东、中、西部地区农业技术进步年均增长率分别为5.45%、3.88%和3.36%，技术效率年均增长率分别为−1.01%、−2.44%和−3.04%。[③]

(3) 细分“涉农”产业

运用Malmquist生产率指数法研究细分“涉农”产业全要素生产率的文献，涉及乳制品、柑橘、粮食、大豆、玉米、林业等行业，虽然多数文献的研究结论认为全要素生产率呈增长态势，但是差异较大。例如，张莉侠、刘荣茂、孟令杰(2006)运用Malmquist指数法测算了1998—2005年中国29个省区乳制品业的全要素生产率，结果发现，中国乳制品业全要素生产率年均增长率为0.6%，增长动力主要来自技术进步，技术进步和技术效率的年均增长率分别为0.8%和−0.1%；五大奶业产区的全要素生产率呈增长态势，增长动力也主要来自技术进步。[④] 尹云松、孟令杰(2008)运用Malmquist指数法分析了2002—2006年中国乳制品业全要素生产率变动情况，结果发现，中国乳制品业全要素生产率呈现快速增长态势，年均增

---

① 郑素芳，韦明，张岳恒. 海南省农业全要素生产率及地区差异分析——基于DEA的Malmquist指数方法[J]. 海南大学学报：人文社会科学版，2012(3)：126-130

② 王珏，宋文飞，韩先锋. 中国地区农业全要素生产率及其影响因素的空间计量分析——基于1992—2007年省域空间面板数据[J]. 中国农村经济，2010(8)：24-35

③ 潘丹，应瑞瑶. 中国农业全要素生产率增长的时空变异：基于文献的再研究[J]. 经济地理，2012(7)：113-117

④ 张莉侠，刘荣茂，孟令杰. 中国乳制品业全要素生产率变动分析——基于非参数Malmquist指数方法[J]. 中国农村观察，2006(6)：2-8

长率为 11.4%，技术进步和技术效率均为增长做出了正向贡献，但技术进步是中国乳制品业全要素生产率增长的主要动力。① 丁岩等(2008)运用 Malmquist 指数法测算了 1995—2005 年辽吉两省玉米全要素生产率，结果发现，1995—2000 年辽吉两省玉米全要素生产率下降较快，大部分产区也下降，2000 年后开始恢复性增长，大部分产区玉米全要素生产率增加，全要素生产率变化的主要动因在于技术效率。② 李尚蒲、罗必良(2009)运用 Malmquist 指数法测算了 1999—2007 年我国农垦集团的全要素生产率，结果发现，我国农垦集团全要素生产率呈现总体增长趋势，年均增长率为 9.9%，技术效率和技术进步均对农垦集团全要素生产率增长产生正向影响，但是技术效率的推动作用更大。③ 李道和、郭锦墉、朱述斌(2010)运用 Malmquist 指数法分析了 2003—2008 年中国柑橘产业的全要素生产率，结果发现，柑和橘全要素生产率均出现一定的增长，增长动因主要源于技术进步；绝大部分柑和橘主产地区的全要素生产率波动都比较大，多数省区呈现出技术进步与农业效率损失并存的局面。④ 张海波、刘颖(2011)运用 Malmquist 指数法分析了我国 13 个粮食主产省 2000—2009 年农业全要素生产率变化情况，结果发现，我国粮食主产省农业全要素生产率的年均增长速度为 3.4%，增长动力主要源于技术进步；粮食主产省都具有显著技术进步，但是技术效率差异较大，进而引致农业全要素生产率的区域差异。⑤ 薛强等(2012)运用 Malmquist 指数方法分析了中国 10 个省奶牛家庭饲养全要素生产率增长率，结果发现，2004—2009 年奶牛家庭饲养全要素生产率逐年上升，不同年份之间差异较大，但年均增长率为－0.7%，增长率下降的主要原因在于技术进步的负增长(－0.7%)，而综合效率变化影响较少。⑥ 苏时鹏、马梅芸、林群(2012)基于福建省 71 个样本农户的 2004—2009 年间跟踪调查数据，运用 Malmquist 指数法分析了集体林权制度改革后农户林业全要素生产率变化情况，结果发现，集体林权制度改革提高了生产率，林业全要素生产率年均增

① 尹云松，孟令杰. 基于 Malmquist 指数的中国乳制品业全要素生产率分析[J]. 农业技术经济，2008(6)：15-22

② 丁岩，等. 辽吉两省玉米全要素生产率的比较研究——基于莫氏指数的研究[J]. 商业研究，2008(12)：181-182

③ 李尚蒲，罗必良. 我国农垦全要素生产率的测算：1999—2007[J]. 统计与决策，2009(13)：83-85

④ 李道和，郭锦墉，朱述斌. 中国柑橘产业的全要素生产率、技术进步与效率变化[J]. 江西农业大学学报：社会科学版，2010(1)：43-47

⑤ 张海波，刘颖. 我国粮食主产省农业全要素生产率实证分析[J]. 华中农业大学学报：社会科学版，2011(5)：35-38

⑥ 薛强，等. 基于 Malmquist 指数的家庭奶牛饲养全要素生产率研究——以中国 10 个奶业省为例[J]. 农业现代化研究，2012(4)：440-442

长率为7.4%，而纯技术效率提高是林业全要素生产率增长的主要动力。① 闵锐(2012)基于湖北省2004—2010年的县域面板数据，运用序列DEA分析方法测算了湖北粮食全要素生产率变化情况，结果发现，粮食整体全要素生产率呈增长态势，年均增长率为1.59%，不同粮食品种的全要素生产率存在显著差异，但主要粮食品种的全要素生产率增长速度呈现趋同趋势，湖北粮食全要素生产率增长主要由技术进步单独驱动，技术效率改进的贡献相对较少。② 于海龙、李秉龙(2012)运用Malmquist指数法测算了1999—2009年中国30个省区乳业全要素生产率，并分析了相关影响因素，结果发现，中国乳业全要素生产率年均增长率为9.6%，技术进步和技术效率均对增长有积极贡献，但主要动力来自技术进步，技术进步和技术效率的年均增长率分别为7.9%和1.7%，全要素生产率增长对乳业增长的贡献率为35.1%；企业规模、资本密集度和企业盈利能力均对全要素生产率增长有显著正向影响，产业集聚对全要素生产率和技术效率的影响不显著，但对技术进步有显著负向影响。③

3. 简单述评与未来展望

总体而言，多数涉农产业全要素生产率研究文献的结论认为，涉农相关产业的全要素生产率呈增长态势，并且其增长动力主要来自技术进步，而增长水平以及动力因素的具体差异主要与样本对象以及投入产出变量的选择有关。数量快速增加的涉农产业全要素生产率研究文献，为涉农产业加快转变发展方式、实现科学发展提供了重要智力支持，但是变量选择与样本区间的差异使得不同文献的研究结论可比性较差，且主要进行效率测算的文献偏多，而进一步延伸探讨效率影响因素的文献相对少。概括而言，未来涉农产业全要素生产率研究应注意以下几个问题：一是扩展研究对象。涉农产业的内容极其丰富，不仅包涵诸多传统产业门类，而且将会不断派生新的产业门类。因此，应努力克服数据获取瓶颈，不断扩展研究对象和样本范围，对主要产业门类的全要素生产率进行准确测算，找寻促进相关产业发展的主要动力。二是规范变量选择。投入产出变量选择是决定全要素生产率测算结果的重要因素，而变量选择的随意性则直接导致不同文献结果之间的显著差异和

① 苏时鹏，马梅芸，林群.集体林权制度改革后农户林业全要素生产率的变动——基于福建农户的跟踪调查[J].林业科学，2012(6)：127-135

② 闵锐.粮食全要素生产率：基于序列DEA与湖北主产区县域面板数据的实证分析[J].农业技术经济，2012(1)：47-55

③ 于海龙，李秉龙.中国乳业的全要素生产率及影响因素分析——基于DEA-Tobit模型分析[J].西安财经学院学报，2012(5)：33-38

低可比性。因此，应加快培育全要素生产率研究的学术共同体，形成投入产出变量选择的共同规则或者惯例，当某些研究需要采用特殊变量时，应做出特别说明，并且对引入特殊变量前后的结果变化进行比较分析。三是加强影响因素分析。虽然全要素生产率是一种测算增长动力和源泉的有益工具，但是由于投入产出变量相对有限，这个余值仍然是一个黑箱，很难进行更为准确的分解。因而，应该在测算的基础上，以测算结果为因变量，进一步分析影响全要素生产率变化的主要因素，从而为后续的政策供给指明方向。

第三章
中国植物油加工业的发展现状

植物油加工业是用各种植物油料生产油脂以及精制食用油的加工活动的总和，包括食用植物油加工业和非食用植物油加工业，二者的差异在于作为加工对象的植物油料是否可食用，其中食用植物油加工业是主要组成部分。植物油加工业是我国国民经济中关系国计民生的重要产业门类，经过改革开放三十多年的发展取得了显著成就，各项规模指标均呈现持续扩张态势，但产业结构变迁则出现了优化与恶化并存的局面。本部分在从规模与结构层面全面分析中国植物油加工业发展概况的基础上，重点从产业发展、供给、质量、消费等层面剖析中国植物油加工业面临的多重危机，并且从经济发展方式的视角分析危机的成因，进而基于全要素生产率增长与转变经济发展方式的内在联系，引出研究植物油加工业全要素生产率的现实意义。

一、改革开放以来中国植物油加工业的演化历程

改革开放以来，中国植物油加工业不断发展壮大，先后经历了全面复苏、快速扩张、转型调整等过程，依据不同时期的标志性事件和行业特征，可以大致划分为三个阶段。

第一个阶段是1978—1992年向社会主义市场经济过渡

时期的全面复苏阶段。这一阶段,以农村家庭联产承包责任制为主要内容的农村改革,释放出了巨大的农业生产力,粮食和油料产量快速增长。与此同时,以购销双轨制取代了统购统销政策,激发了企业的经营活力。借助一系列制度红利,中国植物油加工业迎来全面复苏的春天,到20世纪90年代初,植物油加工能力比70年代末翻了两番。

第二个阶段是1993—2001年粮油市场全面放开时期的快速扩张阶段。这一阶段,以深化粮油购销体制改革为契机,中国粮油市场不断完善,特别是随着社会主义市场经济体制的初步确立,中国植物油加工业的市场化程度大幅提高,经济快速发展所引致的消费需求也快速扩张。在国内国外两个市场、两种资源的支撑下,中国植物油加工业步入了快速发展的轨道,1995年植物油加工业年处理能力已达到4 500万—5 000万吨①。90年代中期以后,中国开始成为世界主要油料进口国,外资企业特别是粮油跨国巨头开始通过各种渠道大规模抢滩中国植物油加工业。

第三个阶段是2002年以来后WTO时代的转型调整阶段。这一阶段,中国加入WTO既为植物油加工业利用国际资源带来了便利,也因履行开放承诺使本土植物油加工企业面临更为激烈的国际竞争,特别是随着中国成为世界第一油料进口大国,本土企业更为深刻地感受到世界油料价格波动的风险,中国植物油加工业迎来了转型调整时期,虽然总体上仍呈现扩张态势,但是已经危机四伏。中国植物油年均消费需求超过2 500万吨,但是自给能力十分有限,65%的油脂油料需要依赖进口,2012年油料进口6 230.4万吨,折合377.62亿美元,大豆、棕榈油、豆油的进口数量分别为5 838万吨、523万吨和1 826万吨,大豆进口量占世界贸易量的50%,棕榈油进口量居世界第一,豆油的进口量也名列前茅。与此同时,以"地沟油"事件为主要表征的质量安全问题,使广大植物油加工企业普遍面临严重的信任危机,也影响着中国植物油加工业的健康发展。考虑到数据获取的便捷性以及问题探讨的针对性和时效性,本书重点关注第三个阶段。

二、中国植物油加工业的规模扩张

改革开放以来,中国植物油加工业全面开启了规模扩张的历程,特别是进入21世纪以来,不仅以产值和产量为主要表征的产业总体规模快速增长,而且微观层面的企业组织规模也稳步扩张,同时,产业链条后端的原料供给规模和前端的消费需求规模也均呈现扩张态势。因此,从这个意义上说,规模持续扩张是当前中国

① 娄源功.中国油脂工业跨世纪发展的战略选择[J].中国油脂,1997(3):3-5

植物油加工业的主基调之一。

(一) 产值规模和产量规模快速增长

21世纪以来,随着国内粮油政策改革的深化和后WTO时代对外开放水平的全面提升,中国植物油加工业迎来了良好的发展机遇,产业规模快速扩张,首先体现在以产值和产量为表征的产出快速扩张。从规模以上工业企业①的相关统计数据来看(表3-1),2011年,中国植物油加工业总产值达7 460亿元,是2003年的5.6倍,年均增长速度超过57%;主营业务收入达7 570亿元,是2003年的5.5倍,年均增长速度超过56%;利润总额达360.9亿元,是2003年的9.2倍,年均增长速度高达103%。

表3-1 2003—2011年中国植物油加工业概况

指标	总资产(亿元)	主营业务收入(亿元)	利润总额(亿元)	企业数量(个)	工业总产值(亿元)	从业人员年平均数(万人)
2003年	896.99	1 375.84	39.07	1 336	1 389.23	17.86
2004年	1 043.76	1 820.22	16.44	1 572	1 838.36	18.68
2005年	1 131.05	2 140.66	39.24	1 622	2 160.38	20.68
2006年	1 237.85	2 403.25	72.99	1 731	2 395.34	20.47
2007年	1 626.03	3 293.74	166.17	1 827	3 219.48	20.24
2008年	1 914.49	4 675.09	223.89	2 205	4 659.9	26.2
2009年	2 601.7	4 953.78	236.03	2 352	4 987.78	26.74
2010年	3 504.29	5 984.9	355.96	2 408	5 971.31	29.7
2011年	4 120	7 570	360.9	2 038	7 460	28.82

数据来源:中国统计数据应用支持系统。

从入统食用植物油加工企业②的相关统计数据来看(表3-2),2010年,中国食用植物油加工业总产值达4 352.1亿元,是2004年的3.83倍,年均增幅高达63.82%;产品销售收入(主营业务收入)达4 310.6亿元,是2004年的3.7倍,年均增幅高达44.95%;利润总额高达104.8亿元,是2004年28.32倍,年均增幅高达455%③。

① 规模以上工业企业,1998—2006年,指全部国有及年主营业务收入达到500万元及以上的非国有工业法人企业;2007—2010年,指年主营业务收入达到500万元及以上的工业法人企业(不包括年主营业务收入不足500万元的国有工业法人企业);2011年至今,指年主营业务收入2 000万元及以上的工业法人企业。

② 入统食用植物油加工企业是指日处理油料30吨以上的食用植物油加工企业。

③ 植物油加工业利润总额保持如此高速度的增长,进一步吸引了各种经济资源的快速流入,对以油料为核心的原材料派生出了巨大的需求,进一步加剧了国内油料供给紧张局面,引致油料进口数量急剧攀升,2012年中国大豆进口量高达5 838万吨,约350亿美元。

表 3-2 2004—2010 年中国入统食用植物油加工企业概况

指标	2010	2009	2008	2007	2006	2004
工业总产值(亿元)	4 352.1	3 690.8	4 321.6	2 515.1	1 737.2	1 136.6
产品销售收入(亿元)	4 310.6	3 622	3 952.5	2 664.4	1 739.7	1 166.2
利润总额(亿元)	104.8	81.6	112.7	104.5	46.8	3.7
资产总计(亿元)	3 285.3	2 531.7	—	—	980.7	732.8
年末从业人数(万人)	17.9	15.4	—	11.3	10.7	11.7

数据来源:《中国农产品加工业年鉴》。

随着中国植物油加工业规模的快速扩张,植物油产量也不断增加,2011 年全国精制食用植物油产量高达 4331.80 万吨,是 2001 年的 3.13 倍,是 2004 年的 2.57 倍,整个"十一五"时期的平均增速高达 14.46%。进一步从入统食用植物油加工企业的统计数据来看,2010 年精制食用植物油汇总产量达 3154.4 万吨,是 2004 年的 3.3 倍,占全国产量的比重高达 81.32%,比 2004 年提高了 24.64 个百分点(表 3-3)。

表 3-3 2004—2011 年中国精制食用植物油产量

年份	2004	2005	2006	2007	2009	2010	2011
全国(万吨)	1 682.63	2 070.96	2 335.23	2 636.98	3 433.43	3 878.54	4 331.80
入统企业(万吨)	953.8	1 384.1	1 730.2	1 898.5	2 780.9	3 154.4	—

数据来源:全国数据来自《中国统计年鉴》,入统企业数据来自《中国农产品加工业年鉴》。

(二) 企业数量和组织规模稳步扩张

企业是植物油加工业的微观组织主体,其数量和组织规模的扩张也是植物油加工业规模扩张的重要表征。随着中国植物油加工业规模的不断扩张,植物油加工企业数量的持续增加属于伴随性结果,毕竟不断增加的产值规模需要更多的企业组织来承载产业活动,而且居高不下的产业利润水平也会诱发市场主体设立更多的植物油加工企业。然而,与单纯的企业数量增加相比,企业组织规模的扩大更能说明植物油加工产业发展的成绩。2010 年主营业务收入 500 万元及以上的规模以上植物油加工企业数量为 2 408 个,是 2003 年的 1.8 倍;2011 年主营业务收入 2 000 万元以上的规模以上植物油加工企业数量为 2 038 个。2011 年,规模以上植物油加工企业的平均总资产规模、平均主营业务收入、平均利润总额、平均工业总产值分别为2.02亿元、3.71亿元、0.18亿元、3.66亿元，分别为2003年的3.01倍、3.61倍、6.06倍、3.52倍，平均从业人员为0.0141万人，保持稳定增长。(表3-4)。若单纯的纵向比较只能说明植物油加工企业平均规模的扩张速度，则同农副食品加工业的横向比较更能反映植物油加工企业组织规模扩张的态势，规模以上植物油加工企业平均总资产规模、平均主营业务收入、平均利润总额、平均工业总产值四项指标分别是农副食品加工企业的2.14倍、1.77倍、1.32倍、1.73倍，而从业人员仅为农副食品加工企业的82%，这进一步反映了植物油加工企业的劳动生产率优势。

表3-4　2003—2011年中国植物油加工业规模以上企业平均规模

指标	总资产（亿元）	主营业务收入（亿元）	利润总额（亿元）	工业总产值（亿元）	从业人员年平均数（万人）
2003年	0.67	1.03	0.03	1.04	0.013 4
2004年	0.66	1.16	0.01	1.17	0.011 9
2005年	0.70	1.32	0.02	1.33	0.012 7
2006年	0.72	1.39	0.04	1.38	0.011 8
2007年	0.89	1.80	0.09	1.76	0.011 1
2008年	0.87	2.12	0.10	2.11	0.011 9
2009年	1.11	2.11	0.10	2.12	0.011 4
2010年	1.46	2.49	0.15	2.48	0.012 3
2011年	2.02	3.71	0.18	3.66	0.014 1

数据来源：根据中国统计数据应用支持系统相关数据计算。

进一步从入统食用植物油加工企业数据来看(表3-5)，2010年，日处理油料30吨以上的食用植物油加工企业数量为1 486个，是2004年的1.67倍，其中，日加工能力100吨以上的企业967个，是2004年的2.33倍；日加工能力1 000吨以上的企业146个，是2004年的3.11倍；年产10万吨以上的企业数量为73个，是2004年4.06倍，合计食用植物油产量1 757.2万吨，占入统企业总产量的55.70%。同时，入统企业的平均组织规模也呈现快速扩张态势，2010年，工业总产值、产品销售收入、利润总额、资产总计的平均规模分别为3.181 4亿元、3.151 0亿元、0.076 6亿元、2.401 5亿元，分别是2004年的2.49倍、2.40倍、18.43倍、2.92倍，从业人员平均规模为0.013 1万人，与2004年基本持平，这同样反映了入统企业的劳动生产率优势(表3-6)。

表 3－5　2004—2010 年入统食用植物油加工企业数量

	2010	2009	2007	2006	2004
入统企业数量	1 486	1 321	1 095	1 012	890
日加工能力 100 吨以下	519	523	528	468	475
日加工能力 100～200 吨	314	251	233	225	187
日加工能力 200～400 吨	344	278	144	145	107
日加工能力 400～1 000 吨	163	146	190	99	74
日加工能力 1 000 吨以上	146	123		75	47
年产 10 万吨以上企业数量	73	71			18

数据来源:《中国农产品加工业年鉴》。

表 3－6　2004—2010 年入统食用植物油加工企业平均规模

	2010	2009	2007	2006	2004
工业总产值(亿元)	3.181 4	2.793 9	2.296 9	1.716 6	1.277 1
产品销售收入(亿元)	3.151 0	2.741 9	2.433 2	1.719 1	1.310 3
利润总额(亿元)	0.076 6	0.061 8	0.095 4	0.046 2	0.004 2
资产总计(亿元)	2.401 5	1.916 5	0.000 0	0.969 1	0.823 4
年末从业人数(万人)	0.013 1	0.011 7	0.010 3	0.010 6	0.013 1

数据来源:根据《中国农产品加工业年鉴》相关数据计算。

(三) 原料供给规模和加工能力规模增长

原料供给是植物油加工业规模扩张的前提,同时,植物油加工业的规模扩张又会对原料派生出巨大需求,进而引致原料供给的进一步增加。植物油加工业的原料主要是各种油料作物的种子,主要包括油菜籽、大豆、花生、棉籽、芝麻、米糠、油条籽、油桐籽和蓖麻籽等,但是我国统计口径中大豆被视为粮食,油料统计中并不包括大豆,而大豆又是植物油加工业的头号原料,因此,我们分别从油料和大豆两个方面来分析植物油加工业的原料供给。总体来看,随着农业生产条件的改善,特别是 20 世纪 90 年代取消粮油购销体制以来,我国油料播种面积和产量大致上呈现波动增长态势(图 3－1)。2012 年,我国油料播种面积为 13 980 千公顷,比 1993 年增长了 25.47%,继续保持 2006 年以来的恢复性增长态势,但是尚未恢复到 2000 年 15 400 千公顷的历史高点;油料产量为 3 476 万吨,比上年增长了 5.1%,

达到新的历史高点，比1993年增长了92.69%，自2007年以来连续5年保持增长态势，年均增幅为7%。但是，从大豆的播种面积和产量来看，总体上呈现波动下降态(图3-2)。2011年，我国大豆播种面积为7 889千公顷，比1993年下降了16.55%，比2005年下降了17.75%，并且自2009年以来连续下降；大豆产量为1 449万吨，比1993年下降了5.4%，比2004年下降了16.72%。虽然国内大豆供给数量波动下降，但是大豆进口数量的急剧攀升使得国内油料市场的大豆供给数量大幅度增加，2012年中国进口大豆5 838万吨，是1998年的18.3倍、2000年的5.6倍。

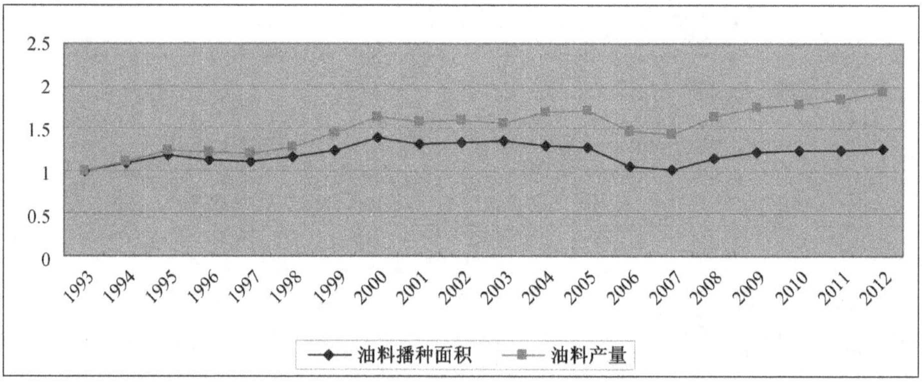

图3-1 1993—2012年油料播种面积和产量增长速度(以1993年为基数)

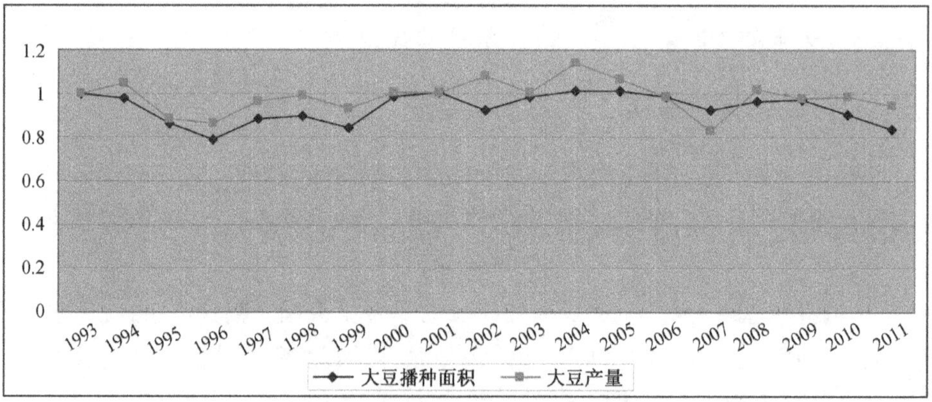

图3-2 1993—2011年大豆播种面积及产量增长速度(以1993年为基数)

加工能力的增加是植物油加工业规模扩张的基础。近年来，中国植物油加工业的加工能力不断增加，2010年，全部入统食用植物油加工企业的年处理油料能力为13 111.1万吨，比上年增加了2 164.8万吨，是2004年的2.55倍，年均增幅高达 42.53%；年油脂精炼能力为 3 972.5 万吨，比上年增加了 582.6 万吨，是 2004 年的 2.72 倍，年均增幅高达 45.33%。同时，中国大豆压榨能力也快速增加，2001—2004 年压榨能力年均增加 1 000 万吨，2005—2010 年压榨能力年均增加 500 万吨，2011 年，中国大豆日加工能力为 32.16 万吨，按一年 360 天计算，年加工能力为 11 600 万吨，当年新增压榨能力 3 000 万吨(表 3－7)。加工能力的快速扩张塑造了中国植物油加工业的表面繁荣，但是国内油料产量的低速增长，特别是大豆产量的徘徊不前，使得中国植物油加工业面临着严重的产能过剩危机，而过剩产能派生的对进口大豆的超强依赖，将使中国植物油加工面临更深层的产业安全危机。

表 3－7　2005—2011 年中国植物油加工企业加工能力

	2011	2010	2009	2008	2006
大豆日加工能力(万吨)	32.16	31.5	27.9	26.3	27
大豆年加工能力(万吨)	11 600	9 500	8 414.286	7 900	8 100
年处理油料能力(万吨)	—	13 111.1	10 946.3	2 164.8	7 177.4
年油脂精炼能力(万吨)	—	3 972.5	3 389.9	582.6	2 166.2

数据来源:《中国农产品加工业年鉴》。

三、中国植物油加工业的结构变迁

产业规模的扩张必然引致产业结构的变迁，植物油加工业也不例外。随着中国植物油加工业规模的快速扩张，其产品结构、市场结构、区域结构等各项结构特征也不断呈现出新的动向，这些新的动向有的属于优化趋势，有的则属于恶化趋势。

(一) 产品结构:品种多样化，质量层次提升

中国植物油加工业的产品结构整体上趋于优化，产品种类日益丰富，优质产品比重日益提高。从产品种类来看，除了比重较大的大豆油、菜籽油、花生油之外，油茶籽油、棉籽油、葵花籽油、米糠油等其他小品种植物油也得到较快发展，形成了品相齐全的植物油产品体系。随着国内大豆生产的式微以及对进口大豆的依赖不断增强，大豆油占全部植物油的比重开始下降，从入统企业数据来看(图 3－3)，2004 年以来，大豆油产量占食用植物油产量的比重一直超过 50%，2009 年甚至高达 59.67%，但是 2010 年所占比重下降到了 36.78%。同时，菜籽油所占比重也从

2009年的23.61%下降到2010年的16.25%，花生油所占比重从2009年的6.15%下降到2010年的4.14%。

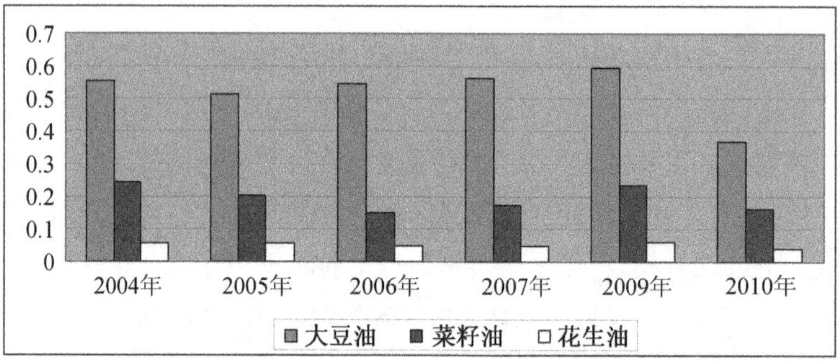

图3-3　2004—2010年中国食用植物油品种结构

从产品的质量层次来看，在植物油总产量较快增长的背景下，高等级油保持良好增长态势，入统企业的数据显示，2010年一级油产量为1 353.6万吨，比2004年增加了1 000多万吨，年均增幅高达48.39%；三级油和四级油虽然也保持了较高的增长速度，但是平均增幅远低于一级油(表3-8)。

表3-8　2004—2010年入统企业食用植物油产品等级

等级	2004	2005	2006	2007	2009	2010
一级油(万吨)	346.8	723.3	924.2	1 166.4	1 250.8	1 353.6
二级油(万吨)	211.5	118.3	170.2	94.1	83.7	90.1
三级油(万吨)	68.7	79.7	98.7	110.1	171.5	187.5
四级油(万吨)	190.3	298.2	292.7	336.7	564.4	642.5

数据来源:《中国农产品加工业年鉴》。

(二) 市场结构:寡占市场基本形成

市场结构是指特定市场中各种要素之间的相互关系及其所呈现的特征。现代西方经济学一般依据市场中的产品或服务的供给者数量、不同企业所提供产品或服务的差异化程度、进入特定产业或市场的壁垒或障碍大小等标准，将市场结构划分为完全竞争、垄断竞争、垄断三种基本类型。在我国植物油加工市场，众多企业生产"非同质"的产品和服务，行业壁垒较低，潜在企业几乎可以自由进入，属于典型的垄断竞争市场。但是，近年来，越来越多的企业开始热衷于规模经营和品牌扩张，特别是国际巨头的进入和大型国有企业集团的发展，使我国植物油加工市场开始被少数几家大型企业集团所主导，整个市场的寡占特征日趋明显。据相关年份《中国农产品加工业年鉴》公布的数据显示，2004 年，中国粮油食品（集团）有限公司年产食用植物油 285.3 万吨，嘉里粮油（中国）有限公司年产食用植物油 157 万吨，前 30 名企业总产量达 859.9 万吨，占全部入统企业食用植物油总产量的 90.2%。2009 年，食用植物油年产量排名前三的企业依次为益海嘉里、中粮集团、九三粮油，产量分别为 665.8 万吨、245 万吨、107.9 万吨，三者合计占全部入统企业食用植物油总产量的 36.63%，其中仅益海嘉里所占比重就高达 23.94%。2010 年，食用植物油年产量排名前三甲的企业仍然是益海嘉里、中粮集团、九三粮油，产量分别为 658 万吨、183 万吨、83.6 万吨，虽然三家企业的年产量均有所有下降，但是合计占比仍然高达 29.31%，而且益海嘉里所占比重仍高达 20.86%。进一步从大豆压榨企业的产能来看，这种寡头特征同样非常明显。2011 年，益海嘉里、中粮集团、九三集团、中纺集团、渤海集团、嘉吉公司、来宝公司、东凌集团、邦基公司、汇福集团、阳光集团、达孚集团等 12 家企业的大豆压榨能力合计为 7214 万吨，占全国产能的 57.69%，其中益海嘉里、中粮集团、九三集团三家企业大豆压榨能力分别为 1 587 万吨、1 161 万吨、828 万吨，合计全国产能的比重高达 28.61%。当食用植物油这种缺乏弹性的生活必需品市场呈现寡占特征时，将很容易出现价格合谋，消费者福利很容易受到侵蚀，近年来我国食用植物油厂商竞相提价，食用植物油价格连续攀升，一定程度上就是这种市场结构所引致的结果。特别是五分之一的食用植物油掌握在益海嘉里这样的外资巨头手中，中粮集团和九三粮油两大内资巨头根本无法与之抗衡，在市场博弈中多数情况下处于跟随地位，老百姓的“油瓶子”面临很大风险。

（三）区域结构：区域发展不平衡，集聚态势初现

由于自然地理因素和政策制度的双重影响，我国区域经济社会发展不平衡是一种常态，特别是从异质化的行政区域来看，区域发展不平衡几乎是我国多数产业的不可逾越的特征。由于植物油加工业属于高度依赖资源要素投入的初级加工行业，其发展水平在相当程度上取决于区域的禀赋条件和经济基础，因此，我国植物油加工业的区域空间结构同样以区域发展不平衡为典型特征。2011 年，山东规模以上植物油加工企业的总产值为 1 170 亿元，而宁夏仅为 4.15 亿元，山东为宁夏的 282 倍；山东规模以上植物油加工企业的固定资产为 150 亿元，而北京仅为 0.14 亿元，两地相差近 1 071 倍。这种巨大的区域反差具有深刻的地理和政策原因，只是我国区域差异的客观反映。与这种令人嘘唏的区域反差相比，植物油加工

业在某些区域出现的专门化趋势则反映了一种令人期待的集聚态势。从前五位省区的行业集中度来看(表 3-9),江苏、山东、黑龙江、天津、广东集中了 48.63%的总资产,山东、江苏、湖北、黑龙江、广东集中了 49.71%的主营业务收入,山东、湖北、河南、安徽、湖南集中了 51.03%的企业数量,山东、江苏、湖北、黑龙江、广东集中了 49.50%的工业总产值,山东、河南、湖北、江苏、湖南集中了 54.79%的从业人数。50%左右的植物油加工业集中在前五位的省区,说明在省级区域层面存在明显的集聚态势,其中山东、江苏、黑龙江、广东为主要的集聚区域。

表 3-9 2011 年植物油加工业规模以上企业前五位省区及其比重

指标	总资产	主营业务收入	企业数量	工业总产值	从业人数
前五位省区	江苏、山东、黑龙江、天津、广东	山东、江苏、湖北、黑龙江、广东	山东、湖北、河南、安徽、湖南	山东、江苏、湖北、黑龙江、广东	山东、河南、湖北、江苏、湖南
前五位省区比重	48.63%	49.71%	51.03%	49.50%	54.79%

数据来源:根据中国统计数据应用支持系统相关数据计算。

从入统食用植物油加工企业的情况来看(表 3-10),2010 年,油料处理能力前三位省区为江苏、山东、黑龙江,占全国的比重均在 10%以上,合计占比为 37.86%,由于黑龙江所占比重较上年有所下降,导致三者合计比重比 2009 年下降了约 2 个百分点;精炼能力前三位省区为江苏、广东、湖北,所占比重均在 10%以上,合计占比为 37.89%,较上年提高了 0.45 个百分点;食用植物油产量前三位省区为江苏、山东、广东,所占比重均在 10%以上,合计占比 41.96%,较上年提高了 0.53 个百分点。总体而言,前三位省区基本保持稳定,所占比重稳中有升,说明植物油加工业在江苏、山东、广东、黑龙江、湖北等省区呈现明显的集聚态势。运用植物油加工业规模以上企业数据分别依据工业总产值、从业人员、资产总计、主营业务收入计算区位熵指数(具体数据参见第六章),2003—2011 年江苏、山东、黑龙江、湖北四省区的区位熵指数都大于 1,也进一步说明了植物油加工业在这些地区具有较高的专门化率,呈现良好的集聚发展态势。

表 3 - 10　2009—2010 年我国入统食用植物油加工企业前三位省区加工能力及产量

年份	油料处理能力			精炼能力			食用植物油产量		
	区域	规模(万吨)	比重	区域	规模(万吨)	比重	区域	规模(万吨)	比重
2010	江苏	1 770.4	13.50%	江苏	617.2	15.54%	江苏	540.3	17.13%
	山东	1 722.1	13.13%	广东	489.9	12.33%	山东	408	12.93%
	黑龙江	1 471.4	11.22%	湖北	398.2	10.02%	广东	375.2	11.89%
	合计	4 963.9	37.86%	合计	1 505.3	37.89%	合计	1 323.5	41.96%
2009	江苏	1 473.3	13.46%	江苏	577.2	17.03%	江苏	511	18.38%
	黑龙江	1 463.9	13.37%	广东	370.1	10.92%	山东	367.5	13.22%
	山东	1 421.6	12.99%	山东	321.8	9.49%	广东	273.5	9.83%
	合计	4 358.8	39.82%	合计	1 269.1	37.44%	合计	1 152	41.43%

数据来源:《中国农产品加工业年鉴》。

(四) 所有制结构:三足鼎立,外企和民企略强

所有制结构是指不同所有制类型的企业在特定产业中的比例关系,这是我国在经济转型过程出现的特有的研究产业问题的指标。由于国有企业、民营企业、外资企业的运行机制和责任使命存在显著差异,三者在特定产业中的比例关系会影响整个产业的运营模式、发展活力和绩效水平。对于植物油加工业而言,国有企业意味着稳定供给和安全保障,民营企业意味着发展活力和规模扩张,外资企业则意味着先进的经营管理理念和广阔的国际市场。从企业数量来看,民营植物油加工企业数量增速最快,绝对数量和所占比重均最大,2004 年有 643 家,2007 年则增加到 924 家,所占比重也从 2004 年的 72.2%提高到 2007 年的 84.4%;国有企业数量则快速下降,2004 年有 201 家,2007 年下降到 103 家,所占比重也从 2004 年的 22.6%下降到 2007 年的 9.4%;外资企业数量则相对稳定,2004 年为 70 家,2007 年为 68 家,所占比重 2004 年为 5.2%,2007 年则为 6.2%。

民营企业的数量优势进一步形成了加工能力优势,2010 年油料处理能力所占比重为 63.84%、精炼能力所占比重为 55.06%、食用植物油产量所占比重为 48.51%(表 3 - 11)。不过民营企业的这种高调表现仍存在诸多隐忧,其中最为直观的是产能占比远远超过产量占比,其结果必然是严重的产能过剩。

国有企业呈现逐步退出的势头,产能占比和产量占比均一路下降,2010 年油

料处理能力和精炼能力占比分别为8.86%和8.98%，分别比2005年下降了7.45个百分点和2.83个百分点，食用植物油产量占比也下降到8.01%，比2009年下降了0.69个百分点。产能和产量占比的同步下降使国有企业不必担心产能过剩问题，但是国有企业市场控制力的式微将进一步弱化国家对于植物油加工业的调控效率，埋下了一定的产业安全隐患。

虽然我国围绕外资进入植物油加工业实行了一系列管制政策，但是外资企业仍频频暗度陈仓，大幅度提高了油料处理能力，所占比重从2005年的19.98%提升到2010年的27.3%，而精炼能力和食用植物油产量比重则分别保持在35%以上和40%以上。外资企业依靠对原料的控制加强了对我国植物油加工工业的控制能力，并且以较低的产能比重控制了较高的产量比重，是植物油加工业的大赢家。这一点在进口依赖最严重的大豆上反映尤为明显，2009年外资企业大豆压榨量占比超过民营企业3个百分点，2010年虽然占比回调至37.24%，但是仍然比民营企业高出近5个百分点；而国有企业虽然有意识地加大对大豆压榨行业的投入力度，压榨量占比迅速从2008年的20%提高到了2010年的30.34%，但是占比仍然是最低的；民营企业则在外资企业和国有企业的双重紧逼下，节节败退，压榨量占比从2008年的43%下降到2010年的32.42%(图3-4)。

表3-11　2009—2010年分所有制类型入统食用植物油加工企业产能与产量

年份	指标	外企		民企		国企	
		规模(万吨)	比重	规模(万吨)	比重	规模(万吨)	比重
2010	年油料处理能力	3 579.1	27.30%	8 371	63.84%	1 161	8.86%
	精炼能力	1 428.6	35.96%	2 187	55.06%	356.8	8.98%
	食用植物油产量	1371.4	43.48%	1530.4	48.51%	252.6	8.01%
2009	年油料处理能力	2 819.6	25.90%	7 098.8	65.00%	981.3	9.10%
	精炼能力	1 241.9	36.80%	1785.9	53.00%	1342.8	10.20%
	食用植物油产量	1 255.8	45.40%	1271.1	45.90%	240.4	8.70%

数据来源：《中国农产品加工业年鉴》。

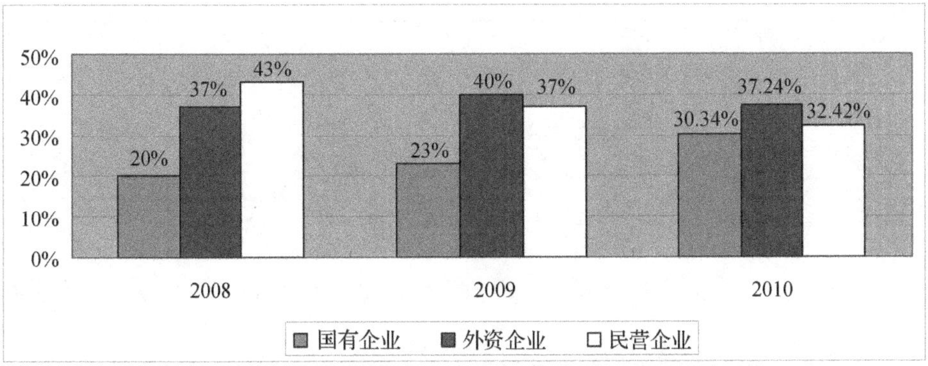

图 3-4　2008—2010 年不同所有有企业大豆压榨量占比

(五) 需求结构:居民消费占比持续下降,人均消费量的城乡差异缩小

需求结构是指以购买力为表征的各种市场需求在产品或行业的分布状态,这里用以分析植物油加工业需求层面的结构性特征。随着经济发展水平和居民生活水平的不断提高,人们对食用植物油的消费量也不断增加,城镇居民人均食用植物油消费量 1985 年为 6.4 公斤,2008 年为 10.3 公斤;农村居民人均食用植物油消费量 1985 年为 2.6 公斤,2011 年达到 6.6 公斤(图 3-5)。居民人均食用植物油消费量主要受收入水平和价格以及消费观念的影响,2009 年以来,由于受金融危机、价格上涨以及健康理念的转变等因素影响,城镇居民人均食用植物油消费量出现了波动下降,2010 年降至 8.8 公斤,2011 年虽反弹至 9.3 公斤,但也仅与 2004 年的水平相当。虽然人均消费量的提高和人口数量的增加必然带来消费总量的增加,但是,居民购买消费量占全部植物油消费量的比重却呈快速下降态势。我们可以用人均消费量乘以相应人口数量计算食用植物油消费总量,进一步计算城乡居民合计消费总量占食用植物油总产量的比重:从总体走势来看,20 世纪 90 年代后期以上升为主,而进入 21 世纪以来则以下降为主;从具体指标值来看,2003 年以前都在 50%以上,某些植物油产量下降幅度较大的年份这一指标甚至超过 100%,而从 2001 年开始这一指标便步入下行通道,迅速从 2000 年的 98.29%下降到 2011 年的 24.83%。进一步区分城镇和农村来看,也基本合乎这一走势,城镇消费总量占总产量的比重从 2000 年的 45.06%下降到 2011 年的 14.83%,农村消费总量占总产量的比重从 2000 年的 53.23%下降到 2011 年的 10%,(表 3-12)。居民植物油消费量占总产量比重持续下降的事实,一方面说明,植物油供需平衡压力主要来自生产性需求而非消费性需求,随着食品结构和消费方式的转变而勃兴的食品制造业和餐饮业才是食用植物油消费的主战场;另一方面说明,就目前国内的食用植物油供给水平而言,要保证居民日常的食用植物油消费需求没有太大问题。

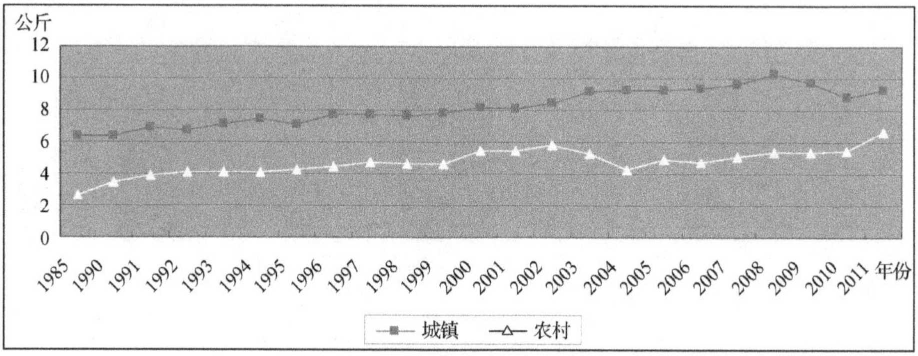

图 3-5　1985—2011 年城乡居民食用植物油人均消费量

表 3-12　1993—2011 年城乡居民食用植物油消费量及其占总产量的比重

年份	城市人均消费量(公斤/人)	农村人均消费量(公斤/人)	城乡消费总量占总产量的比重	城镇消费总量占总产量的比重	农村消费总量占总产量的比重
1993	7.1	4.1	60.67%	24.41%	36.26%
1994	7.5	4.1	84.03%	35.45%	48.59%
1995	7.1	4.3	54.11%	21.82%	32.29%
1996	7.7	4.5	70.80%	30.35%	40.45%
1997	7.7	4.7	78.26%	33.99%	44.27%
1998	7.6	4.6	115.97%	52.49%	63.49%
1999	7.8	4.6	97.93%	46.50%	51.43%
2000	8.2	5.5	98.29%	45.06%	53.23%
2001	8.1	5.5	59.78%	28.15%	31.64%
2002	8.5	5.8	57.51%	27.87%	29.64%
2003	9.2	5.3	56.12%	30.41%	25.71%
2004	9.3	4.3	49.35%	30.00%	19.35%
2005	9.3	4.9	42.88%	25.24%	17.64%
2006	9.4	4.7	38.19%	23.46%	14.72%
2007	9.6	5.1	35.90%	22.07%	13.83%
2008	10.3	5.4	36.47%	22.91%	13.55%
2009	9.7	5.4	29.07%	18.23%	10.84%
2010	8.8	5.5	24.71%	15.20%	9.52%
2011	9.3	6.6	24.83%	14.83%	10.00%

注:城镇和农村食用植物油消费总量分别以城镇、农村人均消费量乘以人口数得来。

数据来源:根据《中国统计年鉴》有关数据计算。

由于禀赋条件、发展水平和消费习惯的差异，我国各地区居民食用植物油消费量存在很大差异。这种区域差异总体上与区域经济发展水平和资源禀赋条件基本对应，但是也有一些例外情形。从 2011 年各省区农村居民食用植物油人均消费量来看，人均油料资源优势明显的新疆和黑龙江分别以 12.1 公斤/人和 11.8 公斤/人位居前两位，紧随其后的是上海、天津、北京三大直辖市；但是，经济较为发达的广东仅为 4 公斤/人，仅有全国平均水平的 70.18%。从 2010 年各省区城镇居民人均油脂类消费支出金额来看，消费习惯差异起了关键作用，重庆、四川、湖南、江西、西藏排在前五位，经济发展水平较高的山东、江苏则分别排在倒数第 7 位和倒数第 9 位，油料资源第一大省黑龙江则排在倒数第 10 位。

与令人费解的区域差异相比，食用植物油人均消费量的城乡差异则显现出了令人感到欣喜的变化。尽管城镇居民食用植物油人均消费量仍远高于农村居民，但是城乡之间的差距呈下降趋势(图 3-6)。从 1993—2002 年的十年间，居民食用植物油人均消费量的城乡之比从 1.73∶1 下降到 1.47∶1，虽然 2004 年又扩大至 2.16∶1，但是此后一直呈波动下降态势，2011 年下降到 1.41∶1。在城乡居民收入差距居高不下(2002 年以来一直超过 3∶1)的背景下，食用植物油人均消费量的城乡差距出现明显的下降态势着实令人欣慰，虽然这种下降态势的主要动因是食用植物油作为缺乏弹性的生活必需品随着社会总体消费水平的提升和健康观念的转变出现了消费量趋同态势。不过由于城镇居民人均消费量仍然远远高于农村居民，随着城镇化进程的加快，越来越多的农村居民转变为城镇居民，将带来食用植物油居民消费总量的快速扩大，进而为植物油加工业发展注入巨大的需求动力。

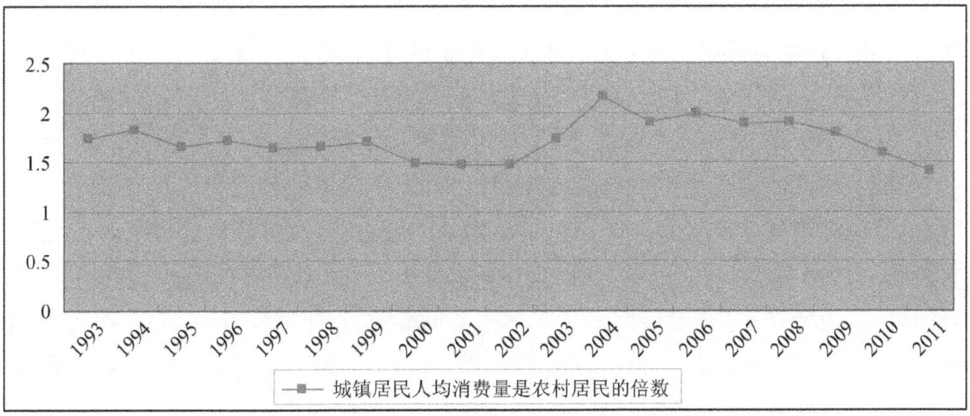

图 3-6　1993—2011 年城乡居民食用植物油人均消费量差异

四、中国植物油加工业发展的多重安全危机及成因

改革开放以来,中国植物油加工业在规模扩张和结构变迁过程中取得了一系列成就,企业数量、产值规模、利润水平的持续增长构筑了中国植物油加工业的繁荣图景,但是,当前表面繁荣掩盖下的中国植物油加工业正是危机四伏,油料自给率偏低与落后产能严重过剩并存,外资控制使本土企业被锁定在微笑曲线的底端,"地沟油"使整个产业遭遇信任危机,这些严峻的问题正在对中国植物油加工业的健康发展构成严重制约。本书拟从产业安全、供给安全、质量安全、消费安全等多元视角剖析中国植物油加工业发展面临的关键症结。

(一) 产业安全危机:外资控制与低端锁定

产业安全是指在开放经济条件下,国内产业在应对国际竞争过程中始终保持可持续健康发展的能力,特别是那些关系国计民生的基础产业和关涉国民经济命脉的主导产业能够始终处于本国资本或本国企业的主导和控制之下。由于植物油是人们消费量较大的生活必需品,因而植物油加工业也成为具有重要战略意义的民生产业。随着粮油市场的不断完善,特别是后 WTO 时代粮油市场对外开放程度的提高,中国植物油加工业在享受国际市场的充足油料供给的同时,也深切感受到来自跨国粮油巨头的巨大冲击。在跨国粮油巨头面前,国内诸多刚刚从计划经济体制断奶的植物油加工企业,就像蝼蚁遇到大象,根本不堪一击。

为了缓解跨国巨头对国内植物油加工企业的冲击,保障国内植物油加工产业安全,我国自 2002 年以来通过《外商投资产业指导目录》对外资进入植物油加工产业进行限制,并且随着《外商投资产业指导目录》的不断修订,限制力度不断增加。2002 年出台的《外商投资产业指导目录》将油料种子开发生产列入限制目录,要求中方控股,而油脂加工虽然也被列入限制目录,但是具体品种和中方控股要求并不明确,只是在附件中要求经营产品包括植物油的超过 30 家分店的连锁店不允许外方控股。2004 年修订的《外商投资产业指导目录》延续了之前的政策。2007 年修订的《外商投资产业指导目录》虽然将木本食用油料的种植及开发、生产列入鼓励目录,但是对于油脂加工的限制更加明确,将大豆、油菜籽食用油脂加工列入限制目录,要求必须中方控股,并且植物油的批发、零售、配送也被列入限制目录,设立超过 30 家分店、销售来自多个供应商的不同种类和品牌商品的连锁店由中方控股。2011 年修订的《外商投资产业指导目录》基本延续了 2007 年的政策,但是对

于油脂品种的限制扩大到几乎所有主流植物油品种，将豆油、菜籽油、花生油、棉籽油、茶籽油、葵花籽油、棕榈油等食用油脂加工也列入限制目录，要求必须中方控股。

然而，在实践中，仍有诸多外资企业绕过制度限制，暗度陈仓，大举进入植物油加工产业。特别是2004年以中国压榨企业抢购和价格过山车为主要诱因的大豆风波为外资进入中国植物油加工业提供了良好契机，在这次"大豆危机"中许多内资植物油加工企业遭受重创，而外资巨头和合资企业等具有外资背景的企业损失则相对较小，作为一种市场应对策略，2005年大量内资植物油加工企业开始寻求外资合作，国际粮油巨头趁势通过收购、控股、参股等形式全面进入中国植物油加工业。[①] 虽然植物油加工产业的外资企业数量稳定在70家左右，但是却表现出惊人的市场控制力，2010年的数据显示，外资企业以不到10%的企业数量控制了27.3%的油料处理能力、35.96%的精炼能力和43.48%的食用植物油产量。新加坡丰益国际有限公司设立的益海嘉里集团在43个战略地理位置拥有170个以上的大型综合加工厂，是中国最大的油籽压榨生产商之一，最大的食用油精炼生产商之一，最大的小包装油、特种油脂和油脂化学品生产商之一，拥有金龙鱼、胡姬花、口福、香满园、元宝、鲤鱼、波兰等多个名优品牌。2010年，益海嘉里的食用植物油产量达658万吨，是中粮集团的3.6倍，占全部入统企业食用植物油产量的比重超过20%，也就说，国内每5斤食用植物油就有1.04斤由益海嘉里生产，其旗下的金龙鱼系列食用油占据全国小包装食用油市场的半壁江山。在大豆加工领域，外资企业凭借对原料和品牌的控制，几乎完全掌控着整个豆油市场，有关数据显示，"我国97家大型大豆加工企业中，64家有外资背景，实际加工能力超过5 000万吨，占国内总量的85%"。[②] 同时，金龙鱼、鲁花等一大批知名食用植物油品牌都有外资背景，完全由内资掌握的食用植物油顶级品牌仅有中粮的福临门在苦苦支撑。植物油加工业总体上属于技术含量不高的初加工产业，其微笑曲线的两端分别是油料供给和品牌营销，而这两个高端环节均在外资企业的掌控之下，内资企业被锁定在低端的加工环节，并且处处受制于人，市场话语权极少。在这种背景下，中国植物油加工产业很难获得良性的自我累积发展，难以走出政策扶持的襁褓，无法彻底摆脱弱质产业的烙印，时刻面临着严峻的产业安全危机。

---

① 蒋新正，武丽荣．对《食品工业"十一五"发展纲要》中食用植物油加工业内容的解读[J]．中国油脂，2007(2)：17－18

② 国际粮商大举进入中国 吞食我国大豆产业路线图[N]．国际金融报，2009－5－26

(二) 供给安全危机:自给率低下与产能过剩

供给安全是指产业能够通过可控制和可预期的渠道持续获得稳定的原料供给,并且能够向居民提供满足基本消费需求的充足产品或服务。我国不断改善的农业生产条件,特别是稳步增长的油料产量,为保障植物油加工业的原料供给安全提供了有力支撑。但是随着比较收益差异引致的农作物种植结构的变化,特别是植物油加工业快速规模扩张派生的巨大需求,使得国产油料供给不足成为制约植物油加工业健康发展的重要因素。在国产油料不足的情况下,适度利用国际市场的油料供给本无可厚非,但是当对进口油料的依赖程度过大,特别是购买量达到足以左右国际市场价格时,就很容易受到原料主产国和国际势力的掣肘,进而危及产业的供给安全。从表 3 - 13 来看,1996 年我国成为油料净进口国,之后进口量一路攀升,2012 年油料进口量达 6 230.4 万吨,是 1996 年进口量的 55.48 倍。从头号油料品种大豆来看,由于美国、巴西、阿根廷的大豆具有显著的价格优势和含油量优势,加上国产大豆增长乏力,2000 年之后大豆进口量快速增加,1998 年大豆进口量仅为 319 万吨,2000 年便突破 1 000 万吨,2007 年突破 3 000 万吨,2010 年突破 5 000 万吨,2012 年达 5 838 万吨,2013 年达 6 338 万吨,是 1998 年的近 20 倍;而国产大豆的出口量则不断下降,从 1994 年的 83 万吨下降到 2010 年的 16 万吨。

从国内产量与进口量的对比关系来看,2002 年之前国内大豆产量还大于进口量,也就说国内大豆市场供给的国产自给率①还保持在 59.95%,而之后国产大豆产量波动下降,大豆进口数量快速攀升,2003 年大豆市场供给的国产自给率下降到 42.9%,2011 年则进一步下降到 21.65%。由于国内统计口径中油料产量不包括大豆,为了更直观分析中国植物油加工业的原料供给情况,我们进一步将大豆产量与油料产量合并计算,然后计算广义的油料市场供给②的国产自给率③,1994 年这一指标超过 100%,说明国产油料除了供给国内市场之外还可以有一部分净出口,2010 年则下降到 45.78%,说明中国植物油加工业对于进口油料的依赖已经超过

---

① 国产自给率=国内大豆产量/国内大豆供给量=国内大豆产量/(国内大豆产量+大豆进口量-大豆出口量)×100%。

② 由于国产大豆和油料并不完全用于植物油加工,因而这里只能是一个笼统的广义的油料市场供给。

③ 国产自给率=(国内大豆供给量+国内油料产量)/(国内大豆供给量+国内油料产量+油料进口量-油料出口量)×100%。

50%,实际上由于国产大豆和部分油料有相当比重用于非植物油加工业①,而进口油料基本全部用于植物油加工,因而中国植物油加工业对于进口油料的依赖程度远高于这一水平。

表 3-13 1994—2012 年油料、大豆、植物油进出口数量

年份	油料出口(万吨)	油料进口(万吨)	大豆出口(万吨)	大豆进口(万吨)	食用植物油进口(万吨)	食用植物油出口(万吨)
1994	162.21	21.72	83	—	163	27.03
1995	106.88	41.70	38	—	353	49.60
1996	84.04	112.29	19	—	264	47.35
1997	56.04	296.95	19	—	275	82.29
1998	57.72	461.53	17	319	206	30.92
1999	85.09	694.19	20	432	208	9.66
2000	96.36	1 340.48	21	1 042	179	11.15
2001	115.32	1 570.78	25	1 394	165	13.45
2002	126.99	1 195.50	28	1 131	319	9.74
2003	130.68	2 099.58	27	2 074	541	5.97
2004	121.75	2 078.43	33	2 023	676	6.52
2005	142.09	2 705.82	40	2 659	621	22.52
2006	127.40	2 933.36	38	2 824	669	39.92
2007	134.51	3 193.56	46	3 082	838	16.63
2008	124.01	3 902.54	47	3 744	816	24.76
2009	114.85	4 636.08	35	4 255	816	11.40
2010	92.85	5 706.35	16	5 480	687	9.25
2011	96.90	5 484.07	21	5 264	657	12.16
2012	106.49	6 230.40	—	5 838	845	—

注:食用植物油出口包括棕榈油。

数据来源:油料数据来自中国农业信息网;大豆和食用植物油数据来自中国统计数据应用支持系统。

除了原料供给紧张的总体形势外,中国植物油加工业在产品供给数量上也面临严峻挑战,虽然植物油产量不断增加,但是由于居民消费和生产消费均快速增长,实际上中国植物油市场供需整体上处于紧平衡状态。以豆油市场为例,2004—

① 通常,国产大豆 60%用于食用,40%用于榨油;国产花生 50%~60%用于榨油。

2006年连续三年总供给量小于总需求量，其中2005年的缺口达70万吨，虽然2007—2011年供给量都大于需求量，且2011年过剩量为66万吨，但是紧平衡格局并未根本改变，部分年份的节余量非常有限，2007年仅为3万吨(表3-14)。

表3-14 2002—2011年中国豆油市场平衡情况 单位:万吨

年份	2011	2010	2009	2008	2007	2006	2005	2004	2003
产量	1 082	1 004	753	712	688	674	593	499	510
进口量	180	190	260	270	230	220	160	230	120
年度供给量	1 262	1 194	1 013	982	918	894	753	729	630
食用消费量	1 090	1 074	920	845	810	850	740	680	560
年度消费量	1 190	1 182	989	938	900	930	820	750	625
出口量	6	5	15	12	15	12	3	5	5
年度需求量	1 196	1 186	1 004	950	915	942	823	755	630

数据来源:《中国农产品加工业年鉴》。

当前，总体上我国植物油供给还基本能够满足需求，但是这种总量平衡的背后是严峻的结构性隐忧，特别是已经降低到警戒线以下的食用油自给率，已经严重威胁到我国植物油的供给安全。我国食用植物油进口数量快速攀升，1994年食用植物油进口量仅为163万吨，2001年也仅为165万吨，2012年达到845万吨，是1994年的5.18倍。有关数据显示，我国食用植物油的自给率自2001年以来连年下滑，2007年，我国食用植物油总供给量为2 508.1万吨，其中国产食用植物油为1 034.7万吨，自给率仅为41.25%，2008年稍有好转，回调至41.6%。根据王瑞元(2013)的测算，2011年我国食用油的总供给量为2 865.1万吨，其中国产油料的榨油量仅为1 091.8万吨，进口油脂油料的合计总折油量为1 773.3万吨，自给率只有38.1%。①

然而，与油料自给率持续下降形成鲜明对照的是我国植物油加工业的加工能力却不断增加，由此必然导致大量产能过剩。2009年和2010年，全部入统食用植物油加工企业的年处理油料能力分别为10 946.3万吨和13 111.1万吨，而年实际处理原料分别为7 364.8万吨和10 277.9万吨，产能利用率仅为67.28%和78.39%。具体到大豆加工，产能过剩的情况更加严重，2006—2011年中国大豆年加工能力从8 100万吨增加到11 600万吨，而大豆压榨量仅从3 500万吨增加到

① 王瑞元.中国食用油安全新思路[N].第一财经日报，2013-01-08

5 910 万吨，依此计算的产能利用率 2006 年为 43.21%，2011 年为 50.95%。如此严重的产能过剩必将引致过度竞争。一方面，原料市场的过度竞争将进一步强化对进口原料的依赖，降低自给率；另一方面，产品市场的过度竞争将引发激烈的价格战和广告战，产生过高的营销费用，降低创新效率，制约转型升级的步伐，厂商又不得不继续扩大规模，以便在原料采购市场获得更强的话语权，在产品销售市场获得更大的成本优势，由此，形成了“产能过剩—过度竞争—规模扩张—产能过剩”的恶性循环，使得整个植物油加工业陷入低水平均衡陷阱，无法获得创新发展的动力。王永刚(2007)从严重的产能过剩、激烈的价格战和广告战以及偏低的行业平均利润等方面概括了我国植物油加工业的过度竞争态势，并且认为过度分散的市场结构、大企业为谋求寡占地位而实行的“抢先战略”以及源于资产专用性和制度缺陷的退出壁垒是导致植物油加工业出现过度进入和过度竞争态势的根本成因。[①] 实际上，除了植物油加工业本身具有原料依赖性强、技术壁垒低等属性以及国内市场的行政区域分割等原因之外，跨国巨头借助对植物油加工业的原料和品牌的控制完成了对本土企业的低端锁定，是制约中国植物油加工业走出低水平均衡陷阱的根本原因。

(三) 质量安全危机：地沟油与转基因的败德行为与无序流通

质量安全是指产业所提供的产品和服务合乎特定技术条件和伦理条件所规定质量标准，以通常的方式和数量持续消费该产品和服务不会对消费者的健康状况产生可以预期的负面影响。随着生产技术的进步和生产条件的改善，我国植物油加工业的产品质量总体上趋于改善，植物油中的部分有害成分得到更严格的控制，在现代化工厂开展的生产过程对植物油的污染大大降低，植物油的质量规格不断提高，消费者在市场上购买的食用植物油大多数还是可以放心的。然而，近年来我国植物油领域频频曝出质量安全事件，地沟油流向餐桌、黑心作坊滥用添加剂、不法商贩以次充好，质量不达标的食用植物油必然会对消费者的生理健康产生危害；同时，食用植物油属于生活必需品，其出现质量安全问题将强化消费者的焦虑心理，使消费者在食用植物油选择方面无所适从，从而对消费者心理健康也产生严重的负面影响。当前，在我国植物油质量安全方面，社会各界关注程度最高的问题是地沟油和转基因食用油，本书拟对这两个问题做重点分析。

地沟油顾名思义是指从地沟里来的油，即从下水道中的油腻漂浮物或者泔水

① 王永刚. 从市场结构看我国植物油加工业的过度竞争[J]. 经济师，2007(1)：66－67

和厨余垃圾中加工提炼出来的油，后来从劣质动物油脂中提炼出来的油以及多次用于高温油炸的油也被归于此类。当前，地沟油已经成为对人体有害的各种劣质油的代名词。收集和提炼地沟油的本意主要是从循环利用角度考虑用于生产生物柴油、化工原料的，然而由于食用植物油价格连年走高，加上地沟油工业用途的比较收益低，部分不法分子竟然将地沟油作为食用油出售。地沟油质量极差，不合乎卫生标准，砷、铅等有害化学成分和细菌、真菌等有害微生物严重超标，一旦食用会对人体产生严重伤害，破坏白血球和消化道黏膜，引发消化不良、腹泻、腹痛等食物中毒反应，甚至致癌。当前，中国究竟有多少地沟油并无确切数据，究竟有多少地沟油流向餐桌也无人知晓，但是仅仅从近年来所破获的大案涉及的产量和金额就可以判断，这绝对不是一个小数目。① 另据统计，仅北京市每年产生的废弃油脂就有 10 万吨左右，而其中用于工业品生产的数量较为有限，相当部分仍然流向了非法领域。2011 年据《中国新闻周刊》报道，中国每年至少产生 300 万吨地沟油，除部分用于生产生物柴油和饲料加工之外，流回餐桌的数量约有 100 万～150 万吨。② 这些零散的数据资料只是冰山一角，如果按照冰山理论推断，其数量将是非常惊人的。地沟油流向餐桌事件曝光后一度引起了极大的恐慌，由于真假难辨，加上信息不对称，部分消费者对于植物油加工业的产品质量失去了信心，使得植物油加工业遭遇严重的信任危机。地沟油并不是植物油加工业直接提供的产品，但是这种劣质油的存在会使中国的植物油市场成为一个“柠檬市场”，最终由于劣币驱逐良币，使合格的食用植物油的市场需求空间遭到严重挤压，严重侵蚀中国植物油加工业的生存之本。

转基因食用植物油是指用转基因油料加工而成的食用植物油，当前主要是指用转基因大豆和油菜籽生产的食用植物油（包括纯豆油和菜籽油以及包含此种成分的调和油）。关于转基因食用植物油是否安全当前存在激烈争论，这与人们对于转基因技术和转基因食品的认知有关。转基因食品是指人们利用现代生物技术，改变某些农作物的基因序列，使其具备诸如抗病毒、抗害虫、抗杂草等性状，进而基于基因转变后的农作物产品生产的食品。尽管转基因技术一直被视为先进的现代

---

① 2011 年破获的 8 起地沟油大案中，8 家企业涉案地沟油合计 16680 余吨，案值 13770 余万元；其中，江西南昌环宇生物柴油公司 1600 余吨，1300 余万元；河南惠康油脂有限公司 8000 吨，6400 余万元；四川眉山永健畜禽食品有限公司 2000 余吨，1700 余万元；山东济南发达油脂工业有限公司 1500 余吨，1300 余万元；江苏淮安裕丰饲料油脂有限公司 1000 余吨，900 万元；吉林长春超越饲料油脂厂 180 余吨，150 余万元；山西侯马添仓有限公司 400 余吨，320 余万元；重庆永亨油脂有限公司 2000 余吨，案值 1700 余万元。

② 中国将地沟油引向工业用油陷困境 每年一半回流餐桌[N]. 中国新闻周刊，2011 - 09 - 27

生物技术，各国也将其作为战略重点，并且自1996年转基因农作物开始产业化运用以来，品种数量、种植范围、产品数量、经济效益快速扩张，但是人们仍倾向于对转基因食品采取审慎的态度。反对者认为转基因食品会对人体健康和生态系统产生负面影响，并且可能引发一些伦理冲突，虽然也提出了许多证据，但由于不乏猜测推理的成分，无法彻底说服人们拒绝转基因，毕竟让人们为了可能的危害而果断放弃当下的利益改善是很困难的。而支持者则认为并无证据证明转基因食品可能对人体健康和生态系统产生负面影响，这种具有良好经济效益和生态效应的新型生产技术应该大力推广，但是支持者也无法说服反对者，因为他们也同样无法拿出有力证据来证明转基因食品是无害的。即便是发达国家，对于转基因食品的态度也存在显著差异，欧盟对于转基因食品采取了最为严格的管理，制定了完备的法律体系，[①]而美国则对于转基因食品采取了支持态度，将转基因食品等同于传统食品，仅在原有食品安全法框架下对转基因食品的生产和销售作了规定。[②]由于食品安全本身就是一个随着技术条件不断变化的动态概念，今天安全的食品明天不一定安全，因此，在涉及食品安全问题时，人们总是倾向于采取审慎态度，在新型技术没有高度成熟、广泛普及之前，假设其不安全乃是合乎常理的选择。在考量转基因食品是否安全时，除了部分具有重大利害关联的群体之外，大部分人群会选择支持审慎观望立场，狂热支持者和坚决反对者往往难分高低，沸沸扬扬的“崔永元与方舟子的转基因之争”就是最好例证。作为一种折中的管理方式，标签制度在世界各国的转基因食品管理体系被广泛使用，即要求在食品生产和销售过程中必须明确标明是否采用了转基因原料，以保障消费者的知情权和选择权。

由于转基因大豆和油菜籽在产量和含油量方面具有优势，加上近年来中国进口大豆和油菜籽的数量持续攀升，导致转基因食用植物油占中国植物油供给总量的比重不断扩大，虽无确切统计数据，但是由于进口油料基本都是转基因产品，从当前中国植物油加工业对于进口原料的依赖程度在60%左右的事实可以推断，国内食用油植物供给总量中约有百分之五六十是转基因食用植物油。我国早在2002年就按照国际惯例对转基因农产品实施标识管理，对于转基因食用植物油而言，必须标注“加工原料为转基因大豆、油菜籽、玉米等”。然而，由于转基因食用植物油所占市场份额相当巨大，而且具有显著的价格优势，加上外包装上的转基因标

① 宋锡祥.欧盟转基因食品立法规制及其对我国的借鉴意义[J].上海大学学报：社会科学版，2008(1)：89-96

② 陈璇.风险社会与美国的转基因食品纷争[J].读书，2007(2)：157-161

识并不十分醒目，许多消费者往往容易忽视自身的知情权，或者不得不在收入约束或成本约束的推动下选择转基因食用植物油。同时，由于转基因标识仅限于食用植物油的生产和销售环节，普通消费者在直接购买行为中可能会予以关注，但是当间接消费运用食用植物油制作的食品时，往往无法判断所用植物油是否为转基因食用植物油，特别是由于我国居民在饭店用餐、食用油炸食品的频率比较高，这一问题尤其突出。从这个意义上说，我国消费者对于转基因食用植物油的知情权并没有得到有效保障。转基因食用植物油显著的价格比较优势，加上模糊化的标识，可能使非转基因食用植物油面临不公平竞争，进一步扩大转基因食用植物油的市场势力。随着人们对于转基因食品安全问题的认识不断加深，以及知情权意识的不断增强，转基因食用植物油的广泛存在可能影响消费者对于植物油市场的信心，引致消费者降低对食用植物油的消费，进而从需求层面对植物油加工业发展产生制约作用。

（四）消费安全危机：价格波动与过度消费

消费安全是指消费者能够以相对稳定的可接受的价格购买到所需要的商品，并且在正常消费过程中不会对健康产生损害。前文所谈的质量安全也关系到消费安全，二者的差异在于，质量安全强调供给层面的安全，消费安全是在商品质量既定的前提下，强调消费者行为可能引发的安全问题。食用植物油的消费安全主要涉及两个关键问题，一个是源于价格波动的购买安全问题，另一个则是与消费习惯密切相关的消费数量与消费方式的安全问题。

近年来，随着居民生活水平的提高以及餐饮消费和食品加工业的繁荣，国内对食用植物油的消费需求不断扩大，而国内油料增长缓慢、自给率持续降低则使供给层面相对吃紧，一旦国际油料价格和国内油料产量产生较大波动便会导致国内食用植物油价格产生较大波动。从图 3－7 来看，2003—2011 年间我国油脂类居民消费价格指数经历了两次非常明显的波动，而且波动幅度远大于食品类居民消费价格指数，由于我国居民油脂消费中植物油占据绝对优势，因此，价格指数的波动也能够从总体上反映我国食用植物油的价格波动态势，对进口原料依赖程度最高的大豆油，价格波动幅度尤其巨大：1998 年 1 月豆油价格为 6642.67 元/吨，1999 年 2 月上涨到 8078.95 元/吨，2001 年 11 月下调至 4632.22 元/吨，2004 年 3 月上涨到 7615 元/吨，2006 年 7 月下调至 5248.46 元/吨，2008 年 3 月上涨到 15113.04 元/吨，2010 年 5 月下调至 8349.31 元/吨，2012 年 6 月上涨至 9726.67 元/吨，2013 年 1 月下调至 9480.43 元/吨。国际粮油巨头凭借原料和品牌的双重优势以及巨大的市场份额优势，一定程度上操控着国内食用植物油的价格走势，只要原料供给行情稍微有所走强，便会带来价格上涨，而且由于食用植物油属于缺乏弹性的生活必需品，价格提高带来的销量下降较少，因而，涨价成为近年来食用植物油市场的主流态势，知名品牌食用植物油竞相提价的现象频频发生，例如，2009 年便发生了席卷全国的食用油涨价风波。2010 年 11 月，国家发改委出台限价令，要求小包装食用油保证价格平稳，但 2011 年 7 月限价令过期之后，部分企业便开始提价补涨，鲁花的提价幅度接近 7.6%。2012 年 7 月，金龙鱼、鲁花、福临门等品牌的花生油再次陆续提价，其中鲁花的上涨幅度高达 15%。这股持续三年的涨价热潮终于在 2013 年 5 月发生了翻转，国际油料价格低迷和国内产能过剩可能是其中的主要动因。食用植物油的价格波动不仅会损害消费者和下游厂商的利益，而且会增加植物油加工企业的经营风险，许多内资企业为了避免破产倒闭的命运不得不投靠外资企业，从而进一步强化了植物油加工业的外资控制问题。甚至在某些价格上涨时期，外资食用植物油企业会利用自身规模优势和原料优势，故意滞后提价行为，进而彰显自身价格优势和品牌信誉，进一步挤压内资食用植物油企业的生存空间。从这个意义上说，植物油的价格变动不仅会影响消费安全，而且会进一步影响整个产业安全。

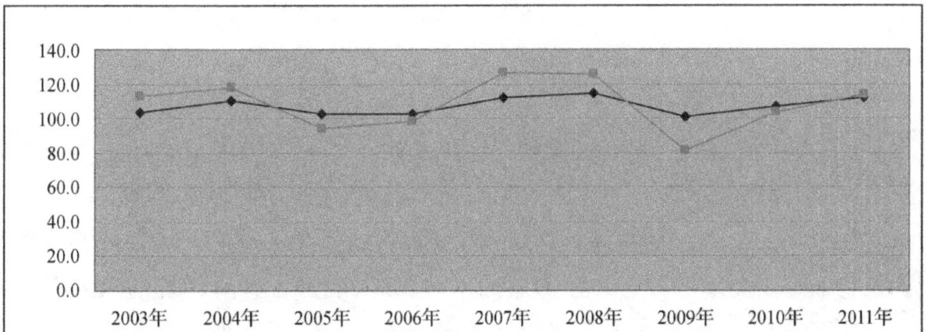

图 3-7　2003—2011 年食品和油脂类居民消费价格指数

就对消费者的身心健康而言，不健康的消费习惯的负面影响可能比价格波动更为严重。由于中餐制作过程中存在大量的煎炒烹炸环节，居民家庭消费和餐饮服务中均容易过量使用植物油，使植物油摄入量超过人体健康标准。根据中国营养学会公布的“中国居民平衡膳食指南”，每人每日摄取植物油脂 25 克即已足够，然而按照 2004 年我国植物油消费总量 1 570 万吨计算，平均每人每年消费食用植物油约15公斤，折算成每日摄取量高达41克，已经超标64%。[①] 另据一项来自浙江的调查显示，浙江城乡居民的每人日平均食用油摄入量从1984年的21.7克上升到2002年32.8克，2009年达到42.8克，其中每人日平均食用植物油摄入量从1984年的16.4克上升到2009年的38.8克，比25克的标准值高出55.2%。[②] 同时，在煎炸过程中重复使用植物油，容易使植物油在持续高温下产生有害物质，从而对身体健康产生危害。此外，诸如"油多不坏菜"等错误理念以及在储存、运输和食用过程中的错误方法，也可能对消费者的用油健康产生负面影响。我国居民对于食用植物油的过度消费和不健康的消费方式不仅会对消费者自身的健康产生危害，而且对植物油加工业的健康发展也会产生负面影响：一方面，数量层面的过度消费会派生出巨大的无效的市场需求，使日趋紧张的原料供给更加捉襟见肘，抬高植物油的价格和利润空间，吸引更多资源流向植物油加工业，从而造成更为严重的产能过剩和原料短缺；另一方面，不健康的消费习惯会在一定程度上提高消费者对于植物油质量瑕疵的包容程度，进而弱化植物油加工企业的创新动力，并纵容其弄虚作假的败德行为，从而为植物油加工业的长期健康发展埋下隐患。

（五）粗放型发展方式是中国植物油加工业多重危机的深层成因

虽然改革开放三十多年来，中国植物油加工业在规模扩张和结构变迁的双轮驱动下取得了一定的成就，但是尚未真正完成从粗放型发展方式向集约型发展方式的转变，其发展过程仍主要依靠增加资本、劳动、土地、原料等生产要素投入，技术进步、结构调整、质量改善、配置效率优化不仅没有成为中国植物油加工业发展的主要动力，反而一定程度上成为负累。虽然植物油加工业本身就属于以油料为对象的初级加工业，对于油料投入有极强的依赖性，但是这种产业属性并不能成为中国植物油加工业发展方式转型滞后的借口，如果能够舍弃对传统的粗放型发展方式的留恋，中国植物油加工业将能在既定的资源条件下取得更好的绩效。从中国植物油加工业的发展历程和现实状况来看，虽然每一种危机或者症结都有着复杂多元的利益动因或者客观约束，但是其共性的深层的原因都源于粗放型的发展方式。(1) 正是因为过度依靠要素投入来支撑植物油加工业的快速规模扩张，不注重技术水平的提升和资源配置效率的改善，一方面使得本就紧张的国内油料供给更加难以满足需求，不得不通过扩大进口来弥补油料缺口，进而使得油料自给率

① 我国居民植物油摄入量严重超标[N]. 大众日报，2005-05-22

② 浙江人吃油超标一半 不妨买个有刻度的小油壶[N]. 都市快报，2012-07-13

偏低的局面日益恶化；另一方面导致缺乏技术和品牌支撑的内资植物油企业根本无法与跨国巨头抗衡，反而为了获得油料支持和资金融通而主动突破政策限制寻求与外资企业合作，进而使得外资控制的危机更加严重。(2) 正是因为主要依靠要素投入来谋求短期利润增长，不注重创新和品牌营销，一方面导致产业壁垒偏低，大量逐利资本盲目进入，加上受耕地资源和比较收益偏低制约而短期内无法有效缓解的油料自给率偏低问题，使植物油加工业的产能危机更加严重；另一方面导致多数植物油加工企业创新动力弱化，难以借助规模优势和品牌优势取得市场竞争优势，只能沦为外资品牌的加工厂，无法走出低端锁定陷阱。(3) 正是因为过度依靠要素投入，更加强化了对进口油料的依赖，并且在供给乏力的背景下抬高了价格，使得更多的地沟油在巨大的利益诱惑下流向餐桌，从而使得植物油加工业陷入难以自拔的质量安全危机。因此，可以断言，粗放型发展方式是中国植物油加工业关键症结的深层成因，加快实现发展方式的转变乃是中国植物油加工业走出困局的根本出路。

实现粗放型经济发展方式向集约型经济发展方式转变，关键是弱化对要素投入的依赖，从主要依靠要素大量投入促进发展转向主要依靠质量改善、结构调整、效率提高和技术进步促进发展，集约型经济发展方式的典型特征就是依靠全要素生产率提升而实现可自我循环的良性发展。当前一种主流的观点认为，提高全要素生产率是转变发展方式的必要条件，只有“提高全要素生产率才能真正转变发展方式”。作为剖析现代经济增长源泉的重要工具，全要素生产率是指除去资本、土地、劳动等有形生产要素之外的其他要素对于产出增长的贡献。全要素生产率的源泉在于技术进步、规模效应、效率改善，而提升全要素生产率则有助于化解植物油加工业的诸多安全危机。(1) 从全要素生产率的概念出发，提升全要素生产率意味着降低有形生产要素对于产出的贡献，特别是对于油料依赖程度的降低，将成为克服外资控制危机和自给率危机的突破口。在集约型发展方式下，油料的使用效率大大改善，同样数量的油料能够贡献更多、更优质的产出，从而可以降低对进口油料的依赖，在国内油料生产条件不变的情况下，自给率将随之提高。同时，在集约型发展方式下，油料在生产函数中的重要程度完全由技术水平决定，供需状况虽然仍是决定油料价格的主要因素，但是其对于油料在生产函数中地位的影响趋于弱化，技术创新取代油料禀赋成为植物油加工业竞争优势的决定性因素，国际粮油巨头无法继续通过控制油料供给而控制中国植物油市场，内资植物油加工企业便可以通过技术赶超向价值链高端攀升。(2) 通过兼并收购和资产重组扩大企业规模，发挥规模效应，提升全要素生产率，能够在降低对油料的依赖程度的同时，提高国内植物油加工产能的利用效率，缓解产能过剩危机。同时，在集约型经济发展方式下，植物油加工业的规模门槛和技术门槛均显著提高，进而延缓逐利资本的进入，降低过剩产能的累积速度。随着内资植物油加工企业的生产规模跨越规模经济的临界值，成本不断降低，市场份额不断扩大，虽然相对于跨国巨头仍处于劣势，但是已经可以对外资企业操控的价格垄断（卡特尔）起到一定的制衡作用，从而可以一定程度上缓和食用植物油的价格波动。（3）品牌效应也是全要素生产率的重要源泉，伴随着品牌优势的扩大，不仅能够减少对进口油料的需求、降低地沟油的比较收益，而且能够增强相关企业的社会责任意识，主动克制和修正自身的败德行为，以维护和提升品牌的美誉度。显然，在集约型经济发展方式下，地沟油流向餐桌的利益空间被大幅压缩，加上植物油加工企业自身的社会责任行为，令人触目惊心的食用植物油质量安全危机将得到有效缓解。

第四章
中国植物油加工业全要素生产率变化及其收敛性检验

当前，尽管中国植物油加工业的规模稳步扩张，但是日益严峻的质量安全危机和外资控制危机，严重制约了植物油加工业的健康发展，已经对老百姓“油瓶子”的安全造成了严重威胁。因此，中国植物油加工业迫切需要加快转变发展方式，摒弃主要依靠要素投入的传统发展方式，走出一条主要依靠科技进步和全要素生产率提高的科学发展道路。然而，由于只有“提高全要素生产率才能真正转变发展方式”[①]，因此，我们必须对中国植物油加工业的全要素生产率变化情况进行准确计量和深入剖析，找出中国植物油加工业全要素生产率的问题与成因，探讨提高全要素生产率的路径选择。本部分基于植物油加工业 2003—2011 年数据，运用基于 DEA 的 Malmquist 生产率指数法，以总产值为产出变量，以固定资产、存货、从业人员为投入变量，测算全国 29 个省区植物油加工业的技术进步、技术效率与全要素生产率变化情况，然后运用聚类分析和收敛性检验，对测算结果进行深入分析。

① 江小涓. 用改革的办法破解发展难题[N]. 人民日报，2009 - 04 - 01

一、研究方法：Malmquist 生产率指数及其分解

瑞典经济学和统计学家 Sten Malmquist 最早于 1953 年提出了 Malmquist 数量指数，当时主要用于分析不同时期的消费变化。1982 年，Caves，Christensen 和 Diewert 率先运用 Malmquist 数量指数测算生产率的变化，并分别构造了产出角度和投入角度的 Malmquist 生产率指数。但是直到 Fare 等人(1994)提出了基于 DEA 的 Malmquist 生产率指数之后①，Malmquist 生产率指数法才得到了广泛应用，并逐渐演化成为现代生产率研究的主流方法之一。相对于 Tornqvist 指数和 Fisher 指数，Malmquist 指数的优点在于：可以把生产率的变化原因分为技术变化与效率变化；不需要价格资料，从而可以避免价格信息不对称所引起的问题；可以处理多个投入与产出变量；不需要成本最小化和利润最大化等约束条件。

假定(x_t, y_t)和(x_{t+1}, y_{t+1})分别为 t 期和 $t+1$ 期的投入、产出关系，Fare 等人对 Malmquist 生产率指数的定义为：

$$M_0^{t,t+1}=[M_0^t\times M_0^{t+1}]^{1/2}=M_0(x_{t+1},y_{t+1},x_t,y_t)=\left[\frac{D_0^t(x_{t+1},y_{t+1})}{D_0^t(x_t,y_t)}\times\frac{D_0^{t+1}(x_{t+1},y_{t+1})}{D_0^{t+1}(x_t,y_t)}\right]^{1/2} \quad (1)$$

式(1)中，M 表示 Malmquist 生产率指数，即全要素生产率变化(TFPch)，M_0^t 和 M_0^{t+1} 表示分别以 t 时期和$(t+1)$时期的技术 T_t 和 T_{t+1} 为参照的 Malmquist 生产率指数，$M_0^{t,t+1}$ 代表 M_0^t 和 M_0^{t+1} 的几何平均值；(x_t, y_t)和(x_{t+1}, y_{t+1})分别表示 t 时期和$(t+1)$时期的投入和产出向量；D_0^t 和 D_0^{t+1} 分别表示以 t 时期技术 T_t 和$(t+1)$时期技术 T_{t+1} 为参照，时期 t 和时期$(t+1)$的投入和产出向量的产出距离函数；M 和 D 的下标 0 表示生产可能集不考虑规模收益问题。投入和产出关系从(x_t, y_t)到(x_{t+1}, y_{t+1})的变化就是生产率的变化，而生产率的变化产生于技术水平的变化和技术效率的变化，前者指生产前沿面的移动，后者指生产技术的利用效率，即生产前沿面和实际产出量之间的距离。

根据 Fare 等人的研究，Malmquist 生产率指数可分解为效率变化(Efficiency Change)和技术变化(Technical Change)两部分，并且效率变化可进一步分解为纯

① Fare R, Grosskopf S, Norris M, etal Productivity Growth, Technical Progress and Efficiency Changes in Industrialized Countries[J]. American Economic Review, 1994, 84(1): 66－83

技术效率变化和规模效率变化。在规模报酬不变的前提下,式(1)可以变形为:

$$M_c^{t,t+1}=[M_c^t\times M_c^{t+1}]^{1/2}=M_c(x_{t+1},y_{t+1},x_t,y_t)=\left[\frac{D_c^t(x_{t+1},y_{t+1})}{D_c^t(x_t,y_t)}\times\frac{D_c^{t+1}(x_{t+1},y_{t+1})}{D_c^{t+1}(x_t,y_t)}\right]^{1/2}=$$

$$\frac{D_c^{t+1}(x_{t+1},y_{t+1})}{D_c^t(x_t,y_t)}\times\left[\frac{D_c^t(x_t,y_t)}{D_c^{t+1}(x_t,y_t)}\times\frac{D_c^t(x_{t+1},y_{t+1})}{D_c^{t+1}(x_{t+1},y_{t+1})}\right]^{1/2} \tag{2}$$

式(2)中,M 和 D 的下标 c 表示生产可能集的规模报酬不变;$\frac{D_c^{t+1}(x_{t+1},y_{t+1})}{D_c^t(x_t,y_t)}$ 表示效率变化($EFFch$);$\left[\frac{D_c^t(x_t,y_t)}{D_c^{t+1}(x_t,y_t)}\times\frac{D_c^t(x_{t+1},y_{t+1})}{D_c^{t+1}(x_{t+1},y_{t+1})}\right]^{1/2}$ 表示技术变化($TECHch$)。由此可以得到:

$$TFPch=EFFch\times TECHch$$

为了进一步完成对效率变化的分解,确定规模报酬对于生产率变化的贡献,必须改变规模报酬不变假定,在规模报酬可变假定下对 Malmquist 生产率指数作进一步分解。式(2)可进一步变形为:

$$M_{v,c}^{t,t+1}=[M_{v,c}^t\times M_{v,c}^{t+1}]^{1/2}=M_{v,c}(x_{t+1},y_{t+1},x_t,y_t)=\frac{D_v^{t+1}(x_{t+1},y_{t+1})}{D_v^t(x_t,y_t)}\times$$

$$\left[\frac{D_v^t(x_t,y_t)}{D_c^t(x_t,y_t)}\Big/\frac{D_v^{t+1}(x_{t+1},y_{t+1})}{D_c^{t+1}(x_{t+1},y_{t+1})}\right]\times\left[\frac{D_c^t(x_t,y_t)}{D_c^{t+1}(x_t,y_t)}\times\frac{D_c^t(x_{t+1},y_{t+1})}{D_c^{t+1}(x_{t+1},y_{t+1})}\right]^{1/2} \tag{3}$$

式(3)中,M 和 D 的下标 v 和 c 表示生产可能集的规模报酬可变和规模报酬不变;$\frac{D_v^{t+1}(x_{t+1},y_{t+1})}{D_v^t(x_t,y_t)}$ 表示纯技术效率变化($PEch$),即在规模报酬可变假定下的技术效率;$\left[\frac{D_v^t(x_t,y_t)}{D_c^t(x_t,y_t)}\Big/\frac{D_v^{t+1}(x_{t+1},y_{t+1})}{D_c^{t+1}(x_{t+1},y_{t+1})}\right]$ 表示规模效率变化($SEch$),反映了规模效益对于全要素生产率变化的贡献。由此,可以得到:

$$TFPch=PEch\times SEch\times TECHch$$

至此,关于 Malmquist 生产率指数的分解完成。其中所反映的经济含义包括:(1) $TEPch>1$,表示全要素生产率提高,存在生产率进步;$TEPch<1$,表示全要素生产率降低,存在生产率倒退;$TEPch=1$,表示全要素生产率没有变化。(2) $TECHch>1$,表示技术变化对全要素生产率增长产生了贡献,在边界分析中体现为生产边界的提升;$TECHch<1$,表示技术变化对全要素生产率增长没有产生贡献,在边界分析中体现为技术衰退和生产边界的下降。(3) $PEch>1$,表示纯技术效率变化通过影响技术效率变化对全要素生产率增长产生了贡献;$PEch=1$,表示纯技术效率变化没有通过影响技术效率变化对生产率增长产生贡献;$PEch<1$,表示纯技术效率变化通过影响技术效率阻碍了全要素生产率增长。(4) $SEch>$

1，表示规模效率变化通过影响技术效率对全要素生产率增长产生了贡献；$SEch=1$，表示规模效率变化没有通过影响技术效率对全要素生产率增长产生贡献；$SEch<1$，表示规模效率变化通过影响技术效率阻碍了全要素生产率增长。

实际上，运用 DEA 技术计算 Malmquist 生产率指数，就是要借助线性规划方法来计算有关投入和产出的各种距离函数。对于 t 时期到 $t+1$ 时期第 i 个行业全要素生产率的变化，需要计算如下四个基于 DEA 的距离函数：

$$[D_0^t(x_t, y_t)]^{-1} = \max_{\phi,\lambda}\phi$$
$$\text{s.t.}\quad -\phi y_{it} + Y_t\lambda \geqslant 0,\quad x_{it} - X_t\lambda \geqslant 0,\quad \lambda \geqslant 0$$

$$[D_0^{t+1}(x_{t+1}, y_{t+1})]^{-1} = \max_{\phi,\lambda}\phi$$
$$\text{s.t.}\quad -\phi y_{i,t+1} + Y_{t+1}\lambda \geqslant 0,\quad x_{i,t+1} - X_{t+1}\lambda \geqslant 0,\quad \lambda \geqslant 0$$

$$[D_0^t(x_{t+1}, y_{t+1})]^{-1} = \max_{\phi,\lambda}\phi$$
$$\text{s.t.}\quad -\phi y_{i,t+1} + Y_t\lambda \geqslant 0,\quad x_{i,t+1} - X_t\lambda \geqslant 0,\quad \lambda \geqslant 0$$

$$[D_0^{t+1}(x_t, y_t)]^{-1} = \max_{\phi,\lambda}\phi$$
$$\text{s.t.}\quad -\phi y_{it} + Y_{t+1}\lambda \geqslant 0,\quad x_{it} - X_{t+1}\lambda \geqslant 0,\quad \lambda \geqslant 0$$

二、变量选择与数据来源

(一) 变量选择

基于 DEA 的 Malmquist 生产率指数法的显著优势是能够处理多种产出变量和多种投入变量，并且不需要价格信息，但是这种优势反过来也带来了一个严峻问题，即变量选择的随意性问题。已有文献中五花八门的变量选择便说明了这个问题，这将导致不同研究结论缺乏可比性。针对这个问题，多数研究文献的做法是主要沿用生产函数法的基本变量，结合具体研究需要对关键变量进行补充或调整。为了规避变量选取的随意性问题，本书遵照多数研究的习惯沿用生产函数法的基本变量，用总产值代表产出变量，用固定资产和从业人数代表资本和劳动力两大基本投入变量，同时，考虑到植物油加工业对原材料具有超强依赖，将反映原材料投入的存货[①]纳入投入变量。

(二) 数据来源与数据处理

本书使用的植物油加工业数据来自“中国统计数据应用支持系统”公布的三位

① 存货是指企业在日常活动中持有以备出售的产成品或商品，处在生产过程中的在产品，在生产过程或提供劳务过程中耗用的材料、物料等。

数行业数据。“中国统计数据应用支持系统”是华通数据中心专门针对教育系统的需求特点开发的一套数据查询和分析系统，其数据来源于国家统计局，并获得统计局书面授权，具有权威性。

我国内地共有 31 个省级行政区，剔除统计数据不全的西藏和海南，得到 29 个省区的数据。其中，宁夏 2003 年的相关统计数据缺失，故本书涉及的该年宁夏的工业总产值、全部从业人员平均人数、固定资产合计、存货、资产总计等指标数据，用由全国总计数据减去其他 28 个省区数据累加之和所得数据代替。虽然这种替代会存在一定的误差，但是对计算结果的影响仍在可接受范围之内。

三、测算结果

本书基于投入导向的规模报酬不变(CRS)模型，根据 2003—2011 年 29 个省区植物油加工业的面板数据，运用数据包络分析计量软件 DEAP 2.1，测算了中国植物油加工业的 Malmquist 生产率指数，主要结果如表 4-1～表4-3所示。

(一) 中国植物油加工业全要素生产率变化的总体情况

根据表 4-1、表 4-2 给出的中国植物油加工业 Malmquist 生产率指数的均值，我们可以对中国植物油加工业全要素生产率的总体情况进行分析。

表 4-1 2003—2011 年中国植物油加工业 Malmquist 生产率指数

年份	*EFFch*	*TECHch*	*PEch*	*SEch*	*TFPch*
2003—2004	0.903	1.308	1.033	0.874	1.181
2004—2005	1.336	0.864	0.86	1.553	1.155
2005—2006	1.017	0.938	1.11	0.917	0.954
2006—2007	1.133	0.85	1.001	1.132	0.963
2007—2008	0.858	0.902	0.887	0.968	0.774
2008—2009	1.089	0.96	1.305	0.835	1.046
2009—2010	0.812	1.608	0.877	0.926	1.306
2010—2011	1.114	0.788	0.91	1.225	0.878
2003—2011	1.021	0.998	0.989	1.032	1.019

其一，总体而言，2003—2011 年中国植物油加工业的全要素生产率呈增长态势，年均增长 1.9%。从 Malmquist 生产率指数的分解指标来看，2003—2011 年中

国植物油加工业全要素生产率增长的主要动力来自技术效率变化，特别是规模效率变化做出了突出贡献，而技术变化则对全要素生产率增长产生了制约作用，纯效率的下降也拖累了全要素生产率增长(图 4 - 1)。

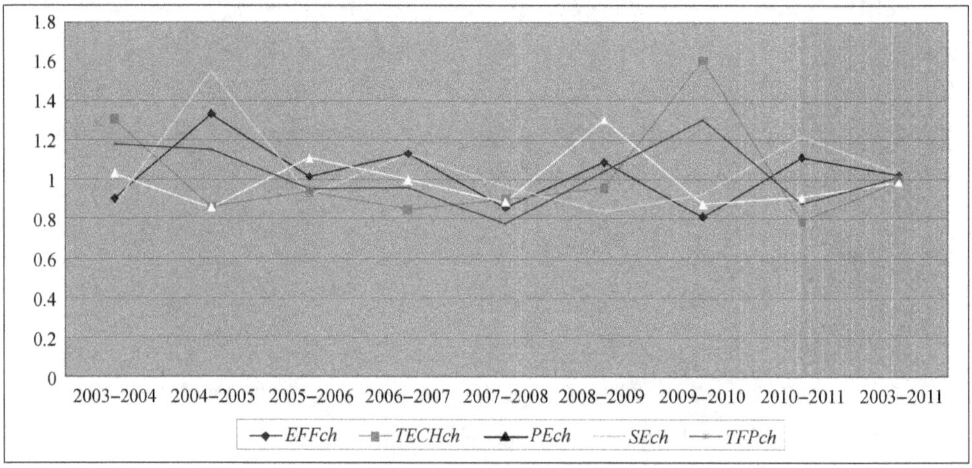

图 4 - 1　2003—2011 年中国植物油加工业 Malmquist 生产率指数

其二，不同年份的全要素生产率变化情况呈现明显波动性，有四个时期全要素生产率下降，有四个时期全要素生产率提高，而且部分时期的波动非常剧烈，2007—2008 年的下降幅度高达 22.6%，而 2009—2010 年的增长幅度又高达 30.6%。同时，不同时期全要素生产率变化的动力源泉也存在显著差异，在全要素生产率提高的四个时期中，技术变化和技术效率变化分别在两个时期贡献了主要力量，其中全要素生产率增长比较快的两个时期，主要依靠技术进步的拉动；在全要素生产率下降的四个时期中，技术变化的取值均小于 1，其中下降幅度最大的 2007—2008 年，技术效率变化和技术变化双双下降，但技术效率变化的下降幅度更大。

其三，从 2003—2011 年 29 省区植物油加工业全要素生产率的变化情况来看，15 个省区的植物油加工业全要素生产率呈增长态势，占样本总数的 52%；14 个省区的全要素生产率变化取值小于 1，占样本总数的 48%。14 个省区的全要素生产率变化取值大于全国平均水平(1.019)，占样本总数的 48%。全要素生产率呈增长态势的 15 个省区中，大部分省区的增长动力来自于技术效率变化，特别是规模效率变化，14 个省区的技术效率变化和规模效率变化取值大于 1，仅有上海在技术效率变化和规模效率变化下降的情况下主要依靠技术进步和纯效率的提升而实现了全要素生产率增长，仅有天津、云南、青海、山东、黑龙江、浙江、重庆 7 个省区依靠技术变化和技术效率变化的双重推动实现了全要素生产率增长，其中仅有天津、云南、山东 3 个省区技术变化的贡献率超过效率变化。在全要素生产率呈下降态势的 14 个省区中，大部分省区的下降动因来自技术效率变化，仅有河北和北京两个省区技术效率变化取值大于 1，规模效率变化取值大于 1 的省区也仅有河南、安徽、河北、北京 4 个，并且仅有宁夏和河南 2 个省区的技术效率变化取值大于技术变化。总体而言，在植物油加工业全要素生产率增长的省区，动力主要来自技术效率和规模效率的提升；在植物油加工业全要素生产率下降的省区，下降动因主要来自技术效率和规模效率的恶化，而技术进步和纯效率的提升则对全要素生产率的下降起了一定程度的延缓作用。

表 4－2　2003—2011 年中国 29 省区植物油加工业 Malmquist 生产率指数

地区	*EFFch*	*TECHch*	*PEch*	*SEch*	*TFPch*
安徽	0.942	0.989	0.94	1.002	0.931
北京	1.008	0.987	1.008	1	0.994
福建	0.888	1.03	1.034	0.86	0.915
甘肃	0.904	0.99	1.051	0.86	0.895
广东	0.978	1.015	1.005	0.974	0.993
广西	0.966	1.021	0.971	0.995	0.986
贵州	0.972	0.993	0.974	0.998	0.965
河北	1.01	0.958	1.009	1.001	0.967
河南	0.972	0.941	0.963	1.01	0.914
黑龙江	1.07	1.001	0.911	1.175	1.072
湖北	1.074	0.991	0.933	1.151	1.065
湖南	1.114	0.952	0.95	1.173	1.061
吉林	1.166	0.978	0.997	1.169	1.14
江苏	1.101	0.948	0.96	1.147	1.044
江西	1.13	0.982	0.968	1.168	1.11
辽宁	1.135	0.985	0.975	1.164	1.118
内蒙古	1.176	0.993	1.014	1.159	1.168
宁夏	0.979	0.873	0.981	0.998	0.855

续 表

地区	*EFFch*	*TECHch*	*PEch*	*SEch*	*TFPch*
青海	1.043	1.002	1.025	1.018	1.045
山东	1.024	1.03	1.022	1.002	1.054
山西	0.856	1.077	1	0.856	0.922
陕西	0.903	1.072	0.969	0.931	0.967
上海	0.976	1.064	1.017	0.96	1.039
四川	0.963	1.004	1	0.963	0.967
天津	1	1.006	1	1	1.006
新疆	0.976	1.019	0.977	0.998	0.995
云南	1	1.031	1	1	1.031
浙江	1.139	1.026	0.966	1.179	1.169
重庆	1.257	1.019	1.068	1.177	1.281
全国均值	1.021	0.998	0.989	1.032	1.019

表 4-3 2003—2011 年 29 省区植物油加工业全要素生产率变化情况

	2003—2004	2004—2005	2005—2006	2006—2007	2007—2008	2008—2009	2009—2010	2010—2011
安徽	0.396	2.136	1.914	1.234	0.748	1.056	2.054	0.175
北京	0.806	1.656	2.045	0.627	1.168	1.107	1.723	0.25
福建	0.472	4.08	1.631	0.714	0.851	1.217	1.383	0.153
甘肃	0.396	3.885	0.389	2.16	0.981	1.17	1.021	0.271
广东	0.299	4.764	0.502	1.77	1.063	0.815	1.184	0.728
广西	0.313	3.094	0.79	2.105	0.775	1.014	1.035	0.682
贵州	0.59	1.98	0.696	2.094	1.076	0.227	2.511	0.723
河北	1.259	1.092	0.651	1.844	1.098	0.159	2.729	0.972
河南	1.192	0.975	0.76	1.366	0.23	0.766	2.515	0.917
黑龙江	3.455	1.152	0.54	1.95	0.711	0.266	4.228	0.518
湖北	3.136	1.322	0.477	0.776	1.149	0.516	3.683	0.492
湖南	4.251	0.576	0.994	0.41	1.294	0.599	2.929	0.707

续 表

	2003—2004	2004—2005	2005—2006	2006—2007	2007—2008	2008—2009	2009—2010	2010—2011
吉林	5.628	0.614	0.63	0.487	1.934	0.713	2.441	0.801
江苏	2.108	0.948	0.797	0.381	1.818	0.805	1.473	1.082
江西	2.439	0.838	1.487	0.344	1.134	2.114	0.888	1.034
辽宁	3.246	0.656	1.543	0.436	0.902	1.349	1.073	1.303
内蒙古	1.064	2.796	0.91	0.857	0.611	1.227	1.319	1.512
宁夏	0.455	0.9	1.426	0.393	0.982	1.034	1.134	1.075
青海	2.207	0.763	1.244	0.767	0.373	1.244	2.519	0.756
山东	1.551	0.863	1.162	0.473	0.528	1.732	3.326	0.683
山西	1.223	0.942	1.341	0.496	0.346	2.622	2.805	0.267
陕西	1.845	0.856	0.424	1.359	0.535	1.847	3.049	0.28
上海	1.6	0.944	0.29	2.409	0.468	1.763	0.427	3.635
四川	1.13	0.269	1.419	1.336	0.638	2.058	0.319	3.166
天津	1.25	0.244	1.626	1.578	0.339	2.864	0.343	4.039
新疆	0.464	0.797	1.308	1.652	0.636	1.733	0.38	2.857
云南	0.25	1.445	1.555	1.151	0.794	1.254	0.413	4.79
浙江	2.56	1.002	1.117	1.818	0.585	1.387	0.554	1.488
重庆	2.348	1.381	1.565	0.566	1.455	1.717	0.321	3.151

(二) 中国植物油加工业全要素生产率变化的区域差异

其一，与经济社会发展水平的显著区域差异相对应，中国植物油加工业全要素生产率的区域差异也非常明显。2003—2011 年全要素生产率平均增长速度最快的是重庆，下降速度最快的是宁夏，重庆全要素生产率变化取值比宁夏高出近 50%，造成这种差距的直接动因在于重庆在技术效率变化、技术变化、规模效率变化等指标上相对于宁夏分别拥有 28%、17%、18%的优势，而两个地区的纯效率变化取值则相差无几。具体到某个时期，不同区域全要素生产率变化的差距更大，全要素生产率变化的极大值往往是极小值的数倍至数十倍，2003—2004 年，极大值吉林是极小值云南的 22.5 倍；2010—2011 年，极大值云南是极小值福建的 31.3 倍；即便差别最小的 2007—2008 年，极大值吉林也是极小值山西的 5.6 倍。

其二，从不同时期的变化趋势来看，各省区全要素生产率均呈现较大波动，并且波动的随机性较大，唯一具有规律性的特点就是大幅度增长与大幅度下降相伴而生，大幅度增长之后往往会出现大幅度下降，而大幅度下降之后往往会出现大幅度增长。从样本期间各地区全要素生产率变化取值的波峰与波谷之比来看，48％的地区峰谷值之比在10倍以上，其中福建的峰谷值之比接近27倍，重庆、广西、四川3个地区峰谷值之比接近10倍，仅有宁夏、内蒙古、浙江3个地区峰谷值之比低于5倍，仅占样本总量的10％，而峰谷值之比最低的宁夏也超过了3倍。全要素生产率变化指标取值波动如此剧烈，除了有指标本身偏重反映变化速度、具有惯性平滑特点等原因之外，在相当程度上也反映了我国植物油加工业本身的剧烈波动。

其三，从四大区域来看，中国植物油加工业全要素生产率变化情况区域间差异并不显著，反而区域内部差异较大。2003—2011年四大区域植物油加工业的全要素生产率均呈现增长态势，其中东北地区增长速度最快，年均增幅高达11％，比全国平均水平高9.1个百分点；其次是东部和西部，年均增幅分别为2.01％和1.41％；中部增长最为缓慢，年均增幅仅为0.05％，比全国平均水平低1.85个百分点。可见，四大区域植物油加工业全要素生产率的具体增长速度与区域经济发展水平并不完全吻合，原材料优势最为显著的东北地区表现最好，3个省区植物油加工业全要素生产率均保持增长；东部地区和西部地区分别凭借得天独厚的区位优势和差异化的资源优势保持了较为稳定的增长，不过东部地区55.6％的省区植物油加工业全要素生产率保持了增长，而西部地区63.63％的省区植物油加工业全要素生产率出现了下降；中部地区则由于区位优势和资源优势均不明显而增长极为缓慢，并且处于增长态势的省区和处于下降态势的省区各占一半。从四大区域全要素生产率增长的动因来看，东北地区和中部地区全要素生产率增长的主要动力来自技术效率变化特别是规模效率变化，技术变化和纯效率变化对全要素生产率增长起了制约作用；东部地区和西部地区的技术效率变化和技术变化均对促进全要素生产率增长做出了贡献，但是技术效率变化的贡献更大，纯效率变化也促进了全要素生产率的增长，只是贡献的力量要小于规模效率变化（表4－4）。

表 4-4　2003—2011 年四大区域植物油加工业 Malmquist 生产率指数均值

区域	省区	*EFFch*	*TECHch*	*PEch*	*SEch*	*TFPch*
东北	黑龙江、辽宁、吉林	1.123 7	0.988 0	0.961 0	1.169 3	1.110 0
东部	福建、河北、广东、北京、天津、上海、江苏、山东、浙江	1.013 8	1.007 1	1.002 3	1.013 7	1.020 1
西部	宁夏、甘肃、贵州、陕西、四川、广西、新疆、云南、青海、内蒙古、重庆	1.012 6	1.001 5	1.002 7	1.008 8	1.014 1
中部	河南、山西、安徽、湖南、湖北、江西	1.014 7	0.988 7	0.959 0	1.060 0	1.000 5

从四大区域植物油加工业全要素生产率 2003—2011 年的变化趋势来看，东部和西部的变化走势均相对比较平稳，均仅在 2007—2008 年出现了较大幅度的下降，其他时期均保持增长；东北和中部的变化走势波动较大，有的时期大幅增长，有的时期则大幅下降，而且平均情况最好的东北地区在 8 个时期中居然有 5 个时期全要素生产率出现下降。从四个区域植物油加工业全要素生产率变化的峰值与谷值之比来看，东北地区最大，峰值与谷值之比高达 5.3 倍；其次为中部地区，为 4.14 倍；而西部和东部则相对平稳，峰值与谷值之比分别为 2.18 倍和 1.97 倍(图 4-2，表 4-5)。

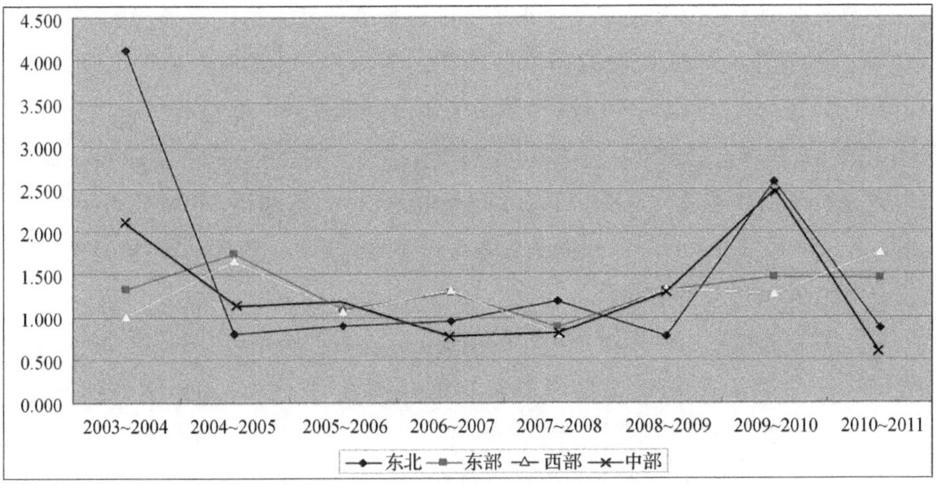

图 4-2　2003—2011 年四大区域全要素生产率变化走势

表 4-5　2003—2011 年四大区域植物油加工业全要素生产率变化情况

区域	2003—2004	2004—2005	2005—2006	2006—2007	2007—2008	2008—2009	2009—2010	2010—2011
东北	4.110	0.807	0.904	0.958	1.182	0.776	2.581	0.874
东部	1.323	1.733	1.091	1.290	0.880	1.317	1.460	1.448
西部	1.006	1.651	1.066	1.313	0.805	1.320	1.275	1.751
中部	2.106	1.132	1.162	0.771	0.817	1.279	2.479	0.599

从植物油加工业全要素生产率的区域内部差异来看，东北地区内部差异最小，最高的辽宁仅比最低的黑龙江高出 4.29%，三个省区均呈现增长态势；西部地区内部差异最大，全国增幅最大的省区和降幅最大的省区均分布在西部，最高的重庆比最低的宁夏高出 49.82%，有 7 个省区处于下降态势，所占比重高达 63.63%；东部和中部地区内部差异居中，东部最高的浙江比最低的福建高出 27.76%，中部最高的江西比最低的河南高出 21.44%，并且两个地区全要素生产率增长的省区与下降的省区数量基本持平。

四、聚类分析

由于中国植物油加工业全要素生产率变化的区域差异比较显著，而且难以从经济区域或地理区域以及经济发展水平等方面找到全要素生产率差异的规律性原因，若以全要素生产率变化的取值水平作为分类依据，则面临着标准的随意性难题，为了更加准确合理地对中国植物油加工业全要素生产率变化进行分类比较，本书运用 SPSS 17.0，依据 2003—2011 年 29 个省区植物油加工业的 Malmquist 生产率指数及其分解数据进行聚类分析。综合比较各种分类结果，本书采用层次聚类法（Hierarchical Clustering），依据全要素生产率变化取值，将 29 个省区分为 5 类，具体分析结果如表 4-6 所示。

第一类为全要素生产率增长最快的省区，仅包括重庆市，所占比重为 3%。此类省区植物油加工业全要素生产率年均增幅高达 28.1%，是全国平均水平的 14.19 倍，甚至是增长态势最好的东北地区平均水平的 2.56 倍，是东部地区平均水平的 13.98 倍。从动力结构来看，尽管此类省区全要素生产率增长的主要动力同样来自技术效率变化特别规模效率变化，但是此类省区之所以能够取得如此巨大的优势，主要得益于其效率变化和技术变化的双双提升，四项分解指标不仅均保

表 4-6 中国植物油加工业 Malmquist 生产率指数聚类分析结果

类别	地区	*EFFch*	*TECHch*	*PEch*	*SEch*	*TFPch*
第一类：全要素生产率增长最快	重庆	1.257	1.019	1.068	1.177	1.281
第二类：全要素生产率增长较快	江西、辽宁、吉林、内蒙古、浙江	1.149	0.993	0.984	1.168	1.141
第三类：全要素生产率增长一般	云南、上海、江苏、青海、山东、湖南、湖北、黑龙江	1.050	1.002	0.977	1.078	1.051
第四类：全要素生产率增长较慢	贵州、陕西、四川、河北、广西、广东、北京、新疆、天津	0.975	1.008	0.990	0.984	0.982
第五类：全要素生产率增长最慢	宁夏、甘肃、河南、福建、山西、安徽	0.924	0.983	0.995	0.931	0.905

持增长，而且在 5 类地区中均名列第一。然而，此类省区的数量太少，而且在技术进步方面的优势并不突出，仍存在较大改进空间。

第二类为全要素生产率增长较快的省区，包括江西、辽宁、吉林、内蒙古、浙江 5 个省区，所占比重为 17%。此类省区植物油加工业全要素生产率年均增长 14.1%，是全国平均水平的 7.42 倍，是东部地区平均水平的 7.01 倍，甚至高于平均水平最高的东北地区。从动力结构来看，技术效率变化特别是规模效率变化是全要素生产率增长的主要动力，而技术水平和纯效率的下降制约了全要素生产率的增长，技术变化和纯效率两项指标取值在 5 类省区中都排在倒数第二位。此类省区在四大区域均有分布，是植物油加工业全要素生产率增长的领头羊，而其在技术进步和纯效率改善方面差强人意的表现，也揭示了中国植物油加工业全要素生产率提升的努力方向。

第三类为全要素生产率增长一般的省区，包括云南、上海、江苏、青海、山东、湖南、湖北、黑龙江 8 个省区，所占比重为 28%。此类省区植物油加工业全要素生产率年均增长 5.1%，仍显著高于全国平均水平，也显著高于除东北之外的其他三个地区的平均水平。从动力结构来看，技术效率和技术进步均促进了全要素生产率的增长，不过技术进步的贡献相对较少，最主要的增长动力仍来自规模效率改善，纯效率改善乏力对全要素生产率增长产生了严重制约作用，纯效率变化指标取值在 5 类省区中排名垫底。此类省区同样在四个区域均有分布，但是主要分布在东部，这与东部四项指标均呈现增长态势的总体情况并不吻合。此类省区应放缓规模扩张步伐,注意加强资源整合和管理创新,主要通过提升纯效率来改善全要素生产率。

第四类为全要素生产率增长较慢的省区,包括贵州、陕西、四川、河北、广西、广东、北京、新疆、天津9个省区,所占比重为31%。此类省区植物油加工业全要素生产率年均下降1.8%,距离全国平均水平有较大差距,甚至距离平均水平最低的中部地区还有一定差距。从动力结构来看,技术效率特别是规模效率的下降是全要素生产率下降的主要动因,但是技术进步和纯效率表现较好,在5类省区中分别排名第二位和第三位,使全要素生产率下降速度不至于太快。特别是技术进步,虽然幅度不大,但是毕竟呈现增长态势,带来了一缕全要素生产率由下降转为增长的曙光。此类省区主要分布在西部和东部,其中55.6%的省区来自西部,其虽然当前水平不高,但是未来增长机遇和前景较好,与西部大开发战略的宏观背景比较吻合。此类省区应进一步扩大技术进步优势,扩大产业规模,培育龙头企业,改善经营效率,主要通过提升规模效率来提升全要素生产率。

第五类为全要素生产率增长最慢的省区,包括宁夏、甘肃、河南、福建、山西、安徽6个省区,所占比重为21%。此类省区属于植物油加工业全要素生产率表现最差的省区,年均下降幅度高达9.5%,距离全国平均水平有很大差距。从动力结构来看,四项指标同时下降是全要素生产率大幅下降的根本原因,除了纯效率变化之外,其他指标在5类省区中均排名垫底,其中技术效率特别是规模效率的大幅度下降是全要素生产率大幅下降的主要动因,技术的退步进一步放大了这种效应。不过此类省区在纯效率方面的表现倒是可圈可点,虽然纯效率仍处于缓慢下降态势,但是在5类省区中排名第二,为改善全要素生产率带来了一线希望。此类省区主要分布在中部和西部,在产业规模和技术水平等方面均处于劣势,未来提高全要素生产率的任务非常艰巨。此类省区应依托纯效率方面的比较优势,实施规模扩张和技术创新并重的发展战略,力争通过技术效率和技术变化的双提升来促进全要素生产率增长(表4-7)。

表4-7 5类省区各项指标的均值排名

排名	*EFFch*	*TECHch*	*PEch*	*SEch*	*TFPch*
1	第一类	第一类	第一类	第一类	第一类
2	第二类	第四类	第五类	第二类	第二类
3	第三类	第三类	第四类	第三类	第三类
4	第四类	第二类	第二类	第四类	第四类
5	第五类	第五类	第三类	第五类	第五类

五、收敛性检验

为了更为准确地把握中国植物油加工业全要素生产率增长的区域差异及其变化趋势，探究全要素生产率增长的区域差异对于产业发展差异的影响，本书借鉴新古典增长理论中的收敛理论，进行收敛性检验。按照新古典增长模型的推论，收敛理论的基本机理源于资本边际报酬递减导致的资本收敛机制，随着唯资本逻辑的式微，与技术扩散相联系的技术收敛机制和与生产要素优化配置相联系的劳动生产率收敛机制也成为收敛理论的重要微观机制。[①] 按照历程和目标的不同，收敛可分为 σ 收敛和 β 收敛。σ 收敛是指不同区域植物油加工业全要素生产率增速的离散程度随着时间的推移而逐渐降低；β 收敛是指基础较差的区域比基础较好的区域增长更快，从而共同到达某种稳态水平，反映了后发区域对先发区域的动态赶超过程。按照稳态水平的差异，β 收敛又可分为绝对 β 收敛和条件 β 收敛，绝对 β 收敛是每个区域的植物油加工业全要素生产率增长都能达到相同的稳态水平，而条件 β 收敛是每个区域的植物油加工业全要素增长趋向各自不同的稳态水平。[②]

(一) σ 收敛检验

σ 收敛检验主要借助标准差和变异系数等指标来观测植物油加工业全要素生产率增长的区域差异变化情况。如果标准差和变异系数逐渐下降则表示存在 σ 收敛；如果逐渐增加则表示不存在 σ 收敛。本书计算了全国省级经济体及四大区域内部的标准差和变异系数，详见表 4-8 和图 4-3、图 4-4。

① 赵伟，马瑞永. 中国经济增长收敛性的再认识——基于增长收敛微观机制的分析[J]. 管理世界，2005(11)：12-21

② Barron R, X Sala-i-Martin. Convergence Across States and Regions[J]. Brookings Papers on Economic Activity, 1991(1): 107-182

表 4-8　全国省级经济体及四大区域植物油加工业全要素生产率指数标准差和变异系数

		全国	东北	东部	中部	西部
标准差	2003—2004	1.326	1.319	0.735	1.436	0.785
	2004—2005	1.161	0.299	1.576	0.548	1.150
	2005—2006	0.493	0.555	0.588	0.522	0.441
	2006—2007	0.663	0.860	0.743	0.437	0.633
	2007—2008	0.417	0.658	0.463	0.449	0.302
	2008—2009	0.667	0.544	0.765	0.878	0.506
	2009—2010	1.135	1.582	1.023	0.946	0.987
	2010—2011	1.273	0.398	1.417	0.347	1.499
变异系数	2003—2004	0.802	0.321	0.556	0.682	0.780
	2004—2005	0.784	0.371	0.909	0.484	0.697
	2005—2006	0.458	0.614	0.538	0.449	0.413
	2006—2007	0.573	0.898	0.576	0.567	0.482
	2007—2008	0.479	0.556	0.527	0.550	0.375
	2008—2009	0.532	0.701	0.581	0.687	0.383
	2009—2010	0.661	0.613	0.701	0.381	0.774
	2010—2011	0.959	0.455	0.979	0.580	0.856

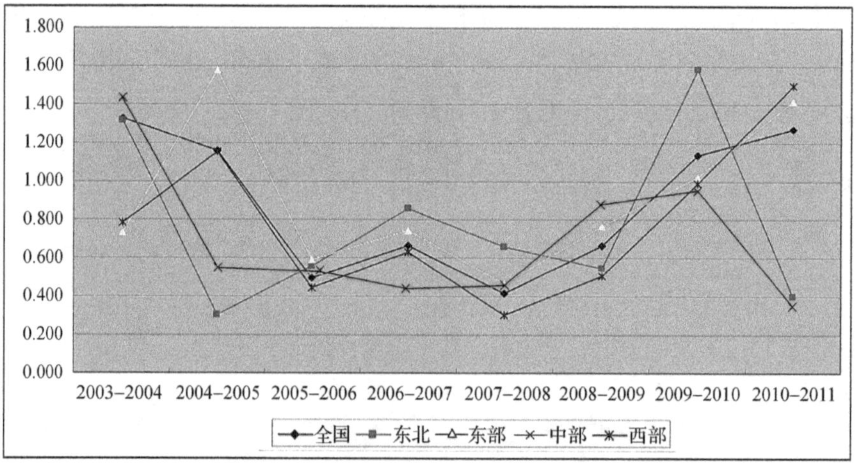

图 4-3　2003—2011 年全国省级层面与四大区域植物油加工业全要素生产率增速标准差

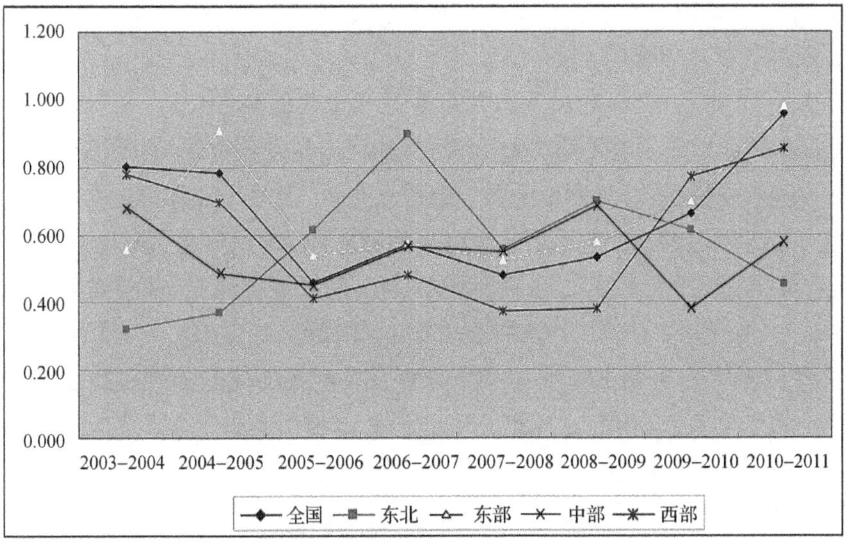

图 4－4　2003—2011 年全国省级层面与四大区域植物油加工业全要素生产率增速变异系数

从全国总体情况来看，在整个样本期间，标准差和变异系数波动特征比较明显，并不存在 σ 收敛。但分阶段来看，标准差和变异系数的拐点出现 2008 年，之前两项指标总体上呈现下降趋势，呈现 σ 收敛的特征，但是之后两项指标呈现明显的上升趋势，呈现 σ 发散的特征。

从四大区域的情况来看，标准差和变异系数的波动特征更为复杂，而且区域差异非常明显。东北地区，标准差呈现无序波动，无法判定是否存在 σ 收敛，但是变异系数以 2007 年为分水岭，呈现先扩大后缩小的趋势，即先是发散之后出现了 σ 收敛的迹象；东部地区，标准差和变异系数虽然也呈现明显的波动性，但是 2008 年之后均呈现扩大趋势，即显现出 σ 发散的迹象；中部地区，标准差和变异系数总体上呈现逐步下降的态势，但是由于其中呈现无规律波动，因而难以直观判断是否存在 σ 收敛；西部地区，标准差和变异系数分别在 2008 年和 2009 年出现拐点，之前处于无序状态，但之后呈现明显扩张趋势，存在 σ 发散的迹象。

为了弥补上述直观判断的误差，本书借助回归模型对 σ 收敛做进一步检验：

$$\sigma_{it}=c+\lambda t+\varepsilon_{it}$$

$$cv_{it}=c+\eta t+\varepsilon_{it}$$

其中，σ_{it} 为全要素生产率的标准差，cv_{it} 为全要素生产率的变异系数，c 为截距项，t 为时间趋势，λ、η 为待定系数，ε_{it} 为随机扰动项。若 λ、η 小于零，并且通过显著性检验，则说明全要素生产率差异逐年缩小，存在 σ 收敛；若 λ、η 大于零，并且通过显著性检验，则说明全要素生产率差异逐年扩大，存在 σ 发散；若 λ、η 等于零，则说明全要素生产率差异维持不变。

从表 4 - 9 来看，以标准差为独立变量进行检验的结果显示，全国、东北地区、中部地区出现收敛符号，而东部地区和西部地区出现发散符号，但是由于所有系数均未通过显著性检验，并且判定系数拟合优度极低，因此无法判定是否存在 σ 收敛或发散；以变异系数为独立变量进行检验的结果显示，仅有中部地区出现收敛符号，而全国、东北地区、东部地区、西部地区均出现发散符号，但是同样由于所有系数均未通过显著性检验，并且判定系数拟合优度极低，因此无法判定是否存在 σ 收敛或发散。这说明，各地区植物油产业全要素生产率的差异随着时间变化并不会出现稳定的变化趋势，可能的主要原因在于，影响植物油产业全要素生产率的因素很多，不同变量的综合影响会使全要素生产率增长方向经常发生转变。

表 4 - 9　σ 收敛检验的回归结果

独立变量	样本区域	系数	*Std. Error*	*t-Statistic*	*Prob.*	*Adjusted-R^2*
标准差	全国	−0.002 672	0.061471	−0.043 463	0.966 7	−0.166 299
	东北	−0.003 213	0.075 551	−0.042 529	0.967 5	−0.166 315
	东部	0.026 987	0.065 028	0.415 006	0.692 6	−0.134 112
	中部	−0.054 168	0.057 1	−0.948 65	0.379 4	−0.014 502
	西部	0.048 197	0.064 22	0.750 503	0.481 3	−0.066 544
变异系数	全国	0.007 287	0.029535	0.246 727	0.813 3	−0.154 949
	东北	0.024 659	0.029 411	0.838 419	0.433 9	−0.044 317
	东部	0.023 789	0.028 009	0.849 328	0.428 3	−0.041 456
	中部	−0.006 287	0.017 656	−0.356 079	0.734	−0.142 523
	西部	0.008 579	0.033 375	0.257 038	0.805 7	−0.15 396

虽然在整个样本期间内无论是全国总体还是四大区域均无法找到判定 σ 收敛或发散的显著证据，但是细分时间段依然可以找到一些规律。从表 4 - 10 来看，2004—2008 年，全国范围内以标准差和变异系数为独立变量的回归结果，出现了在 5%和 10%的显著性水平下的负的系数，说明存在 σ 收敛；2008—2011 年，东部地区以标准差和变异系数为独立变量的回归结果，出现了在 1%和 10%的显著性水平下的正的系数，说明存在 σ 发散；2004—2008 年，西部地区以变异系数为独立变量的回归结果，出现了在 5%的显著性水平下的负的系数，说明存在 σ 收敛。

表 4-10 σ 收敛检验的分时间段回归结果

时间段	样本区域	独立变量	系数	*Std. Error*	*t-Statistic*	*Prob.*	*Adjusted-R^2*
2004—2008	全国	标准差	−0.231 62	0.065 643**	−3.528 471	0.038 7	0.805 827
2008—2011	东部	标准差	0.312 095	0.019 322***	16.152 23	0.003 8	0.992 392
2004—2008	全国	变异系数	−0.085 655	0.034 063*	−2.514 609	0.086 6	0.678 224
2008—2011	东部	变异系数	0.147 706	0.036 027*	4.099 888	0.054 7	0.893 668
2004—2008	西部	变异系数	−0.102 459	0.027 941**	−3.666 993	0.035 1	0.817 594

注：*、**、***分别表示在10%、5%、1%的统计水平下显著，以下各表同。

(二) 绝对 β 收敛检验

借鉴 Barro & Sala-i-Martin(1992)的 β 收敛检验经典模型①，本书采用如下模型对中国植物油加工业全要素生产率增长进行绝对 β 收敛检验：

$$\frac{1}{T}\ln\left(\frac{TFPch_{i,t}}{TFPch_{i,0}}\right)=\alpha+\beta\ln(TFPch_{i,0})+\varepsilon$$

其中，T 表示时间跨度，ln 表示取自然对数，$TFPch_{i,0}$ 和 $TFPch_{i,t}$ 分别表示 i 地区基期和末期的植物油加工业全要素生产率变化，α 为截距项，β 为待估系数，ε 为随机误差项。若 β 小于 0，并且通过显著性检验，则说明存在绝对 β 收敛；若 β 大于 0，并且通过显著性检验，则说明存在绝对 β 发散。收敛速度 λ 可以根据公式 $\beta=-\frac{1-e^{-\lambda\cdot T}}{T}$ 估算。就本书而言，基期为 2004 年，末期为 2011 年，$T=7$。

表 4-11 绝对 β 收敛检验回归结果

样本区域	系数	*Std. Error*	*t-Statistic*	*Prob.*	*Adjusted-R^2*
全国	−0.129 66***	0.029 443	−4.403 61	0.000 2	0.396 445
东北	−0.172 39	0.216 761	−0.795 32	0.572 3	−0.225 09
东部	−0.021 41	0.069 621	−0.307 48	0.767 4	−0.127 63
中部	−0.061 98	0.042 845	−1.446 58	0.221 6	0.179 333
西部	−0.154 85**	0.058 183	−2.661 41	0.026 0	0.378 229
东北和东部	−0.088 43*	0.047 645	−1.855 92	0.093 1	0.181 817
中部和西部	−0.154 74***	0.040 476	−3.823	0.001 7	0.459 739

① Barro R, Sala-i-Martin X. Convergence[J]. Journal of Political Economy, 1992, 100(2): 223-251

从表4－11的回归结果来看，在全国范围内β系数小于0，并且通过1%水平下的显著性检验，说明在全国层面植物油加工业全要素生产率存在绝对β收敛。即在全国层面上，落后地区植物油产业全要素生产率会有比较高的变化速度，最终赶上发达地区，并接近全国平均水平。具体到四大区域而言，β系数都小于0，但是均未通过显著性检验，说明四大区域植物油加工业全要素生产率均不存在绝对β收敛。考虑到样本数量可能影响回归系数，本书进一步将东北和东部合并为广义东部，将中部和西部合并为中西部，以便扩大样本数量。回归结果显示，广义东部地区和中西部地区的回归系数均在5%的水平下显著为负，说明这两大区域内部存在绝对β收敛，而这实际上属于"俱乐部收敛"。植物油产业全要素生产率增长速度在四大区域不存在绝对β收敛，而在全国或更大区域层面却存在绝对β收敛，可能与植物油产业对区域资源禀赋条件的依赖有关。通常，植物油产业发展对当地的植物油料生产条件有超强依赖，而与植物油料生产密切相关的土地、气候、地理等禀赋条件很难改变，因此，在比较小的区域范围内，油料品种和市场需求相似度较高，落后地区的植物油产业往往被低端锁定，很难获得更好的发展机会，也无法实现更高的全要素生产率增长速度；然而，在较大区域范围乃至全国，禀赋条件和市场条件的差异化程度较高，落后地区可以发挥比较优势和后发优势，进行差异化市场定位，实现较高的全要素生产率增长速度，进而逐渐赶上全国平均水平。

（三）条件β收敛检验

借鉴Miller & Upadhyay(2002)的做法，用基于面板数据的双向固定效应模型进行条件β收敛检验。[①] 其优势在于：无需新增加解释变量，可以避免遗漏关键变量以及变量选择时的主观随意性问题；可以同时考虑不同个体的稳态值及其随时间发生的动态变化趋势；不仅能够克服解释变量之间的多重共线性问题，而且能够克服随机误差项与解释变量之间的相关性问题；对数据数量要求低，降低了数据获取难度。[②] 本书采用如下模型对中国植物油加工业全要素生产率增长进行条件β收敛检验：

$$\ln\left(\frac{TFPch_{i,t}}{TFPch_{i,t-1}}\right)=\alpha+\beta\ln(TFPch_{i,t-1})+\varepsilon$$

---

① Miller S, M Upadhyay. Total Factor Productivity and the Convergence Hypothesis[J]. Journal of Macroeconomics, 2002(24): 267－286

② 李谷成. 中国农业生产率增长的地区差距与收敛性分析[J]. 产业经济研究, 2009(2): 41－48；赵蕾, 王怀明. 中国农业生产率的增长及收敛性分析[J]. 农业技术经济, 2007(2): 93－98

其中，$TFPch_{i,t}$和$TFPch_{i,t-1}$分别表示 i 地区 t 时期和 t－1 时期的植物油加工业全要素生产率变化取值，α 为截距项，β 为待估系数，ε 为随机误差项。若 β 小于 0，并且通过显著性检验，则说明存在条件 β 收敛；若 β 大于 0，并且通过显著性检验，则说明存在条件 β 发散。为平滑植物油加工业面临的周期波动和外部因素影响，本书以两年为一个时期对 2004—2011 年进行分段，最终得到 4 个时期，以两年平均值作为相应时期的全要素生产率变化指标。条件收敛速度 λ 根据公式 $\beta=-(1-e^{-\lambda\cdot T})$估算，其中 T＝2。

从表 4－12 的回归结果来看，在全国范围内系数 β 小于 0，并且通过 1% 水平下的显著性检验，说明在全国层面植物油加工业全要素生产率存在条件 β 收敛。具体到四大区域来看，β 系数都小于 0，并且除了东北地区之外，其他三个地区均通过了显著性检验，说明东部、西部、中部三大区域植物油加工业全要素生产率均存在条件 β 收敛，而东北地区不存在条件 β 收敛。同样考虑到样本数量可能影响回归系数，本书将东北和东部合并为广义东部，将中部和西部合并为中西部，以便扩大样本数量。回归结果显示，广义东部地区和中西部地区的回归系数均在 1% 的水平下显著为负，显著性水平比合并前有了明显提高，这说明广义东部地区和中西部地区内部存在更为明显的条件 β 收敛。全国和区域层面普遍存在条件 β 收敛，说明各地区植物油加工业全要素生产率正不断趋近各自的稳态，其可能的重要原因仍在于植物油料和市场需求条件存在显著的区域差异，各地区的植物油加工业主要沿着既定的市场定位前进，开发新品种的空间较小，主攻方向是产业链深化和加工环节精细化，主导战略是在既定的技术前沿面上扩大规模，因而其全要素生产率也主要在规模效率的驱动下呈现自我累积的增长。

表 4－12 条件 β 收敛检验回归结果

样本区域	系数	*Std. Error*	*t-Statistic*	*Prob.*	*Adjusted-R²*
全国	－1.093 182***	0.155 224	－7.0426 22	0.000 0	0.448 519
东北	－2.286 572	1.039 426	－2.19984	0.115 2	0.424 934
东部	－0.792 277**	0.292 808	－2.705 788	0.016 3	0.251 594
西部	－1.029 421***	0.310 435	－3.316 064	0.009 0	0.356 094
中部	－1.138 045**	0.378 715	－3.005 014	0.014 8	0.426 904
东北和东部	－1.112 901***	0.283 963	－3.919 173	0.000 8	0.350 955
中部和西部	－1.100 36⁵***	0.184 268	－5.971 561	0.000 0	0.508 678

六、本章小结

本书运用2003—2011年29个省区植物油加工业的面板数据测算了中国植物油加工业的Malmquist生产率指数，结果显示，整个样本期间中国植物油加工业的全要素生产率呈增长态势，年均增长1.9%，而增长动力主要来自技术效率变化，特别是规模效率变化做出了突出贡献，而技术变化则对全要素生产率增长产生了制约作用。关于总体处于增长态势的结论同绝大多数“涉农”全要素生产率文献的判断基本一致，但是关于增长动力主要来自技术效率特别是规模效率的结论同多数文献认为技术进步为主要增长动力存在显著差异，这种差异的主要原因可能来自于产业对象本身的差异。总体而言，植物油加工业属于以植物油料为加工对象的初级工业，对于生产技术的依赖程度要低于对于原料的依赖，加上压榨、精炼等植物油加工技术和装备的进入门槛较低，植物油加工企业的技术水平差异不大。因此，对于植物油料市场和植物油市场拥有更强控制力的大规模企业，可能更容易通过不断提高规模效率而提高全要素生产率。从纵向变化来看，中国植物油加工业的全要素生产率增长呈现明显波动性，下降和提高的时期各有四个。从横向差异来看，中国植物油加工业全要素生产率增长的区域差异非常明显。在省区层面，全要素生产率增长和下降的省区数量基本相当，增长速度最快的重庆全要素生产率变化取值比下降速度最快的宁夏高出近50%；在四大区域层面，全要素生产率变化情况的区域间差异并不显著，反而区域内部差异较大。

采用分层聚类法，依据全要素生产率变化取值，将29个省区分为5类，结果显示，全要素生产率增长最快的省区各类分解指标均有良好表现，但是数量过少；增长较快、一般、较慢的三类省区在四大区域均有分布，作者均鲜明地提示了下一步改进提高的重点方向；增长最慢的第五类省区，主要分布在技术水平和资源条件均较差的中西部地区，但是依然有可圈可点之处，特别是在纯效率方面的比较优势可能成为此类地区推动全要素生产率增长的重要着力点。

收敛性检验的结果显示，中国植物油加工业全要素生产率增长总体上不存在σ收敛，仅在个别时间段出现过σ收敛的迹象。在全国层面，植物油加工业全要素生产率存在绝对β收敛，但四大区域均不存在绝对β收敛；调整样本范围之后，广义东部地区和中西部地区内部出现了绝对β收敛。条件β收敛不仅在全国层面存在，在东部、西部、中部三大区域也存在，但东北地区不存在条件β收敛。调整样本范围之后，广义东部地区和中西部地区存在更为明显的条件β收敛。

第五章
资源禀赋与中国植物油加工业全要素生产率变化

资源禀赋是产业发展必不可少的物质基础，既可能通过低成本优势、规模优势和需求优势而促进全要素生产率增长，也可能通过掩盖资源错配后果、弱化创新动力而制约全要素生产率增长，这种双向影响投射到理论演化层面，既有源远流长的禀赋优势理论，又有发人深省的资源诅咒假说。本章在对中国植物油加工业资源禀赋的结构态势做出总体评价的基础上，对资源禀赋对于植物油加工业全要素生产率变化的影响做出实证检验，以期对资源禀赋优势论与诅咒论的理论缠绕做出实证回应。

一、植物油加工业的资源禀赋：结构态势与综合效应

对于特定产业而言，资源禀赋就是在特定区域范围内，某产业发展过程中所需要的各种生产要素的数量规模、结构层次和关系状态。关于资源禀赋的具体内容并无统一划分，迈克尔·波特将生产要素归纳为人力资源、天然资源、知识资源、资本资源和基础设施等五大类。本书借鉴波特的分类思想，结合植物油加工业的特点，从核心要素、共性要素、支撑要素三个层次来分析植物油加工业的资源禀赋结构：植物油加

工业是用各种植物油料生产油脂以及精制食用油的产业,其发展过程中的首要资源要素就是植物油料,这也是其区别于其他产业的核心特征,因而其资源禀赋的核心要素是植物油料及其生产条件;植物油加工业同其他产业一样,也需要相应的资金和劳动力,而且可以抽象为无差异的资本和劳动,因而可以将资本和劳动力视为其资源禀赋的共性要素;植物油加工业还需要相应的技术、区位、基础设施等,但对这些要素的需求同其他产业还存在一定的差异,因而可以将技术、区位、基础设施等视为其资源禀赋的支撑要素。本章重点从不同层面分析我国植物油加工业所面临的资源禀赋条件,在对结构态势的总体把握基础上,根据经验数据简要分析不同资源禀赋条件对于植物油加工业规模及效率的影响,以便为后续的进一步实证检验奠定基础。

(一) 植物油加工业资源禀赋的核心要素:植物油料及其生产条件

植物油料①是植物油加工业无可替代的首要生产要素,其供给状况是植物油加工业资源禀赋的核心要素。总体而言,随着国内生产条件的不断改善和进口数量不断增加,我国植物油加工业能够获得不断增长的油料供给支持。但是,当前,我国已经是世界上最大的油料特别是大豆进口国,进口的大豆占全球总量的60%左右。2013年,我国进口大豆6338万吨,同比增长8.6%;进口油菜籽370万吨,同比增长27.6%。从贝拉·巴拉萨(1989)的"净出口显示性比较优势指数"②来看(表5-1),我国"油料"、大豆、食用植物油的该指标值均越来越接近−1,特别是大豆,某些年份已经小于−0.99,说明国际贸易竞争优势已经非常弱。可见,从国家层面来看,我国植物油加工业所面临的油料资源禀赋环境非常恶劣,已经威胁到整个产业的安全。

① 这里所讲的植物油料泛指所有能够用于加工植物油的植物油料,包括在统计口径中被纳入粮食范畴的大豆。在本章,当采用统计口径中的油料时,用引号特别说明,即"油料"指统计口径的油料。

② 贝拉·巴拉萨于1989年提出该指标来表示产业的贸易竞争优势,其计算方法为"一国某一产业出口在总出口中的比例与该国该产业进口在总进口中的比例之差",其取值在−1～1之间,越接近于0,表示竞争力越接近世界平均水平;越接近于1,表示竞争力越强(出口显著大于进口);越接近于−1,表示竞争力越弱(进口显著大于出口)。

表 5-1 1998—2012 年中国植物油料净出口显示性比较优势指数

年份	“油料”	大豆	食用植物油
1998	−0.777 7	−0.898 8	−0.739 0
1999	−0.781 6	−0.911 5	−0.911 2
2000	−0.865 9	−0.960 5	−0.882 7
2001	−0.863 2	−0.964 8	−0.849 3
2002	−0.808 0	−0.951 7	−0.940 7
2003	−0.882 8	−0.974 3	−0.978 2
2004	−0.889 3	−0.967 9	−0.980 9
2005	−0.900 2	−0.970 4	−0.930 0
2006	−0.916 8	−0.973 4	−0.887 4
2007	−0.919 2	−0.970 6	−0.961 1
2008	−0.938 4	−0.975 2	−0.941 1
2009	−0.951 7	−0.983 7	−0.972 4
2010	−0.968 0	−0.994 2	−0.973 4
2011	−0.965 3	−0.992 1	−0.963 7
2012	−0.966 4	−0.989 1	−0.976 6

尽管我国植物油料资源条件在国家层面并无优势可言，但是由于我国不同地区之间的差异比较大，部分省区在植物油料生产方面相对于其他地区仍具有一定的比较优势，从而能够为本地区的植物油加工业发展提供便利条件。从 2003—2011 年我国不同省区植物油料播种面积和产量的年均规模占全国比重来看(表 5-2、表 5-3)，主产区的集聚优势非常显著，前五位省区“油料”播种面积合计占比为 45.22%，其中油菜播种面积和花生播种面积占比分别为 59.68%和 62.53%，而大豆播种面积占比更是高达 69.88%，仅黑龙江的大豆播种面积占全国比重就高达 41.03%；前五位省区各主要品种的植物油料产量占全国的比重均超过 50%，其中“油料”占比为 53.01%，油菜籽和花生占比分别为 64.11%和 69.69%，大豆占比为 65.16%。从前五位省区的植物油料产品贡献率与播种面积贡献率的比值来看，只有大豆略小于 1，“油料”总体以及油菜、花生两大主力品种都大于 1，说明主产区总

体的植物油料生产效率较高。

相对丰裕的植物油料为本地区的植物油加工业发展提供了较好的支撑，2003—2011年植物油加工业规模以上企业的年均主营业务收入排名前五位的省区依次是山东、江苏、广东、黑龙江、河北，均属于植物油料主产区，产量合计占比高达51.72%。但是，植物油料禀赋优势对于全要素生产率增长的支撑作用没有产业规模那么明显，从2003—2011年各省区植物油加工业全要素生产率增长情况来看，内蒙古、吉林、黑龙江、湖北、湖南、山东、江苏等植物油料主产区的植物油加工业全要素生产率呈现增长态势，而广东、四川则呈现下降态势。

表5-2 2003—2011年植物油料播种面积年均规模前五位省区及其比重

"油料"播种面积		油菜播种面积		花生播种面积		大豆播种面积	
地区	比重	地区	比重	地区	比重	地区	比重
河南	11.49%	湖北	16.17%	河南	21.68%	黑龙江	41.03%
湖北	10.42%	四川	12.37%	山东	18.82%	安徽	10.28%
四川	8.33%	湖南	12.11%	河北	9.16%	内蒙古	8.55%
安徽	7.96%	安徽	11.25%	广东	7.12%	河南	5.44%
湖南	7.02%	江苏	7.78%	四川	5.75%	吉林	4.58%
前五位合计占比	45.22%	前五位合计占比	59.68%	前五位合计占比	62.53%	前五位合计占比	69.88%

表5-3 2003—2011年植物油料产量年均规模前五位省区及其比重

"油料"产量		油菜籽产量		花生产量		大豆产量	
地区	占比	地区	占比	地区	占比	地区	占比
河南	15.76%	湖北	17.32%	河南	25.28%	黑龙江	38.24%
山东	11.61%	四川	14.44%	山东	23.91%	内蒙古	7.47%
湖北	9.74%	安徽	12.02%	河北	9.41%	安徽	7.45%
四川	7.99%	江苏	10.43%	广东	5.66%	吉林	6.75%
安徽	7.91%	湖南	9.90%	安徽	5.43%	河南	5.26%
前五位合计占比	53.01%	前五位合计占比	64.11%	前五位合计占比	69.69%	前五位合计占比	65.16%

(二) 植物油加工业资源禀赋的共性要素:劳动力与资本

劳动和资本作为生产函数中最为基本的两种生产要素,是包括植物油加工业在内的所有产业发展的必要物质基础,尽管在具体形态上会在一定程度上受到技能专业性和资产专用性的约束,但是总体而言,这两种共性的生产要素能够在不同产业间自由流动。尽管人们总是习惯于通过资本密集型或劳动密集型产业的分类方法来强调资本和劳动力对于产业发展的特殊重要意义,但是实际上,由于在完善的统一的市场条件下,劳动力和资本能够在比较收益及其他因素的引领下,在不同产业之间梯度转移和优化配置,因而对于某个特定产业而言,总是能够在完备的市场上获得充足的劳动力和资本。但是,由于我国要素市场体系发育相对滞后,地方保护主义和市场的区域分割问题依然严重,加上包括植物油加工业在内的许多产业仍在赶超战略逻辑下运行,因而在区域层面讨论劳动力和资本对于产业发展的禀赋支撑仍有重要意义。

从劳动力资源来看,我国作为世界第一人口大国,拥有丰富的劳动力资源,改革开放三十多年的快速增长在相当程度上就受益于丰富的劳动力资源,尽管时至今日有许多声音担忧"人口红利"正在弱化,而且部分地区出现了"民工荒"和劳动力成本持续攀升的现象,但是我国劳动力资源丰裕的基本态势尚未发生根本转变,2010 年的第六次人口普查数据显示我国 15～64 岁的劳动年龄人口所占比重仍高达 74.47%,日益凸显的用工压力实质上有着更为深刻的结构性原因。具体到省区层面来看,2010 年全国有 15 个省区劳动年龄人口所占比重高于全国平均值,广东、山东、河南、江苏、四川五省劳动年龄人口数量占全国的比重高达 33.77%。从劳动年龄人口与植物油加工业的对比情况来看(表 5-4),15～64 岁人口数量规模居全国前十位的省区中,有 6 个省区的植物油加工业主营业务收入位列全国前十位,有 4 个省区的植物油加工业全要素生产率增长速度位居全国前十位;15～64 岁人口所占比重居全国前十位的省区中,有 5 个省区的植物油加工业主营业务收入位列全国前十位,有 6 个省区的植物油加工业全要素生产率增长速度位居全国前十位。这说明,总体上丰裕的劳动力资源对于植物油加工业发展起到了一定的支撑作用,其中劳动力资源的绝对规模优势对于植物油加工业产业规模的支撑作用比较明显,而劳动力资源的相对比重优势则对于植物油加工业全要素生产率变化的支撑作用比较明显。

表5-4 2003—2011年劳动年龄人口与植物油加工业指标年均值前十位省区

15～64岁人口所占比重		15～64岁人口数量		主营业务收入所占比重		全要素生产率变化	
地区	数值	地区	数值(万人)	地区	数值	地区	数值
北京	80.02%	山东	6758.37	山东	19.26%	重庆	1.281
上海	78.61%	广东	6553.35	江苏	13.96%	浙江	1.169
黑龙江	78.54%	河南	6547.66	广东	7.04%	内蒙古	1.168
吉林	78.52%	四川	5678.49	黑龙江	5.77%	吉林	1.14
天津	77.91%	江苏	5496.41	河北	5.69%	辽宁	1.118
辽宁	76.88%	河北	5041.96	河南	5.66%	江西	1.11
内蒙古	76.53%	湖南	4545.49	辽宁	5.40%	黑龙江	1.072
浙江	75.21%	安徽	4171.45	湖北	4.99%	湖北	1.065
河北	74.47%	湖北	4168.14	天津	4.02%	湖南	1.061
江苏	74.20%	浙江	3678.24	广西	3.28%	山东	1.054

从资本资源来看，我国作为正在经历深刻经济社会转型的发展中国家，虽然资本资源相对发达国家总体上仍相对匮乏，但是经过三十多年的快速经济增长，资本资源紧缺的状况有了明显好转，城乡居民储蓄余额规模不断扩大，全社会固定资产投资稳步增长，外商直接投资呈现加速集聚态势。2013年，我国全社会固定资产投资额达447 074亿元，同比增长19.3%；实际利用外商直接投资1 176亿美元，同比增长5.3%；居民人民币存款余额达461 370亿元，同比增长13.6%。可见，从全国层面来说，持续增加的资本供给规模能够为植物油加工业的发展提供良好的支撑，虽然植物油加工业的产能规模持续扩大存在多种诱因，甚至是一种资源错配，但是之所以能够实现这种扩张离不开资本要素的强力支撑。具体到省区层面来看，由于区域经济发展水平存在显著差异，不同地区的资本供给状况也存在巨大差异，广东、江苏、浙江、山东等经济发展水平较高的省份资本资源的三项指标都位居前列。对照植物油加工业的相关数据(表5-4、表5-5)可以看出，城乡居民储蓄余额、全社会固定资产投资、实际利用外商直接投资排名全国前十位的省区中，植物油加工业主营业务收入规模位列前十的省区数量分别为6个、7个、6个，而全要素生产率变化位列前十的省区数量分别为3个、4个、4个，这说明资本供给规模优势对于植物油加工业规模有显著支撑作用，但对全要素生产率增长的支撑作用并不明显。

表 5-5 2003—2011 年资本供给相关指标年均值前十位省区及其数量

城乡居民储蓄余额		全社会固定资产投资		实际利用外商直接投资	
地区	数值	地区	数值	地区	数值
广东	254 18.94	山东	144 15.87	江苏	206 978 9
江苏	153 69.94	江苏	140 46.67	广东	158 439 8
浙江	134 02.13	广东	101 58.16	辽宁	110 429 2
山东	131 78.62	河南	912 6.53	浙江	903 570.8
北京	110 56.51	浙江	885 3.22	山东	902 668.6
上海	104 96.70	辽宁	871 8.01	上海	869 227.7
河北	104 63.73	河北	831 1.16	天津	634 321
辽宁	949 4.23	四川	718 1.25	北京	489 328
四川	894 6.06	安徽	602 6.27	福建	451 657.4
河南	893 8.91	湖北	563 9.85	河南	363 439

(三) 植物油加工业资源禀赋的支撑要素:技术、区位和基础设施

包括植物油加工业在内的所有产业发展不仅需要有形要素投入,而且需要对这些有形要素进行组合配置的技术,而技术既有专门用于某种产业的专用技术,又有适合多种产业的通用技术,虽然随着内生增长理论的兴起以及知识经济时代的到来,技术对于产业发展的重要意义不断提升,但是不论专用技术还是通用技术,在产业发展过程中都不是无可替代的,相反都要经历不断革新和升级的过程,因此,我们将技术列为资源禀赋的支撑要素,其对于产业发展的促进作用总是要通过资本和劳动等有形要素间接体现出来。一般认为,植物油加工业属于初级加工业,总体的技术含量比较低,对于技术条件的要求不像其他高新技术产业那样高,但是我们并不能因此而否定技术对于植物油加工业的重要意义,其实一些精炼和深加工环节对于技术条件也有着非常高的要求,因而必须重视技术要素对于植物油加工业的支撑作用。从国家层面来看,尽管我国技术水平不断提高,创新型国家建设不断取得进步,但是相对于发达国家仍处于技术劣势。从省区层面来看,相当部分省区已经形成了较为完善的区域创新体系,研发投入不断增加,高质量技术创新成果不断涌现,对本区域的产业发展提供了良好的技术支撑,植物油加工业也能在一

定程度上享受到这些技术创新的外溢效应。从技术创新与植物油加工业领先省区的对比情况来看(表5-4、表5-6),研发经费投入、发明专利申请授权量位列全国前十位的省区中,植物油加工业主营业务收入位列全国前十的省区数量都是5个,植物油加工业全要素生产率变化位列全国前十的省区数量都是4个,这说明技术要素优势对于植物油加工业规模和效率变化都有一定支撑作用,但是差异不明显。

表5-6 2003—2011年研发经费与发明专利申请授权量年均值前十位省区及其数量

研发经费		发明专利申请授权量	
地区	数值(亿元)	地区	数值(项)
北京	541.28	广东	6 869
江苏	512.98	北京	6 707
广东	484.66	上海	4 083
山东	384.14	江苏	3 759
上海	325.87	浙江	3 288
浙江	299.49	山东	2 163
辽宁	187.72	辽宁	1 534
四川	159.34	天津	1 280
湖北	149.08	湖北	1 273
陕西	140.74	四川	1 126

产业发展总要在特定地域空间展开,而厂商之所以选择这个地域空间而不是另一个区域空间主要源于在成本—收益约束下对区位条件的考虑。区位历来是经济理论关注的重点,从早期的区位理论,如冯·杜能的农业区位理论、瓦尔特·克里斯塔勒的中心地理论、阿尔申尔德·韦伯的工业区位理论,到以保罗·克鲁格曼、迈克尔·波特为代表的现代区位理论,均将区位作为产业发展必须综合考量的重要变量。区位因素是一个综合概念,涉及自然资源、地理位置、经济基础、技术水平、人口条件、文化环境、基础设施等多项内容,不仅会对产业发展成本产生重要影响,而且对于产业发展前景和预期收益水平同样有重要影响。对于植物油加工业而言,在生产前端需要大量油料投入,需要将油料从产地运往车间,而油料在被分解为植物油和油料残渣的加工过程中质量损失有限,因此在销售环节需要将大量产成品运抵消费市场,从而使运输成本在整个生产成本中占据非常高的比重。因

而，植物油加工业对于区位因素的考量首先源于运输成本，发达且低成本的交通运输条件对于植物油加工业发展具有重要支撑作用。区域交通运输条件涉及基础设施数量和质量、业态的类型和结构，服务的可及范围和便利程度等诸多内容，要用简单的几项指标来全面反映区域交通运输条件非常困难，我们尝试以不同交通运输业态的从业人员数量来考量区域交通运输业发展情况①。从交通运输业从业人数与植物油加工业领先省区的对比情况来看(表 5－4、表 5－7)，铁路运输业从业人数、公路运输业从业人数、水路运输业从业人数、每万人三大运输业从业人数排名前十的省区中，植物油加工业主营业务收入位列全国前十的省区数量分别是 4 个、8 个、7 个、3 个，植物油加工业全要素生产率变化位列全国前十的省区数量分别是 5 个、4 个、5 个、4 个，这说明公路规模对于植物油加工业的规模扩张有重要支撑作用，而且力度明显大于对植物油加工业全要素生产率的支撑作用；铁路规模对于植物油加工业效率改善的支撑作用要略大于对规模扩张的支撑作用；水路规模对于植物油加工业规模和效率都有重要支撑作用，对规模的支撑作用略大一些，这也反映了低成本的水运方式对于植物油加工业节省运输成本有重要意义；每万人三大运输业从业人数作为反映交通运输条件质量结构的指标，对于植物油加工业的规模和效率的支撑作用都不显著，但是对于效率的支撑作用略优于对于规模的支撑作用。

---

① 通常情况下，人们会用交通线路的总里程和密集程度来反映区域交通状况，这种处理方式有一定合理性，毕竟交通线路是交通运输的基础，但是，由于我国不同省区在地理位置、地域面积、地形地貌、经济水平等方面的差异非常大，交通线路的里程和密度并不能充分反映企业所能够享受到的交通运输服务情况，特别是对于植物油加工业非常重要的水路运输根本无法用交通线路指标反映。因此，本书尝试用不同交通运输业的从业人员的数量来反映交通运输条件，主要基于三点考虑：一是交通运输从业人员的数量能够比较充分地反映出该区域所能够提供的交通运输服务，毕竟对于厂商而言，交通运输服务比硬件设施更重要；二是交通运输从业人员本身也是理性的市场主体，其之所以选择从事某种交通运输业态往往也是综合考虑本地区的运输条件承载力和市场需求等多种因素的结果，因而其数量状况也能够间接反映区域交通运输条件的优劣；三是交通运输涉及的类型较多，不同类型的里程和密度缺乏可加总性和可比性，而不同业态的从业人员的数量指标尽管同样面临可比性问题，但在加总比较方面至少比里程和密度指标更具操作性。国内许多学者曾用采掘业从业人员数占当地从业人员总数比例来反映自然资源的丰裕程度，说明以从业人员反映资源要素禀赋有一定合理性。徐康宁，王剑. 自然资源丰裕程度与经济发展水平关系的研究[J]. 经济研究，2006(1)：78－89

表 5-7　2003—2011 年三大运输业从业人数年均值前十位省区及其数量

铁路运输业从业人数(万)		公路运输业从业人数(万)		水路运输业从业人数(万)		每万人三大运输业从业人数(人)	
地区	数值	地区	数值	地区	数值	地区	数值
黑龙江	11.87	广东	14.22	广东	7.63	北京	74
辽宁	11.79	河南	10.86	江苏	6.63	天津	54
山西	10.90	山东	9.44	上海	5.45	辽宁	50
河南	10.54	河北	8.85	山东	4.75	黑龙江	50
湖北	9.99	四川	8.42	辽宁	3.09	上海	50
陕西	9.57	江苏	8.29	湖北	2.63	内蒙古	50
北京	8.95	浙江省	7.53	重庆	2.46	山西	46
内蒙古	8.76	湖北	7.51	天津	2.46	青海	43
湖南	7.50	黑龙江	6.87	浙江	2.42	吉林	39
吉林	7.47	辽宁	6.67	河北	2.42	陕西	39

区位因素中最为基本的内容是地理区位，就我国植物油产业发展而言，地理区位主要是指产业活动在东、中、西部的分布以及在沿海、沿江、内陆的分布。2003—2011 年主营业务收入规模年均值居全国前十位的省区中，6 个属于东部省区，合计占比达 55.37%，中部省区和西部省区分别为 3 个和 1 个；7 个属于沿海省区，2 个属于沿江地区，而且都有发达的港口。2003—2011 年全要素生产率年均增长速度居全国前十位的省区中，5 个属于中部地区，3 个属于东部地区，2 个属于西部地区，但是 2 个西部省区都位居前三位；3 个属于沿海地区，4 个属于沿江地区，水路运输都较为发达。这说明，东部沿海地区得天独厚的地理区位条件对于植物油加工业的规模扩张提供了良好支撑，但是对于植物油加工业效率改善的支撑作用相对不足，反而是地理区位条件相对较差的中西部省区在植物油加工业效率改善方面的绩效相对较好；沿海和沿江省区便捷的水路运输条件对于植物油加工业效率改善具有良好支撑作用。

二、资源禀赋对植物油加工业全要素生产率的影响：基于动态面板模型的实证检验

资源禀赋的内容非常丰富，对于产业发展及其效率改善的影响非常复杂，不同

要素对于不同产业的影响存在显著差异。因此，为了更清晰地探讨资源禀赋对于植物油加工业全要素生产率的影响，本书重点关注资源禀赋的核心要素即植物油料的禀赋状况对于植物油加工业全要素生产率的影响，在实证处理过程中将植物油料的禀赋状况作为解释变量，将资源禀赋的共性要素和支撑要素作为控制变量。

（一）文献述评与研究假设

1. 资源禀赋与产业规模优势和空间布局

资源禀赋对于产业规模扩张具有重要支撑作用，也是产业空间布局必须考虑的因素，这既是传统增长理论的主流观点，也合乎人们的直观判断。大多数国内学者的实证研究结果都支持资源禀赋对于产业规模和空间布局的支撑作用，只是不同要素的支撑作用存在显著差异。路征、邓翔(2010)基于 1987—2007 年我国 26 个两位数制造业的面板数据研究了要素禀赋对于制造业空间分布的影响，结果发现，劳动和资本要素禀赋对大多数制造业的空间分布有显著影响，而耕地、石油和天然气、煤矿和金属矿等自然资源仅对资源密集型制造业有显著影响。① 李超、覃成林(2011)研究发现，资本、高素质劳动力、技术等高端要素对现代产业发展具有显著正向作用，人均储蓄和城市等级也有利于现代产业发展，环境质量与现代产业发展呈弱负相关关系，自然资源和土地资源的丰裕程度与现代产业发展之间的负相关关系并不显著，中国城市层面不存在所谓"资源诅咒"。② 尚杰、姜睿(2012)研究发现，研发人员、研发资金、资本密集度等禀赋要素对区域环保产业竞争力(显性比较优势指数)有显著影响，其中样本地区研发人员投入的作用系数在 0.7～3.9。③ 资源禀赋有助于产业规模扩张，而规模扩张又是实现规模效益的重要前提，因此，我们提出如下假设：

假设 5-1：资源禀赋对植物油加工业绝对规模有正向影响，对规模增速有负向影响。

假设 5-2：资源禀赋对植物油加工业规模效率变化有正向影响。

---

① 路征，邓翔. 要素禀赋与中国制造业空间分布——基于 Rybczynski 方程矩阵的实证分析[J]. 西南民族大学学报：人文社会科学版，2010(9)：162-167

② 李超，覃成林. 要素禀赋、资源环境约束与中国现代产业空间分布[J]. 南开经济研究，2011(4)：123-136

③ 尚杰，姜睿. 要素禀赋对区域环保产业竞争力的影响研究——基于 Kim-Marion 模型和 Moreno 模型的实证分析[J]. 中国软科学，2012(2)：166-173

2. 资源禀赋与产业技术进步

"资源诅咒"作为诠释资源禀赋与经济增长之间关系的重要理论假说，自提出以来就存在广泛争议，虽然经历了二十多年的验证与发展，但是至今仍无定论。关于"资源诅咒"的中国式验证无统一结论，"存在论"与"不存在论"各执一词。例如，徐康宁、王剑(2006)认为中国省际层面上存在"资源诅咒"，基本机理是对制造业和技术产业的投资挤出效应；[①]邵帅、齐中英(2008)也发现中国西部能源开发导致了"资源诅咒"，其机理则是对科技创新和人力资本投资的挤出效应以及政治制度的弱化效应。[②] 而方颖、纪衎、赵扬(2011)则认为中国地级市层面上不存在"资源诅咒"，资源丰裕城市反而可以通过溢出效应促进省内其他城市的工业化进程；[③]王智新、梁翠(2012)基于省际面板数据认为，中国并不存在"资源诅咒"，资源禀赋不同的地区均可以通过交易效率传导机制实现经济增长。[④] 综观既有文献，大多是在区域经济层面讨论"资源诅咒"是否成立及其发生机理，对于特定产业层面是否可能存在"资源诅咒"鲜有文献论及。尽管当前大多数讨论"资源诅咒"的经典文献常常将资源禀赋狭义化为自然资源，产业对象也主要集中于自然资源采掘业，但是植物油加工业属于初级加工业，作为其核心资源要素的植物油料对土地资源、水资源和气候资源有着强烈依赖，在某种意义上也是一种自然资源，因此，"资源诅咒"理论的有关思想对于植物油加工业也具有较强的适用性。尽管既有文献对于"资源诅咒"的作用机理有不同解释，但是普遍认同对丰裕自然资源的过度开发会抑制技术创新和制度创新，因此，我们提出如下假设：

假设 5-3：资源禀赋对植物油加工业技术进步有负向影响。

假设 5-4：资源禀赋对植物油加工业纯效率变化有负向影响。

3. 资源禀赋与产业效率改善

资源禀赋对产业效率改善的影响比较间接，机理也比较复杂。关于资源禀赋与产业效率改善的文献较少，而且观点分歧也比较大。应瑞瑶、周力(2009)考虑能源消耗与污染排放，测算了改进的 Malmquist 指数，并以此度量绿色创新指数，然后在此基础上对资源禀赋对于绿色创新的影响进行实证检验，结果发现，资源紧缺

① 徐康宁，王剑. 自然资源丰裕程度与经济发展水平关系的研究[J]. 经济研究，2006(1)：78-89

② 邵帅，齐中英. 西部地区的能源开发与经济增长——基于"资源诅咒"假说的实证分析[J]. 经济研究，2008(4)：147-160

③ 方颖，纪衎，赵扬. 中国是否存在"资源诅咒"[J]. 世界经济，2011(4)：144-160

④ 王智新，梁翠. 人口规模、资源禀赋与经济增长实证分析[J]. 中国人口·资源与环境，2012(10)：158-163

地区的煤炭需求缺口对绿色创新指数有显著负向影响(－0.085),而资源富足地区的煤炭产量对绿色创新指数有显著正向影响(0.0248),从而证明绿色创新是使资源禀赋从“资源诅咒”转化为“资源福音”的重要路径。① 邵帅、范美婷、杨莉莉(2013)基于1998—2010年我国220个地级以上城市的面板数据验证资源产业依赖对于经济发展效率的影响,结果发现,资源产业依赖与全要素生产率增长呈现显著的倒U型曲线关系,在拐点之前资源产业依赖对于全要素生产率有显著促进作用,拐点之后则为显著制约作用,而资源产业依赖对于全要素生产率增长的抑制效应也是“资源诅咒”的一种重要传导机制。② 全要素生产率是剔除各类物质要素投入之后的余值,而资源禀赋通常被视为重要的投入变量,因而从直观上理解,资源禀赋对于全要素生产率有制约作用。全要素生产率改善的直接动因是技术进步和规模效益,按照“资源诅咒”的观点资源禀赋会抑制科技创新和管理效率提升,而按照新古典增长理论的观点资源禀赋有助于实现规模效益,因而资源禀赋对于全要素生产率的影响要取决于这两种力量的对比。由于植物油加工业全要素生产率增长的主要动力来自规模效率改进,因此,基于上述分析我们提出如下假设:

假设5-5:资源禀赋对植物油加工业技术效率变化有负向影响。

假设5-6:资源禀赋对植物油加工业全要素生产率变化有正向影响。

(二)变量设定、指标选择与数据来源

1. 被解释变量

产出规模(Scale):采用各省区植物油加工业主营业务收入③占全国的比重,根据“中国统计数据应用支持系统”相关数据计算。

产出规模变化(Scalech):采用各省区植物油加工业主营业务收入占全国比重的环比变化数据(当期值/上期值),相应的资源禀赋衡量指标转换为环比变化数据(当期值/上期值),根据“中国统计数据应用支持系统”相关数据计算。

全要素生产率变化(*TFPch*):采用借助基于DEA的Malmquist生产率指数法计算所得的全要素生产率变化(*TFPch*)指标及其分解指标技术进步(*TECHch*)、

---

① 应瑞瑶,周力.资源禀赋与绿色创新——从中国省际数据的经验研究看“荷兰病”之破解[J].财经研究,2009(11):92-102

② 邵帅,范美婷,杨莉莉.资源产业依赖如何影响经济发展效率?——有条件资源诅咒假说的检验及解释[J].管理世界,2013(2):32-63

③ 由于植物油加工企业广泛采用多元化经营模式,而本书的关注重点在于植物油生产,因而选择主营业务收入作为衡量企业产出水平的基本指标。

技术效率变化($EFFch$)、规模效率变化($SEch$)、纯效率变化($PEch$)。由于Malmquist生产率指数法所得到的全要素生产率变化及其分解指标为环比变化数据，因此，以全要素生产率变化及其分解指标为被解释变量的模型中，相应的资源禀赋衡量指标也转换为环比变化数据(当期值/上期值)。

2. 解释变量

植物油料丰裕度(VOA)：分别采用植物油料产量和植物油料播种面积，其中植物油料产量采用各省区"油料"和大豆产量占全国比重之和(VOAQ)，植物油料播种面积采用各省区"油料"和大豆播种面积占全国比重之和(VOAP)，根据相关年份《中国统计年鉴》数据计算。

3. 控制变量

劳动力资源丰裕度(LA)：采用各省区15～64岁人口数量占全国同年龄段人口比重(LAP)，根据相关年份《中国统计年鉴》数据计算。

资本资源丰裕度(KA)：分别采用各省区全社会固定资产投资(KAI)、实际利用外商直接投资(KAF)占全国的比重，根据相关年份《中国统计年鉴》数据计算。

技术资源丰裕度(TEA)：采用各省区发明专利授权量(TEAI)占全国的比重，根据相关年份《中国统计年鉴》数据计算。

交通运输资源(TRA)：采用各省区每万人铁路、公路、水路运输业从业人数(TRAN)，根据相关年份《中国统计年鉴》数据计算。

(三) 模型设定与方法选择

1. 模型设定

将资源禀赋的相关要素引入生产函数，构建一个扩展的C—D生产函数模型：

$$Y=AL^{\alpha}K^{\beta}V^{\gamma}R^{\phi}T^{\lambda} \tag{1}$$

其中，Y表示产出，A表示外生给定的技术水平，L表示劳动力，K表示资本，V表示植物油料，R表示技术研发，T表示交通运输，α、β、γ、ϕ、λ分别表示相关投入要素的产出弹性。

对(1)式两边取自然对数可得：

$$\ln Y=\ln A+\alpha\ln L+\beta\ln K+\gamma\ln V+\phi\ln R+\lambda\ln T \tag{2}$$

由于产业规模扩张速度具有惯性作用，当期规模必然会受到前期规模的影响，因此，我们进一步引入因变量的一阶滞后变量，将相关投入产出变量的替代指标代入(2)式，并加入不可观测、不随时间变化的个体效应集ω和随机扰动项ε，建立如下动态面板模型：

$$\ln Scale_{it} = c + r\ln Scale_{it-1} + e\ln VOAQ_{it} + g\ln VOAP_{it} + a\ln LAP_{it} + d\ln KAF_{it} + k\ln TEAI_{it} + m\ln TRAN_{it} + \omega_{it} + \varepsilon_{it} \quad (3)$$

$$\ln Scalech_{it} = c + r\ln Scalech_{it-1} + e\ln VOAQ_{it} + g\ln VOAP_{it} + a\ln LAP_{it} + d\ln KAF_{it} + k\ln TEAI_{it} + m\ln TRAN_{it} + \omega_{it} + \varepsilon_{it} \quad (4)$$

我们将依据式(3)、式(4)分析资源禀赋的相关变量对于植物油加工业主营业务收入绝对规模和增长速度的影响。

假设资源禀赋的相关要素对全要素生产率变化及其分解指标的影响可以表示为：

$$Malmquist = \varphi \times VOA^{\alpha} \times LA^{\beta} \times KA^{\gamma} \times TEA^{\phi} \times TRA^{\lambda} \quad (5)$$

对(4)式两边取自然对数可得：

$$\ln Malmquist = \varphi + \alpha\ln VOA + \beta\ln LA + \gamma\ln KA + \phi\ln TEA + \lambda\ln TRA \quad (6)$$

由于全要素生产率及其分解指标的变化速度既可能在惯性作用下趋向发散，也可能在边际递减规律的作用下趋向收敛，无论哪种机制发生作用，当期增长速度都必然会受到前期增速的影响，因此，我们进一步引入因变量的一阶滞后变量，将被解释变量和解释变量的替代指标代入(6)式，并加入不可观测、不随时间变化的个体效应集 ω 和随机扰动项 ε，建立如下动态面板模型：

$$\ln TEPch_{it} = c + r\ln TEPch_{it-1} + e\ln VOAQ_{it} + g\ln VOAP_{it} + a\ln LAP_{it} + d\ln KAF_{it} + h\ln KAI_{it} + k\ln TEAI_{it} + m\ln TRAN_{it} + \omega_{it} + \varepsilon_{it} \quad (7)$$

$$\ln TECHch_{it} = c + r\ln TECHch_{it-1} + e\ln VOAQ_{it} + g\ln VOAP_{it} + a\ln LAP_{it} + d\ln KAF_{it} + h\ln KAI_{it} + k\ln TEAI_{it} + m\ln TRAN_{it} + \omega_{it} + \varepsilon_{it} \quad (8)$$

$$\ln EFFch_{it} = c + r\ln EFFch_{it-1} + e\ln VOAQ_{it} + g\ln VOAP_{it} + a\ln LAP_{it} + d\ln KAF_{it} + h\ln KAI_{it} + k\ln TEAI_{it} + m\ln TRAN_{it} + \omega_{it} + \varepsilon_{it} \quad (9)$$

$$\ln SEchch_{it} = c + r\ln SEch_{it-1} + e\ln VOAQ_{it} + g\ln VOAP_{it} + a\ln LAP_{it} + d\ln KAF_{it} + h\ln KAI_{it} + k\ln TEAI_{it} + m\ln TRAN_{it} + \omega_{it} + \varepsilon_{it} \quad (10)$$

$$\ln PEch_{it} = c + r\ln PEch_{it-1} + e\ln VOAQ_{it} + g\ln VOAP_{it} + a\ln LAP_{it} + d\ln KAF_{it} + h\ln KAI_{it} + k\ln TEAI_{it} + m\ln TRAN_{it} + \omega_{it} + \varepsilon_{it} \quad (11)$$

我们依据式(7)～式(11)分析资源禀赋的相关变量对于植物油加工业全要素生产率变化及其分解指标的影响。

2. 方法选择

由于在动态面板模型中，将被解释变量的滞后项作为解释变量会产生自相关问题，而且植物油加工业发展及其效率变化还会受到文化习俗、地理气候等难以观测的因素影响，所选解释变量之间也可能存在内生性问题，因此，通常的随机效应或者固定效应估计方法所得出的估计值将是有偏的、非一致的。Arellano & Bond

(1991)提出的差分广义矩(DIF-GMM)估计方法①通过差分消除不可观测、不随时间变化的个体效应，将滞后两阶及以上的变量作为工具变量以消除内生性问题，从而较好地克服了常用估计方法的困境。但是，差分在消除个体效应的同时也会产生部分信息损失，从而弱化工具变量和估计结果的有效性，Blundell & Bond(1998)提出的系统广义矩(System-GMM)估计方法②将被解释变量差分的滞后项与随机误差项正交作为新的矩条件，可以同时利用变量水平变化和差分变化的信息，进而克服差分广义矩的缺陷，而且本书样本具有“时间维度小、截面维度大”的特征，也更适合系统广义矩(System-GMM)估计方法。本书采用系统广义矩(System-GMM)估计方法对上述模型进行回归分析，并且用Sargan统计量进行过度识别约束检验，用AR(2)统计值进行差分后的残差项序列相关检验。Sargan过度识别约束检验的原假设是模型中的所有矩条件有效，拒绝原假设说明模型设定错误；Arellano-Bond二阶自相关检验的原假设是模型不存在二阶自相关，拒绝原假设说明模型不能适用差分广义矩估计。

本书的系统广义矩(System-GMM)估计及Sargan统计量、AR(2)统计值均借助Stata 12.0统计软件实现。

(四) 结果分析与假说检验

1. 资源禀赋对植物油加工业规模及其增长速度的影响

从表5-8的估计结果来看，两个模型的Sargan统计值和AR(2)统计值的伴随概率均大于0.05，不能拒绝原假设，说明模型设定正确，并且不存在二阶自相关问题，系数估计是有效的，可以用于解释变量之间的经济含义。

从植物油加工业主营业务收入的绝对规模优势来看，资源禀赋对于产业规模有一定的支撑作用，支撑作用主要源于植物油料产量优势和技术资源优势，而植物油料播种面积优势、劳动力资源优势、交通资源优势则产生了制约作用。从植物油加工业主营业务收入的规模扩张速度来看，除了植物油料产量优势依然发挥支撑作用之外，植物油料播种面积优势、劳动力资源优势、技术资源优势、交通资源优势、资金资源优势均产生了制约作用。因此，资源禀赋对于植物油加工业规模优势的最终影响尚难以判断，但是资源禀赋增长速度对于植物油加工业规模扩张速度的制约作用却容易得出直观判断，假设5-1得到部分验证。

---

① Arellano M, S Bond. Some tests of specification for panel data: Monte Carlo evidence and an application to employment equations[J]. Review of Economic Studies, 1991(58):277-297

② Blundell R, S Bond. Initial conditions and moment restrictions in dynamic panel data models[J]. Journal of Econometrics, 1998(87):115-143

表 5-8 资源禀赋对植物油加工业规模及其变化的影响估计结果

变量	*Scale*	*Scalech*
L1.	.421 442 1*** (7.30)	-.190 188 3*** (-23.70)
voaq	.657 688 6*** (6.07)	.173 846 6*** (3.27)
voap	-.490 956 9*** (-6.28)	-.130 011 3* (-1.91)
lap	-.155 799 7* (-1.93)	.172 414 1 (0.31)
kaf	.007 319 8 (0.41)	-.113 880 8*** (-2.92)
teai	.210 064 5*** (11.16)	-.144 922*** (-3.28)
tran	-.360 447 8*** (-5.27)	-1.100 558*** (-9.84)
c	.004 941 4 (0.01)	2.777 861*** (5.76)
Sargan test	21.170 79 [0.957 9]	25.45 616 [0.493 3]
AR(1)	-1.344 3 [0.178 8]	-1.657 [0.097 5]
AR(2)	1.160 7 [0.245 7]	-1.434 1 [0.151 6]

注：(1) *、* *、* * *分别表示在 10%、5%、1%的统计水平下显著；(2)圆括号内的数值为 t 检验值，方括号内的数值为检验值的伴随概率 P 值。

植物油料产量比重对于植物油加工业主营业务收入比重及其增长速度均有显著正向影响，作用系数分别为 0.657 688 6 和 0.173 846 6，说明充裕的原料供给对于植物油加工业的规模扩张提供了强力支撑，不仅奠定了植物油加工业的规模比较优势，而且以一种惯性动力促进了产业规模的快速扩张。其原因在于，植物油料产量属于人类再生产的资源，可以通过种子技术和种植技术的改进实现在既定播种面积条件下改进产量的目标，能够对以植物油料为直接投入品的植物油加工业产生促进作用。而植物油料播种面积比重则对植物油加工业主营业务收入比重及其增长速度均产生了显著的负向影响，作用系数分别为 -0.490 956 9 和 -0.130 011 3，说明改善空间有限甚至趋于恶化的植物油料生产条件对于植物油加工业发展产生了严重制约作用。其原因在于，植物油料播种面积对于土地、气候等自然条件的依赖更强，更类似于一种自然资源，资源总量接近固定供给，而且品种选择面临来自气候的硬性约束和对于种植习惯的路径依赖，加上植物油加工业本身属于初级加工产业，在一定程度上满足了“资源诅咒”机理发挥作用的前提条件。

劳动力资源优势对于植物油加工业规模有显著负向影响，而对于规模增长的影响不显著，这可能是因为植物油加工业虽然属于农副产品加工业，但是已经不属于传统的劳动密集型产业，大量机器设备的运用使其对于劳动力资源的需求逐渐弱化。2011 年，我国规模以上植物油加工企业的平均员工规模和平均资产规模分别为 142 人和 2.08 亿元，而同期规模以上农副食品加工企业的平均员工规模和平均资产规模分别为 173 人和 0.94 亿元。以 82%的平均员工规模占有 214%的资产，至少可以说明植物油加工业在整个农副食品加工业中不再属于劳动密集型产业。

以外资表征的资本资源优势对于植物油加工业规模优势的正向影响并不显著，但对于规模增长产生了显著制约作用，这说明外资对于中国植物油加工业发展产生了一定程度的挤出效应。其可能的原因在于，一方面，植物油加工及其相关产业属于限制外资进入的领域，外资优势并不能对植物油加工业规模提供直接支撑；另一方面，跨国巨头通过控制原料供给和品牌扩张对整个中国植物油市场形成了强大的控制力，使得国内植物油企业难以与跨国巨头抗衡，外资对于国内投资产生了挤出效应。

技术资源优势对植物油加工业的绝对规模优势具有显著促进作用，这也合乎“技术进步是第一生产力”的一般判断，但是丰裕的技术资源并没有为植物油加工业的规模扩张注入强劲动力，反而对主营业务收入比重增长产生了制约作用。其可能的原因在于，植物油加工业并不是高技术含量的产业，而且大多数发明专利主要来自高新技术产业也主要适用于高新技术产业，真正适合植物油加工业及其相关产业发展的技术创新成果较少。

交通资源优势对于植物油加工业主要业务收入比重及其增长速度都产生了显著负向影响，说明植物油加工业难以从区域交通资源获得充分支撑。其可能的原因是即使在人均交通资源比较丰富的区域，交通服务的可获得性较高，但是交通服务对于植物油加工业的针对性有待加强。

此外，被解释变量的滞后项对解释变量都有显著影响，其中植物油加工业主营业务收入占全国比重的一阶滞后项在绝对规模的惯性作用下对被解释变量产生了显著正向影响，而植物油加工业主营业务收入占全国比重增长速度的一阶滞后项则在边际递减规律作用下对被解释变量产生了显著负向影响，这也说明了在模型中引入一阶滞后项具有合理性。

2. 资源禀赋对植物油加工业全要素生产率及其分解指标的影响

从表 5-9 的估计结果来看，五个模型的 Sargan 统计值和 AR(2)统计值的伴随概率均大于 0.05，不能拒绝原假设，说明模型设定正确，并且不存在二阶自相关问题，系数估计是有效的，可以用于解释变量之间的经济含义。所有被解释变量的一阶滞后项对解释变量都有显著负向影响，说明全要素生产率及其分解指标的增长速度在边际递减规律的作用下趋向收敛，完全合乎基于 Malmquist 生产率指数法获得的样本数据的特征，这也说明了在模型中引入一阶滞后项具有合理性。

表 5-9 资源禀赋对植物油加工业全要素生产率的影响估计结果

变量	*TFPch*	*TECHch*	*EFFch*	*SEch*	*PEch*
L1.	—. 185 559 8***	—. 171 543 3***	—. 433 859 4***	—. 339 361 1***	—. 515 510 4***
	(—5. 20)	(—8. 75)	(—15. 81)	(—11. 43)	(—13. 63)
voaq	. 574 455 2**	. 177 737 8**	. 313 759 8	. 584 808 1***	. 145 847 2
	(2. 32)	(2. 03)	(1. 41)	(5. 42)	(1. 10)
voap	—. 498 457 1*	. 090 270 1	—. 648 793 5***	—. 501 520 8***	—. 230 375 1*
	(—1. 80)	(0. 78)	(—3. 28)	(—4. 96)	(—1. 86)
lap	—. 066 092 9	. 963 768 5***	—. 385 458 6	—1. 426 43***	. 596 369 8
	(—0. 03)	(3. 27)	(—0. 39)	(—1. 33)	(1. 07)
kai	2. 910 14***	1. 765 243***	. 717 408 7***	. 150 207	. 564 537***
	(4. 04)	(18. 46)	(3. 64)	(0. 61)	(3. 92)
kaf	. 211 681***	—. 077 549 6***	. 259 735 6***	. 105 758 4***	. 340 732 9***
	(2. 81)	(—3. 73)	(2. 97)	(2. 78)	(4. 45)
teai	. 728 840 4***	. 494 511 8***	. 346 996 2**	. 106 772 8	. 319 665 4***
	(3. 22)	(9. 47)	(1. 77)	(1. 25)	(2. 65)
tran	. 893 056 8**	—. 582 249 6***	1. 314 654***	. 411 887 8	. 982 9***
	(2. 09)	(—4. 68)	(5. 60)	(1. 39)	(5. 39)
c	—. 071 900 1	—. 075 133 2***	—. 003 581 3	. 0453 522***	—. 059 658 9
	(—3. 78)	(—5. 37)	(—0. 20)	(6. 29)	(—4. 09)
Sargan test	24. 406 95	26. 666 64	26. 694 89	25. 719 02	23. 802 65
	[0. 552 7]	[0. 427 0]	[0. 425 5]	[0. 478 6]	[0. 251 1]
AR(1)	—3. 689 1	—3. 256 6	—3. 732 8	—3. 611 3	—2. 898 5
	[0. 000 2]	[0. 001 1]	[0. 000 2]	[0. 000 3]	[0. 003 7]
AR(2)	—. 384 72	—1. 380 4	—. 980 51	. 221 2	—. 094 43
	[0. 700 4]	[0. 167 5]	[0. 326 8]	[0. 824 9]	[0. 924 8]

注：(1) *、* *、* * * 分别表示在 10%、5%、1%的统计水平下显著；(2) 圆括号内的数值为 *t* 检验值，方括号内的数值为检验值的伴随概率 *P* 值。

从全要素生产率变化（*TFPch*）的影响因素来看，植物油料产量、固定资产投资、外资、发明专利授权量、交通服务条件等资源禀赋指标均产生了显著正向影响，影响系数分别为 0.574 455 2、2.910 14、0.211 681、0.728 840 4、0.893 056 8，仅有植物油料播种面积产生了显著负向影响，影响系数为−0.498 457 1，总体上，资源禀赋对于全要素生产率变化的影响以正向为主，假设 5－6 能够通过验证。从技术进步变化（*TECHch*）的影响因素来看，植物油料产量、劳动力、固定资产投资、发明专利授权量等均显著促进了技术进步，而外资和交通服务条件对技术进步产生了显著制约作用，因此，资源禀赋对于技术进步具有一定的支撑作用，基于技术创新乏力的“资源诅咒”并不明显，主要的制约因素源自外资的技术控制，假设 5－3 不能通过验证。从技术效率变化（*EFFch*）的影响因素来看，固定资产投资、外资、发明专利授权量、交通服务条件等资源禀赋指标均产生了显著正向影响，虽然植物油料播种面积产生了显著负向影响，但是这种诅咒效应不会完全抵消投资驱动、技术资源、外资、交通资源的正向溢出效应，因而，假设 5－5 难以通过验证。从规模效率变化（*SEch*）的影响因素来看，尽管植物油料播种面积和劳动力产生了显著负向影响，但是植物油料产量和外资产生了显著正向影响，而且如前文所述，植物油加工业已不是典型的劳动密集型产业，对于劳动力资源的依赖比较有限，一定程度上可以忽略劳动力的负向影响，同时其他资源禀赋指标的影响虽然不显著但也都是正向影响，因此，可以判断资源禀赋对于规模效率的影响以正向为主，假设 5－2 可以通过验证。从纯效率变化（*PEch*）的影响因素来看，仅有植物油料播种面积产生了显著负向影响，植物油料产量的正向影响并不显著，但是固定资产投资、外资、技术资源、交通服务均产生了显著正向影响，因此，以植物油料播种面积为代表的自然资源的诅咒效应会受到其他社会资源的弥补，假设 5－4 不能通过验证。

植物油料产量对于全要素生产率及其分解指标都具有正向影响，而且除了技术效率和纯效率指标之外，影响都通过了显著性检验。其不仅对规模效率有显著正向影响，而且对技术进步也有显著正向影响，从而对全要素生产率增长具有显著的正向影响。植物油料产量比重每增长 1 个百分点将促进全要素生产率增长速度增加 0.574 455 2 个百分点。其中可能的原因在于，植物油料产量作为一种重要的原材料能够对产业规模和技术创新提供良好支撑，而且由于植物油加工业对于植物油料有着超强的依赖性，特别是在普遍存在产能过剩的背景下，能够便利地获得植物油料本身就是一种重要的竞争优势。但是，植物油料播种面积作为一种准自然资源，却对全要素生产率、技术效率、规模效率、纯效率都产生了显著负向影响，对于技术变化的正向影响也并不显著，揭示了存在“资源诅咒”效应的可能性。其原因在于，植物油料播种面积的扩大会带来植物油料总量供给的增加，一方面，会掩盖植物油料生产的低效率，降低开发引进新品种的积极性，使植物油料生产陷入低水平陷阱，弱化植物油料产量的支撑作用；另一方面，粗放型的植物油料供给模式，会抑制对植物油加工工艺革新和技术升级的需求，降低企业开展制度创新和管理创新的积极性，对效率改善产生抑制作用。

劳动力资源对技术进步有显著正向影响，其主要动力可能源于人力资本的改善，而劳动力资源对规模效率的显著负向影响，则可能与其非劳动密集型的行业特征有关。固定资产投资作为广义的资本资源，对植物油加工业全要素生产率、技术进步、技术效率、纯效率具有显著正向影响，其原因可能在于，固定资产投资能够形成良好的生产条件和基础设施，不仅可以为各类创新提供支撑，而且能够降低运营成本。外资对全要素生产率、技术效率、规模效率和纯效率有显著正向影响，但是对技术进步有显著负向影响，其可能的原因在于，外资主要通过控制原材料和品牌运营来影响中国植物油加工业，加上植物油加工业本来技术含量就不高，因而外资不仅难以产生技术溢出效应，反而可能通过压低中国植物油加工企业的利润水平，降低其进行自主技术创新的能力，同时外资的品牌战略和高强度竞争压力可能为中国植物油加工企业改善微观经营效率提供了有利条件。以发明专利授权量为代表的技术资源优势对于植物油加工业全要素生产率、技术进步、技术效率、纯效率都有显著正向影响，这与大多数文献的结论基本一致，但是对于规模效率的正向影响并不显著，可能是因为植物油加工业整体的技术含量不高并且现有生产技术相对成熟，规模扩张对于技术资源的依赖程度较低。交通资源对全要素生产率、技术效率、纯效率有显著正向影响，但是对于技术进步有显著负向影响，其可能的原因在于，便捷的交通服务条件能够帮助植物油加工企业降低原料获取成本和销售成本，弱化其进行技术创新的积极性，通勤成本的降低有助于企业进一步提高运营效率，大宗货物运输成本的降低有助于植物油料资源的进一步优化配置。

三、本章小结

禀赋优势论与资源诅咒论的激烈交锋为我们辩证审视资源禀赋对于产业发展的影响奠定了理论基础。资源禀赋既可能通过成本红利与规模优势、学习效应与技术扩散、制度红利与品牌优势等路径对产业发展及其效率产生正向影响，也可能通过低进入门槛与过度竞争、低利润压力与创新惰性、路径依赖与转型升级障碍等路径对产业发展及其效率产生负向影响。植物油加工业的资源禀赋结构可以从核心要素、共性要素、支撑要素三个层次来考量，其核心要素是植物油料及其生产条件，资本和劳动力是共性要素，支撑要素包括技术、区位、基础设施等。基于动态面板模型的实证研究显示，植物油料产量对于植物油加工业规模优势及其增长速度、全要素生产率、技术进步、规模效率均有显著正向影响，表现出了良好的资源支撑作用，而植物油料播种面积对植物油加工业的规模及全要素生产率、技术效率、规模效率、纯效率都有显著负向影响，揭示了存在“资源诅咒”效应的可能性。备受青睐的外资虽然对全要素生产率、技术效率、规模效率和纯效率均有显著正向影响，但是并没有产生应有的技术外溢效应，而且对植物油加工业的规模扩张有显著制约作用。尽管技术含量不高，但是技术资源优势仍然对植物油加工业发展提供了重要支撑作用，发明专利授权量对植物油加工业的规模、全要素生产率、技术进步、技术效率、纯效率均有显著正向影响。

第六章 空间集聚与中国植物油加工业全要素生产率变化

产业集聚理论经过一个多世纪的发展演化，围绕集聚的形成动因和影响效应形成了多个有重要影响力的理论流派，已经成为现代经济理论丛林中一颗璀璨的明珠。随着产业集聚在规模优势、创新效率等方面的诸多良好效应不断显现，加上相关理论研究的不断深入，集聚或集群已经成为现代产业发展的主导模式，各类产业发展规划几乎无一例外地均将培育产业集聚或集群作为重要目标和路径。中国植物油加工业同样以集聚或集群为基本的发展模式，但是中国植物油加工业的空间集聚究竟达到了什么样的程度呢？当前的空间集聚态势对于中国植物油加工业全要素生产率提升究竟产生了什么样的影响呢？未来是应该继续坚持走集聚发展道路呢，还是应该走均衡发展道路？本章试图在借鉴产业集聚相关理论的基础上，运用区位熵指标对植物油加工业的空间集聚态势做出定量评价，进而运用动态面板数据模型验证空间集聚对于植物油加工业全要素生产率变化的影响，对上述问题作出理论解读和实证回应。

一、中国植物油加工业空间集聚：态势与模式

在产业集聚精彩纷呈的理论体系中，对于产业集聚程度的

定量测算及认定标准无疑是最困难的内容，至今尚未形成一种被广泛认同且便于操作的测算方法和认定标准。虽然在经典文献中已经涌现出了诸多测算产业集聚程度的指标，如行业集中度、空间基尼系数、区位熵、赫芬达尔指数、EG 指数等，但是几乎每种指标都存在一定缺陷，因此，大多数文献的通行做法是依据研究需要灵活选择相应测算指标，暂时搁置对指标本身的争议。本书主要运用行业集中度与空间基尼系数指标来分析中国植物油加工业空间集聚的总体态势，运用区位熵指标来分析中国植物油加工业空间集聚的区域格局，并且在后续的动态面板模型中也用区位熵来表征植物油加工业的集聚程度。

(一) 中国植物油加工业空间集聚的总体态势：行业集中度与空间基尼系数

1. 行业集中度

行业集中度源于市场分析中的市场集中度指标，主要是指行业内产值、销售收入、资产、从业人员等指标排名前几位的企业占整个市场的比重，由于难以获取企业数据，本书用排名前几位的省区代替。其计算公式为 $CR_n=\sum_{i=1}^{n}x_i/x$，其中，CR_n 表示植物油加工业中规模排名前 n 位的省区的行业集中度，本书分别计算前 3 位、前 5 位省区的行业集中度；x_i 表示第 i 个省区植物油加工业的主营业务收入、总资产、总产值、从业人数；X 表示全国植物油加工业的主营业务收入、总资产、总产值、从业人数。

表 6-1　2003—2011 年植物油加工业行业集中度

年份	CR_3				CR_5			
	主营业务收入	总资产	总产值	从业人数	主营业务收入	总资产	总产值	从业人数
2003	44.46%	39.10%	43.63%	39.97%	56.89%	53.78%	56.22%	54.12%
2004	44.88%	41.26%	45.32%	45.78%	58.10%	55.54%	58.32%	57.61%
2005	44.33%	42.63%	44.07%	46.97%	57.21%	55.80%	57.07%	59.91%
2006	43.72%	41.91%	43.45%	48.68%	57.53%	56.05%	57.17%	61.55%
2007	44.65%	39.20%	43.80%	46.32%	57.20%	52.32%	56.59%	57.71%
2008	41.75%	40.63%	42.11%	46.57%	54.13%	52.45%	54.41%	58.96%
2009	41.91%	40.38%	42.30%	42.85%	53.10%	53.24%	53.51%	54.94%
2010	38.93%	39.54%	38.62%	41.47%	50.89%	51.19%	50.75%	55.07%
2011	36.22%	36.87%	35.92%	41.69%	49.71%	48.63%	49.50%	54.79%
2003—2011	40.60%	38.78%	40.40%	43.82%	52.06%	51.58%	51.87%	56.72%

从表 6-1 来看，以主营业务收入、总资产、总产值、从业人数计算的前 3 位省

区的行业集中度基本都在40%左右，而前5位省区的行业集中度基本都在50%以上，这说明，植物油加工业的行业集中度较高，在前几位省区存在一定的集聚现象。但是，从演化趋势来看，无论是前3位省区的行业集中度，还是前5位省区的行业集中度，都呈现出比较明显的下降趋势，这说明，植物油加工业在省区层面的集聚动力趋于弱化，出现了一定的分散化趋势。

2. 空间基尼系数

空间基尼系数(Spatial Gini Coefficient)的计算公式为$G=\sum_{i=1}^{n}(s_i-x_i)^2$，其中，$G$表示空间基尼系数；$s_i$是$i$地区植物油加工业或农副食品加工业从业人数或总产值占全国植物油加工业或农副食品加工业从业人数或总产值的比重；x_i是i地区规模以上工业从业人数或总产值占全国规模以上工业从业人数或总产值的比重。$G\in[0,1]$，G越接近1，说明产业集聚程度越高；$G=1$，表示产业集中在一个地区；$G=0$，表示产业平均分布在所有地区。空间基尼系数法的优点是简便直观，克鲁格曼(1991)①曾用该方法测算美国制造业的集聚程度；但是其缺点也很明显，即由于未考虑企业规模差异问题，即便空间基尼系数大于零也并不能据此断定存在产业集聚。② 本书分别运用从业人数和总产值的数据测算了2003—2011植物油加工业和农副食品加工业的空间基尼系数(表6-2)，以便在比较分析中把握我国植物油加工业空间集聚总体态势的演化方向。

表6-2 2003—2011年植物油加工业和农副食品加工业的空间基尼系数

年份	植物油加工业总产值	植物油加工业从业人数	农副食品加工业总产值	农副食品加工业从业人数
2003	0.020 9	0.037 3	0.038 1	0.084 0
2004	0.024 5	0.053 0	0.043 0	0.094 6
2005	0.026 9	0.066 1	0.043 7	0.109 6
2006	0.026 6	0.076 6	0.043 2	0.111 9
2007	0.018 4	0.067 3	0.039 4	0.110 3
2008	0.012 8	0.073 3	0.032 8	0.110 7
2009	0.015 9	0.055 3	0.029 4	0.107 4
2010	0.016 2	0.050 9	0.026 8	0.097 2
2011	0.013 8	0.046 8	0.022 5	0.088 7

① Paul Krugman. Increasing returns and Economic Geography[J]. Journal of Political Economy, 1991, 99(3):483-499

② 徐康宁. 当代西方产业集群理论的兴起、发展和启示[J]. 经济学动态，2003(3):71-74

从表 6 - 2 来看，无论是以总产值衡量还是以从业人数衡量，植物油加工业的空间基尼系数均低于农副食品加工业的总体水平，并且从 2006 年以来大致上呈现下降趋势。这说明，中国植物油加工业的空间集聚水平偏低，远低于农副食品加工业的总体水平，并且集聚水平呈现下降态势。也就是说，从全国层面来看，植物油加工业并未出现明显的集聚趋势，相反出现了分散趋势。

（二）中国植物油加工业空间集聚的区域格局：区位熵

尽管中国植物油加工业总体上的空间集聚态势并不明显，而且集聚力量弱化，但是在部分处于领先地位的地区仍然存在一定程度的空间集聚。为了进一步考量各地区植物油加工业的空间集聚问题，本书引入了区位熵指标来测算各地区植物油加工业的产业集聚程度。

区位熵主要是指某个区域中某产业占本地区经济的份额与全国该产业占国民经济份额的比值，其计算公式为 $LQ_i=(E_{ij}/E_i)/(E_{kj}/E_k)$，其中 E_{ij} 指 i 地区植物油加工业的总产值、从业人数、主营业务收入、总资产；E_i 指 i 地区全部规模以上工业的总产值、从业人数、主营业务收入、总资产；E_{kj} 指全国植物油加工业的总产值、从业人数、主营业务收入、总资产；E_k 指全国全部规模以上工业的总产值、从业人数、主营业务收入、总资产。一般来说，区位熵大于 1 表明存在产业集聚。

从表 6 - 3 来看，中国植物油加工业在许多省区呈现出明显的集聚发展态势。从 2003—2011 年区位熵的均值来看，至少有一项指标能够表明存在集聚现象的省区有 18 个，占样本总量的 62%。其中，河北、河南、黑龙江、湖北、山东、新疆等 6 个省区的四项指标都表明存在集聚现象，占样本总量的 20.7%；有三项指标表明存在集聚现象的省区也有 6 个，包括广西、湖南、江苏、辽宁、内蒙古、天津；仅有一项指标表明存集聚现象的省区为安徽、福建、贵州、吉林、青海、陕西 6 个，其中除了福建之外，集聚证据均来自从业人数。从 2011 年的数据来看，集聚省区的数量基本与平均水平持平，至少有一项指标能够表明存在集聚现象的省区减少 1 个，有四项集聚指标和有一项集聚指标的省区数量均保持 6 个，有三项集聚指标的省区仅有 2 个。

本书分别计算了植物油加工业的四项指标的区位熵，尽管样本省区在四项指标上的取值并不一致，但是每项指标所揭示的呈现集聚态势的省区数量却大致相当，从 2003—2011 年的均值来看，基于总产值、从业人数、总资产、主营业务收入计算的区位熵大于 1 的省区数量依次为 12 个、13 个、11 个、12 个。由于总产值、总资产、主营业务收入具有较强的相关性，因而基于这三项指标计算的区位熵具有较高的重合度，从 2003—2011 年的均值来看，基于这三项指标计算的区位熵大于 1 的

表 6-3 2003—2011 年植物油加工业区位熵

指标	2003—2011 年均值				2011 年			
	总产值	从业人数	总资产	主营业务收入	总产值	从业人数	总资产	主营业务收入
安徽	0.91	1.48	0.96	0.89	0.80	1.26	0.73	0.84
北京	0.03	0.10	0.05	0.09	0.06	0.16	0.05	0.11
福建	0.93	0.46	1.11	0.92	0.94	0.51	1.65	0.87
甘肃	0.17	0.77	0.38	0.16	0.23	0.48	0.34	0.13
广东	0.57	0.19	0.60	0.59	0.58	0.21	0.58	0.57
广西	2.82	0.74	2.50	2.90	2.18	0.77	3.83	2.22
贵州	0.60	1.09	0.47	0.62	0.55	0.59	0.25	0.55
河北	1.34	1.01	1.63	1.41	1.02	1.05	1.30	1.05
河南	1.24	1.93	1.11	1.25	1.01	2.09	1.10	0.99
黑龙江	3.44	3.32	3.45	3.33	5.20	3.36	4.78	5.30
湖北	1.59	2.32	1.28	1.56	2.34	3.00	1.64	2.31
湖南	1.23	1.48	0.87	1.19	1.43	2.07	1.08	1.41
吉林	0.69	1.18	0.70	0.64	0.69	1.06	0.53	0.57
江苏	1.06	0.75	1.22	1.09	0.98	0.55	1.26	0.98
江西	0.30	0.68	0.41	0.29	0.67	1.00	0.53	0.68
辽宁	1.26	0.86	1.20	1.23	0.93	0.86	0.97	0.87
内蒙古	1.14	1.87	0.68	1.10	0.97	1.80	0.40	1.06
宁夏	0.18	0.44	0.15	0.21	0.19	0.70	0.14	0.23
青海	0.48	1.23	0.30	0.45	0.49	0.86	0.31	0.42
山东	1.67	2.54	2.13	1.72	1.33	2.14	1.58	1.38
山西	0.30	0.52	0.41	0.29	0.39	0.36	0.19	0.32
陕西	0.92	1.12	0.59	0.94	1.00	1.26	0.48	1.01
上海	0.50	0.37	0.39	0.54	0.42	0.40	0.32	0.50
四川	0.89	0.90	0.49	0.94	0.90	1.06	0.48	0.92
天津	1.39	0.82	1.61	1.45	2.00	0.76	2.31	1.88
新疆	1.75	4.45	2.39	1.73	1.85	4.06	1.83	1.88
云南	0.30	0.64	0.25	0.30	0.33	0.54	0.23	0.32
浙江	0.30	0.13	0.37	0.31	0.26	0.12	0.41	0.27
重庆	0.26	0.27	0.25	0.26	0.60	0.34	0.67	0.61

省区有10个,而在仅仅有一项指标的区位熵大于1的6个省区中,仅有福建1个是总资产区位熵大于1,其他5个省区均为从业人员区位熵大于1,这可能是因为植物油加工业已经不属于劳动密集型产业,并且由于技术水平差异不同地区植物油加工企业平均雇佣的劳动力数量也存在明显差异。[①]

我们进一步用2011年的数据同2003—2011年的均值进行比较,以便观察植物油加工业区位熵的变化趋势。从总体上看,植物油加工业的区位熵相对稳定,但是已经开始出现比较明显的下降趋势,总产值区位熵、从业人数区位熵、总资产区位熵、主营业务收入区位熵出现下降的省区数量分别为14个、14个、18个、17个,占样本总量的比重分别为48.28%、48.28%、62.07%、58.62%。从集聚态势较好即区位熵指数大于1的省区来看,区位熵呈现也比较明显的下降趋势,总产值区位熵大于1的12个省区中有6个出现了下降,从业人数区位熵大于1的13个省区中有7个出现了下降,总资产区位熵大于1的11个省区中有6个出现了下降,主营业务收入区位熵大于1的12个省区中有7个出现了下降。

(三) 植物油加工产业集聚的分类模式

产业集聚是相关企业在比较成本和收益基础上按照利润最大化原则做出的选址决策。企业之所以在某个地区集聚主要是因为将生产经营活动布局在该地区能够获得更高的预期收益并节省相关成本,按照这一原则,产业集聚主要出现在三类地区:一是邻近主要原料产地的地区;二是邻近主要消费市场的地区;三是邻近交通运输枢纽的地区。我们可以依据各个区位熵大于1的地区在植物油料产量、人均植物油消费水平、交通运输业从业人员等方面的优势程度,将植物油加工产业集聚地区进行归类。

第一类是邻近主要原料产地的植物油加工产业集聚。我们用油料产量和大豆产量占全国比重两项指标的均值来反映样本地区植物油料的优势程度,并且假设该指标值超过样本平均值(3.45%)就可以认为具备比较优势。从2003—2011年的均值来看(表6-4),黑龙江、河南、安徽、山东、湖北、内蒙古、江苏、吉林、河北9个省区可以归结为邻近原料产地的植物油加工业集聚区,占18个至少有一项指标区位熵大于1的省区的50%。9个省区总产值、从业人数、总资产、主营业务收

① 从2003—2011年植物油加工企业平均就业人数年均值来看,全国平均水平为123人,而最高的山西为188人,最低的宁夏为48人;从2011年的数据来看,全国平均水平为142人,最高的内蒙古为206人,最低的青海为54人。

入四项指标的区位熵平均值分别为 1.45、1.82、1.46、1.44，植物油料平均比重的均值为 7.80%，仅有黑龙江和河南两个地区的植物油料平均比重明显高于 9 省区的平均水平，可以视为非常典型的邻近原料产地的植物油加工业集聚区。

表 6-4　2003—2011 年部分省区区位熵与植物油料优势

地区	区位熵				植物油料平均比重	油料产量比重	大豆产量比重
	总产值	从业人数	总资产	主营业务收入			
黑龙江	3.44	3.32	3.45	3.33	19.99%	1.18%	38.80%
河　南	1.24	1.93	1.11	1.25	10.55%	15.76%	5.33%
安　徽	0.91	1.48	0.96	0.89	7.74%	7.91%	7.56%
山　东	1.67	2.54	2.13	1.72	7.47%	11.61%	3.33%
湖　北	1.59	2.32	1.28	1.56	5.91%	9.74%	2.09%
内蒙古	1.14	1.87	0.68	1.1	5.67%	3.76%	7.58%
江　苏	1.06	0.75	1.22	1.09	4.85%	5.91%	3.78%
吉　林	0.69	1.18	0.7	0.64	4.30%	1.75%	6.85%
河　北	1.34	1.01	1.63	1.41	3.69%	4.93%	2.46%
均　值	1.45	1.82	1.46	1.44	7.80%	6.95%	8.64%

第二类是邻近主要消费市场的植物油加工产业集聚。用农村居民人均食用植物油购买量和城镇居民油脂消费支出两项指标的标准化值来测算样本地区的消费市场优势指数。具体的计算公式为 $CA_i=(x_i/x_{\max})\times(1-\beta)+(y_i/y_{\max})\times\beta$，其中，$CA$ 为城乡居民人均植物油消费市场优势指数；x 为农村居民人均食用植物油购买量；y 为城镇居民油脂消费支出；β 为城镇人口比重（人口城市化率）。由于该指标主要反映相对于样本最大值的比重，因而一般超过 60%便可以认为该地区消费市场存在一定优势。从 2003—2011 年的均值来看（表 6-5），安徽、河北、黑龙江、湖南、辽宁、山东、天津、新疆可以归结为邻近主要消费市场的植物油加工业集聚区，占 18 个至少有一项指标区位熵大于 1 的省区的 44.44%。8 个省区总产值、从业人数、总资产、主营业务收入四项指标的区位熵平均值分别为 1.62、2.00、1.78、1.62，而城乡居民人均植物油消费市场优势指数的均值为 75.10%，仅有新疆、天津和黑龙江三个地区的城乡居民人均植物油消费市场优势指数明显高于 8 省区的平均水平，可以视为非常典型的邻近主要消费市场的植物油加工业集聚区。

表 6－5　2003—2011 年部分省区区位熵与植物油消费市场优势

地区	区位熵				城乡居民人均植物油消费市场优势指数
	总产值	从业人数	总资产	主营业务收入	
新　疆	1.75	4.45	2.39	1.73	89.82%
天　津	1.39	0.82	1.61	1.45	87.94%
黑龙江	3.44	3.32	3.45	3.33	78.16%
河　北	1.34	1.01	1.63	1.41	74.49%
安　徽	0.91	1.48	0.96	0.89	71.60%
山　东	1.67	2.54	2.13	1.72	68.57%
辽　宁	1.26	0.86	1.2	1.23	68.47%
湖　南	1.23	1.48	0.87	1.19	61.78%
均　值	1.62	2.00	1.78	1.62	75.10%

注：农村居民人均食用植物油购买量为 2004—2011 年数据；城镇居民油脂消费支出为 2003—2010 年数据。

第三类是邻近交通运输枢纽的植物油加工产业集聚。我们用水路运输从业人数占全国的比重来表示各地区的交通运输和地理区位优势，并且假设该指标值超过样本平均值(3.45%)就可以认为具备比较优势。从 2003—2011 年的均值来看(表 6－6)，江苏、山东、辽宁、湖北、天津、河北、广西 7 个省区可以归结为邻近交通运输枢纽的植物油加工业集聚区，占 18 个至少有一项指标区位熵大于 1 的省区的 38.89%。7 个省区总产值、从业人数、总资产、主营业务收入四项指标的区位熵平均值分别为 1.59、1.29、1.65、1.62，水路运输从业人员比重均值为 7.07%，仅有江苏、山东两个省区水路运输从业人员比重高于 7 省区平均水平，属于典型的邻近交通运输枢纽的植物油加工业集聚区。

表 6－6 2003—2011 年部分省区区位熵与水路运输从业人员比重

地区	区位熵				水路运输从业人员比重
	总产值	从业	总资产	主营业	
江　苏	1.06	0.75	1.22	1.09	13.81%
山　东	1.67	2.54	2.13	1.72	9.89%
辽　宁	1.26	0.86	1.20	1.23	6.45%
湖　北	1.59	2.32	1.28	1.56	5.48%
天　津	1.39	0.82	1.61	1.45	5.12%
河　北	1.34	1.01	1.63	1.41	5.04%
广　西	2.82	0.74	2.50	2.9	3.67%
均　值	1.59	1.29	1.65	1.62	7.07%

需要指出的是，上述分类是一个大致笼统的划分，许多省区存在重叠，例如，安徽、黑龙江同时属于第一类和第二类，湖北、江苏同时属于第一类和第三类，辽宁、天津同时属于第二类和第三类，而河北、山东则同时具有三种类型的特征。

从不同类型集聚区的全要素生产率变化来看（表 6－7），三类植物油加工业集聚区的平均全要素生产率增长速度均高于全国平均水平，而且这种领先优势主要源于技术效率优势特别是规模效率优势，但是技术进步和纯效率增长速度却低于全国平均水平。这说明，植物油加工业集聚区能够依托显著的产业规模优势较快地提升规模效率，并推动全要素生产率增长，但是由于植物油加工业的技术含量并不高，并且产业集聚区的生产技术水平已经达到了一定高度，加上良好的资源条件和市场环境容易滋生创新惰性，导致产业集聚区的技术进步速度反而落后于全国平均水平。同时，由于植物油加工业的粗放型发展方式尚未根本转变，普遍存在资源配置低效甚至错配问题，而且这类问题在规模扩张速度越快的地区越严重，因而产业集聚区的纯效率增长速度也低于全国平均水平。进一步从三类集聚区的比较

表 6－7 2003—2011 年不同类型集聚区的 Malmquist 生产率指数

集聚区类型	*EFFch*	*TECHch*	*PEch*	*SEch*	*TFPch*
邻近原料产地的植物油加工业集聚区	1.057	0.981	0.971	1.088	1.036
邻近主要消费市场的植物油加工业集聚区	1.032	0.992	0.972	1.061	1.024
邻近交通运输枢纽的植物油加工业集聚区	1.043	0.991	0.981	1.063	1.033
全国均值	1.021	0.998	0.989	1.032	1.019

来看，第一类集聚区的全要素生产率增长速度、技术效率增长速度、规模效率增长速度最高，第三类集聚区次之，第二类集聚区最低；而第二类集聚区在技术进步速度方面的表现最好，第三类集聚区在纯效率增长速度方面的表现最好，第一类集聚区在技术进步和纯效率增长速度方面的表现最差。这说明，当前植物油加工业仍处于粗放型的规模扩张阶段，对于植物油料供给具有超强依赖，植物油加工业向植物油料产地集聚有一定合理性，但是其在技术进步和纯效率方面的羸弱表现则警示我们要注意防范“资源诅咒”陷阱。在进口依赖不断增强的背景下，植物油加工业向交通枢纽特别是水运交通发达的地区集聚是一种理性的市场选择，而且便利的交通运输条件也有利于更好地优化资源配置，但是由于交通条件的主要贡献是节约运输成本，对于技术进步的支撑功效有限，并不能帮助产业形成持续的自我发展能力，甚至可能加速酝酿产业安全危机，因而这种模式只能是一种过渡性的选择。邻近消费市场能够帮助企业更迅速地对市场需求做出反应，激发其技术革新的动力，因而邻近消费市场的产业集聚更有利于促进技术进步，但是由于消费需求不足的局面并未根本改变，现有的市场需求条件还不足以支撑植物油加工业的技术进步，故其更多的只是发挥了一种延缓技术衰退速度的作用。

二、空间集聚对植物油加工业全要素生产率变化的影响

（一）集聚、规模与全要素生产率：文献述评与研究假设

1. 空间集聚与技术进步、全要素生产率变化

正如经典产业集聚理论所揭示的，产业活动在特定空间的集聚能够通过资源共享、技术外溢、竞争压力、合作创新等促进产业的持续发展。当前产业集聚被普遍视为区域产业发展的主导模式，学界关于产业空间集聚对于技术进步和效率改善的正向促进作用已经基本达成了共识，国内外诸多实证研究文献的结论也佐证了这种观点。Ciccone & Hall（1996）研究发现，在美国以就业密度表征的产业集聚对劳动生产率有正向影响，作用系数为 6%。[①] Henderson（2003）研究发现，专业化集聚对美国高新技术产业劳动生产率的影响系数为 1.2%～13.5%。[②] Cingano

① Ciccone A, Hall R E. Productivity and the Density of Economic Activity[J]. American Economic Review, 1996(86): 54 - 70

② Henderson V J. Marshall's Scale Economies[J]. Journal of Urban Economics, 2003, 53(1): 1 - 28

& Schivardi(2004)研究发现，意大利产业集聚对生产率的长期影响系数为6.7%。[①] 石灵云、刘修岩(2008)基于2003年中国制造业四位数行业的数据发现，集聚效应对劳动生产率有显著促进作用，地方化经济和城市化经济对劳动生产率的影响系数分别为0.112 4和0.120 3。[②] 孙浦阳、韩帅、许启钦(2013)基于城市面板数据的研究发现，产业集聚初期对于劳动生产率有显著负向影响，之后有显著正向影响，两个时期的作用系数分别为−0.294和0.261，长期来看，产业集聚对劳动生产率有显著正向影响，作用系数为0.119～0.201。[③] 魏后凯(2002)基于中国制造业企业的研究发现，行业集中率对技术创新强度有显著正向影响，技术创新强度差异的20%左右可以归结为行业集中率的影响。[④] 陆立军、于斌斌(2010)研究发现，产业集聚对于技术获取能力和技术变革能力均有显著正向影响，作用系数分别为0.358和0.124。[⑤] 孟祺(2010)研究发现，产业集聚对装备制造业全要素生产率、技术进步和效率改善均有显著正向影响，影响系数分别为0.143、0.313和0.430。[⑥] 王俊松、贺灿飞(2009)研究发现，汽车产业区位熵对企业生产效率有显著正向影响，影响系数为0.015。[⑦] 苏李、臧日宏、闫逢柱(2010)研究发现，中国制造业集聚度对技术进步率有显著正向影响，影响系数为0.364 9。[⑧] 虽然多数研究支持空间集聚的正向促进作用，但是也有学者提出了不同的观点。例如，王丽丽、范爱军(2009)研究发现，空间集聚与全要素生产率增长之间存在显著的门限效应，空间基尼系数在0.015 5～0.049 2对全要素生产率增长有显著正向影响，但这种正向影响主要靠技术效率实现，即空间集聚对技术效率有正向影响，而对技术进步则有负向影响。[⑨] 朱英明(2009)研究发现，空间集聚对技术效率变化和全要素生

① Cingano F, Schivardi F. Identifying the Sources of Local Productivity Growth[J]. Journal of the European Economic Association, 2004, 2(4): 720 - 742

② 石灵云，刘修岩. 地方化经济、城市化经济与劳动生产率——基于中国制造业四位数行业的实证研究[J]. 南方经济，2008(3): 43 - 51

③ 孙浦阳，韩帅，许启钦. 产业集聚对劳动生产率的动态影响[J]. 世界经济，2013(3): 33 - 53

④ 魏后凯. 企业规模、产业集中与技术创新能力[J]. 经济管理，2002(4): 4 - 10

⑤ 陆立军，于斌斌. 产业集聚、创新网络与集群企业技术能力——基于绍兴市14 262份问卷的调查与分析[J]. 中国科技论坛，2010(3): 67 - 72

⑥ 孟祺. 产业集聚与技术进步——基于中国装备制造业的实证分析[J]. 科技与经济，2010(1): 67 - 70

⑦ 王俊松，贺灿飞. 集聚经济、外资溢出效应与中国汽车企业效率[J]. 地理科学进展，2009(3): 337 - 344

⑧ 苏李，臧日宏，闫逢柱. 中国制造业地理集聚对技术进步影响的实证分析[J]. 中国科技论坛，2010(2): 54 - 60

⑨ 王丽丽，范爱军. 空间集聚与全要素生产率增长——基于门限模型的非线性关联研究[J]. 财贸经济，2009(12): 105 - 110

产率变化的影响并不显著。①

综上所述，绝大多数文献倾向于支持产业集聚的正向效应，认为产业的空间集聚有助于提高劳动生产率和全要素生产率，因此，我们提出如下研究假设：

假设 6 - 1：空间集聚对植物油加工业全要素生产率变化有正向促进作用；

假设 6 - 2：空间集聚对植物油加工业技术效率变化有正向促进作用；

假设 6 - 3：空间集聚对植物油加工业技术进步有正向促进作用；

假设 6 - 4：空间集聚对植物油加工业规模效率变化有正向促进作用；

假设 6 - 5：空间集聚对植物油加工业纯效率变化有正向促进作用。

2. 企业规模与技术创新、全要素生产率变化

企业是生产经营活动的基本组织单位，其规模对于技术创新和资源配置效率有着重要而深刻的影响。企业规模与技术创新之间的复杂关系一直备受学界关注，形成了三种最具代表性的观点：一是以熊彼特主义为代表的大企业论。熊彼特(1942)认为，“企业规模的大小不仅直接代表着一种技术创新的能力，而且影响所开辟的市场前景的大小”，因而“大企业是技术进步最有力的发动机”。② 加尔布雷斯(1952)认为，“由少数大企业组成的现代工业是引起技术变革的近乎完美的工具”，而认为“技术变革是受竞争压力的小企业运用它优于邻人的无比智慧创造的精神产物”仅仅是一种虚构。③ 卡米恩和施瓦茨(1982)更加鲜明地阐释了熊彼特的大企业论，认为“大企业会促进创新而小企业会妨碍创新”，“不完全竞争市场比近乎完全竞争市场更有利于技术创新”。④ 二是与大企业论相对应的小企业论。由于熊彼特的超级影响力，大企业论一经提出便被奉为圭臬，但是随着对熊彼特主义的实证检验不断深化，一些研究成果得出了与大企业论相反的结论，在此背景下，中小企业论应运而生。曼斯菲尔德(1977)认为，在同样的研发投入规模下，小企业的技术创新效率要高于大企业。⑤ 三是适当规模论。在大企业论与小企业论的激烈论争过程中，适度规模论作为一种折中观点走上历史舞台。谢勒尔(1965)

① 朱英明.区域制造业规模经济、技术变化与全要素生产率——产业集聚的影响分析[J].数量经济技术经济研究，2009(10)：3 - 18

② Schumpeter J. Capitalism, Socialism and Democracy[M]. New York: Harper & Row, 1942

③ Galbraith J K. American Capitalism: The Concept of Countervailing Power[M]. New York: Houghton Mifflin, 1952：119 - 121

④ Kamien M, Schwartz N. Market Structure and Innovation[M]. Cambridge: Cambridge University Press, 1982

⑤ Edwin Mansfield. The Production and Application of New Industrial Technology[M]. New York: W. W. Norton & Co Inc. (Np), 1977

研究发现，企业规模与技术创新之间呈现一种倒 U 型的非线性关系，“存在一个有利于技术创新的适度的企业规模”。①

国内学者关于企业规模与技术创新之间关系的研究也尚未形成统一观点，特别是一些实证研究文献的结论存在显著差异，以上三种观点均不乏支持者。戴西超、谢守祥、丁玉梅(2006)以江苏工业企业为样本的实证研究支持了小企业论，认为中小企业的技术创新水平要高于大企业。② 于君博、舒志彪(2007)对大企业论和小企业论都提供了论据，认为大型企业的显著优势体现在创新意愿和创新产出总量方面，而中小企业的优势体现在创新效率方面，并且企业规模对创新的影响同行业特征有关。③ 聂辉华、谭松涛、王宇锋(2008)支持适度规模论，他们基于 2001—2005 年规模以上工业企业的面板数据的实证研究发现，企业规模与创新投入之间存在倒 U 型关系。④ 高良谋、李宇(2008)的实证研究也得出了企业规模与技术创新呈倒 U 型关系的结论，并且指出，具有组织惯性的大企业在定向性技术创新方面有优势，而小企业则更容易在竞争驱使下积极开展非定向性技术创新，正是这两种力量的综合效应使得企业规模与技术创新呈倒 U 型关系。⑤ 彭征波(2007)也发现了企业规模与创新之间的非线性关系，但行业差异明显，在纺织行业中企业规模与创新呈倒 U 型曲线，而在电子、服装、化学以及机械行业则呈 U 型曲线。⑥ 杨砚峰、李宇(2009)以辽宁装备制造业为例的系统仿真研究对大企业论、小企业论以及适度规模论均做出了批判，模拟仿真结果显示，在以销售收入表征企业规模的情况下，大企业模式和小企业模式下的规模扩张都会抑制技术创新，而集群模式下的规模扩张则有助于长期的技术创新；在以职工人数表征企业规模的情况下，大企业模式、小企业模式和集群模式下的规模扩张都会明显促进技术创新。⑦

随着全要素生产率研究的深化，国内不少学者计量了企业规模对于全要素生

① Scherer F M. Firm size, market structure, opportunity and the output of patented inventions[J]. American Economic Review, 1965(55):1097 - 1125

② 戴西超，谢守祥，丁玉梅. 企业规模、所有制与技术创新——来自江苏省工业企业的调查与实证[J]. 软科学，2006(6):114 - 116

③ 于君博，舒志彪. 企业规模与创新产出关系的实证研究[J]. 科学学研究，2007(2):373 - 380

④ 聂辉华，谭松涛，王宇锋. 创新、企业规模和市场竞争：基于中国企业层面的面板数据分析[J]. 世界经济，2008(7):57 - 66

⑤ 高良谋，李宇. 技术创新与企业规模关系的形成与转化[J]. 中国软科学，2008(12):96 - 104

⑥ 彭征波. 企业规模、市场结构与创新——来自不同行业的经验证据[J]. 中南财经政法大学学报，2007(2):106 - 111

⑦ 杨砚峰，李宇. 技术创新的企业规模效应与规模结构研究——以辽宁装备制造业为例[J]. 中国软科学，2009(2):164 - 172

产率的影响，但是由于样本选择和计量方法存在差异，相应的研究结论也并不统一。例如，赵燃、骆乐、韩鹏(2008)基于1999—2005年中国农产品加工业12个细分行业的面板数据的实证研究发现，企业规模对全要素生产率有显著正向影响，作用系数为0.428。① 刘艳萍(2010)基于1998—2007年长三角制造业行业面板数据的实证研究发现，企业规模对全要素生产率增长有显著促进作用，上海、江苏、浙江三地的作用系数分别为0.536 4、0.36 7、0.328 5。② 张宝(2011)基于2004—2009年37家信托公司的面板数据的实证研究发现，中国信托公司的资产规模对于全要素生产率变化有显著正向影响。③ 柯孔林、冯宗宪(2008)基于2000—2006年14家商业银行的面板数据的实证研究发现，企业规模对于商业银行全要素生产率的影响并不显著。④ 戴平生(2009)基于1998—2006年省域工业的面板数据的实证研究发现，企业规模对全要素生产率变化和技术变化均有显著正向影响，作用系数分别为0.089 6和0.070 9，对技术效率变化和规模效率变化均有显著负向影响，作用系数分别为−0.393和−0.0227，对纯技术效率变化的负向影响不显著。⑤ 战炤磊、王凯(2012)基于2000—2008年江苏农产品加工业12个细分行业的面板数据的实证研究发现，企业规模对全要素生产率增长有显著负向影响，作用系数为−0.464 657。⑥

由于植物油加工业总体上属于初级加工产业，企业的经营绩效和市场竞争优势都主要取决于稳定的植物油料供给，不断扩张的市场规模及品牌影响力，源于加工生产环节的影响相对较少，因而企业规模越大越能够在植物油料购买谈判中获得较强话语权，越能够引进先进的生产线，也越能够通过扩大品牌影响力而获取更大的市场份额。可以说，在植物油加工行业，庞大的企业规模乃是竞争优势的基本保障，中国乃至全球的植物油市场总体上呈现少数几家粮油巨头的寡占格局无疑是最好的证据。因此，在技术创新方面，作者倾向于支持大企业论，即植物油加工

① 赵燃，骆乐，韩鹏. 中国农产品加工业技术效率、技术进步与生产率增长[J]. 中国农村经济，2008(4)：24-32

② 刘艳萍. 产业集聚、企业规模与全要素生产率增长——基于长三角制造业行业面板数据的分析[J]. 技术经济，2010(2)：54-59

③ 张宝. 中国信托公司全要素生产率测度及其影响因素研究[J]. 金融理论与实践，2011(8)：101-105

④ 柯孔林，冯宗宪. 中国商业银行全要素生产率测度及其影响因素分析[J]. 商业经济与管理，2008(9)：29-35

⑤ 戴平生. 我国省域工业全要素生产率变动及其影响因素的实证研究[J]. 中国经济问题，2009(3)：54-59

⑥ 战炤磊，王凯. 产业集聚、企业规模与农产品加工业全要素生产率——来自江苏的证据[J]. 中南财经政法大学学报，2012(5)：134-140

企业规模越大越有利于技术创新。但是，由于植物油属于关系国计民生的生活必需品，各地区为了保证一定的自给率基本都扶持发展了一定数量的植物油加工企业，因而我国绝大多数植物油加工企业尚未构筑起显著的规模优势，至少除了中粮这一全国性企业之外，还没有可以与国际巨头相抗衡的地方性企业，由此，在企业层面的规模经济难以实现，偏小的企业规模还会进一步降低整个行业的资源配置效率。同时，前文的测算结果显示，我国植物油加工业全要素生产率增长的动力主要来自技术效率特别是规模效率，而不是技术进步，因此，作者倾向于认为当前的企业规模可能会对于植物油加工业全要素生产率增长起到制约作用。综合上述分析，我们提出如下研究假设：

假设 6 - 6：企业规模对植物油加工业全要素生产率变化有负向制约作用；

假设 6 - 7：企业规模对植物油加工业技术效率变化有负向制约作用；

假设 6 - 8：企业规模对植物油加工业技术进步有正向促进作用；

假设 6 - 9：企业规模对植物油加工业规模效率变化有负向制约作用；

假设 6 - 10：企业规模对植物油加工业纯效率变化有负向制约作用。

(二) 变量设定、指标选择与数据来源

1. 被解释变量

全要素生产率变化（*TFPch*）：采用借助基于 DEA 的 Malmquist 生产率指数法计算所得的全要素生产率变化（*TFPch*）指标及其分解指标技术进步（TECHch）、技术效率变化（EFFch）、规模效率变化（SEch）、纯效率变化（PEch）。

2. 解释变量

产业集聚（CLUSTER）：采用主营业务收入区位熵指数（LQZY）表示[①]，其计算公式为 $LQZY_i=(E_{ij}/E_i)/(E_{kj}/E_k)$，其中，$E_{ij}$ 为 i 地区植物油加工业的主营业务

① 本书在考量植物油加工业空间集聚态势时，分别使用总产值、总资产、主营业务收入以及从业人数四项指标计算了植物油加工业的区位熵，之所以在实证检验部分选择主营业务收入区位熵作为衡量植物油加工业空间集聚的基本指标，主要基于如下考虑：一是如前所述，由于植物油加工企业广泛采用多元化经营模式，总产值指标中可能包括一些与植物油生产无关的产值，而本书的关注重点在于植物油生产，因而选择主营业务收入作为产出指标来计算区位熵；二是主营业务收入与总产值在会计核算中存在加总关系，同时用企业平均资产数量衡量企业规模，因此为了规避自变量的相关性，在模型中不考虑总产值区位熵和总资产区位熵；三是以从业人员计算的区位熵在许多经典文献中都被当作衡量产业集聚程度的基本指标，但是由于植物油加工业已经不是一般意义上的劳动密集型产业，并且不同地区的植物油加工企业的资本技术有机构成也存在显著差异，从业人员数量对于植物油加工业发展水平的表征意义也大打折扣，至少区域之间的可比性就会受到质疑，因此，本书仅将从业人员区位熵作为一般性的控制变量。

收入；E_i 为 i 地区全部规模以上工业的主营业务收入；E_{kj} 为全国植物油加工业的主营业务收入；E_k 为全国全部规模以上工业的主营业务收入。由于 Malmquist 生产率指数法所得到的全要素生产率变化及其分解指标为环比变化数据，因此，相应的解释变量和控制变量衡量指标也转换为环比变化数据（当期值/上期值）。

3. 控制变量

企业规模（ASIZE）：采用植物油加工企业的平均资产规模表示，其计算公式为 $ASIZE_i = ZZC_i / QYSL_i$，其中，ZZC 为本地区全部规模以上植物油加工企业的总资产；$QYSL_i$ 为 i 地区规模以上植物油加工企业数量。

从业人数区位熵指数（LQRY）：其计算公式为 $LQRY_i = (E_{ij}/E_i)/(E_{kj}/E_k)$，其中，$E_{ij}$ 为 i 地区植物油加工业的从业人数；E_i 为 i 地区全部规模以上工业的从业人数；E_{kj} 为全国植物油加工业的从业人数；E_k 为全国全部规模以上工业的从业人数。

4. 数据来源

本书使用的植物油加工业数据来自“中国统计数据应用支持系统”公布的三位数行业数据；全国及各省区的规模以上工业数据来自“中经网统计数据库”。

（三）模型设定与方法选择

1. 模型设定

假设产业集聚、企业规模对全要素生产率变化及其分解指标的影响可以表示为：

$$Malmquist = \varphi \times CLUSTER^{\alpha} \times ASIZE^{\beta} \tag{1}$$

对(1)式两边取自然对数可得：

$$\ln Malmquist = \varphi + \alpha \ln CLUSTER + \beta \ln ASIZE \tag{2}$$

由于全要素生产率及其分解指标的变化速度既可能在惯性作用下趋向发散，也可能在边际递减规律的作用下趋向收敛，无论哪种机制发生作用，当期增长速度都必然会受到前期增速的影响，因此，我们引入因变量的一阶滞后变量，将被解释变量和解释变量的替代指标代入(2)式，并加入不可观测、不随时间变化的个体效应集 ω 和随机扰动项 ε，可建立如下动态面板模型：

$$\ln TFPch_{it} = c + \lambda \ln TFPch_{it-1} + \alpha \ln LQZY_{it} + \beta \ln ASIZE_{it} + \mu \ln LQRY_{it} + \omega_{it} + \varepsilon_{it} \tag{3}$$

$$\ln TECHch_{it} = c + \lambda \ln TECHch_{it-1} + \alpha \ln LQZY_{it} + \beta \ln ASIZE_{it} + \mu \ln LQRY_{it} + \omega_{it} + \varepsilon_{it} \tag{4}$$

$$\ln EFFch_{it} = c + \lambda \ln EFFch_{it-1} + \alpha \ln LQZY_{it} + \beta \ln ASIZE_{it} + \mu \ln LQRY_{it} + \omega_{it} + \varepsilon_{it} \quad (5)$$

$$\ln SEch_{it} = c + \lambda \ln SEch_{it-1} + \alpha \ln LQZY_{it} + \beta \ln ASIZE_{it} + \mu \ln LQRY_{it} + \omega_{it} + \varepsilon_{it} \quad (6)$$

$$\ln PEch_{it} = c + \lambda \ln PEch_{it-1} + \alpha \ln LQZY_{it} + \beta \ln ASIZE_{it} + \mu \ln LQRY_{it} + \omega_{it} + \varepsilon_{it} \quad (7)$$

我们将依据式(3)～式(7)分析空间集聚、企业规模的相关变量对于植物油加工业全要素生产率变化及其分解指标的影响。

2. 方法选择

由于在动态面板模型中，将被解释变量的滞后项作为解释变量会产生自相关问题，植物油加工业发展及其效率变化还会受到文化习俗、地理气候等难以观测的因素影响，所选解释变量之间也可能存在内生性问题，因此，通常的随机效应或者固定效应估计方法所得出的估计值将是有偏的、非一致的。Arellano & Bond (1991) 提出的差分广义矩 (DIF-GMM) 估计方法①通过差分消除不可观测、不随时间变化的个体效应，并且将滞后两阶及以上的变量作为工具变量以消除内生性问题，从而较好地克服了常用估计方法的困境。但是，差分在消除个体效应的同时也会产生部分信息损失，从而弱化工具变量和估计结果的有效性。Blundell & Bond(1998)提出的系统广义矩(System-GMM) 估计方法②将被解释变量差分的滞后项与随机误差项正交作为新的矩条件，可以同时利用变量水平变化和差分变化的信息，进而克服差分广义矩的缺陷，而且本书样本具有“时间维度小、截面维度大”的特征，也更适合系统广义矩(System－GMM) 估计方法。本书采用系统广义矩(System-GMM) 估计方法对上述模型进行回归分析，并且用 Sargan 统计量进行过度识别约束检验，用 AR(2)统计值进行差分后的残差项序列相关检验。Sargan 过度识别约束检验的原假设是模型中的所有矩条件有效，拒绝原假设说明模型设定错误；Arellano-Bond 二阶自相关检验的原假设是模型不存在二阶自相关，拒绝原假设说明模型不能适用差分广义矩估计。

本书的系统广义矩(System-GMM) 估计及 Sargan 统计量、AR(2)统计值均借助 Stata 12.0 统计软件实现。

---

① Arellano M, S Bond. Some tests of specification for panel data: Monte Carlo evidence and an application to employment equations [J]. Review of Economic Studies, 1991,58:277 - 297

② Blundell R, S Bond. Initial conditions and moment restrictions in dynamic panel data models [J]. Journal of Econometrics,1998,87:115 - 143

(四) 结果分析与假说检验

从表 6-8 的估计结果来看,5 个模型的 Sargan 统计值和 AR(2)统计值的伴随概率均大于 0.05,不能拒绝原假设,说明模型设定正确,并且不存在二阶自相关问题,系数估计是有效的,可以用于解释变量之间的经济含义。所有被解释变量的一阶滞后项对解释变量都有显著负向影响,说明全要素生产率及其分解指标的增长速度在边际递减规律的作用下趋向收敛,完全合乎基于 Malmquist 生产率指数法获得的样本数据的特征,这也说明了在模型中引入一阶滞后项具有合理性。

表 6-8 空间集聚、企业规模对植物油加工业全要素生产率的影响估计结果

变量	*TFPch*	*TECHch*	*EFFch*	*SEch*	*PEch*
L1.	-.398 852 1***	-.339 178 1***	-.462 023 3***	-.326 965 5***	-.591 317***
	(-5.20)	(-39.22)	(-37.49)	(-34.82)	(-27.87)
LQZY	.377 232 8***	.088 430 4***	.268 952***	.113 342*	.109 043 1
	(4.71)	(3.66)	(3.55)	(1.79)	(0.68)
LQRY	.065 162 6	-.133 240 3***	.047 128 7	-.112 624 1***	.001 883 4
	(-29.17)	(-3.30)	(0.60)	(-2.68)	(0.03)
ASIZE	-.233 738 8***	.152 934 5***	-.323 797 5***	-.201 637 7***	-.193 314 4***
	(3.17)	(5.69)	(-6.43)	(-5.73)	(-4.19)
c	.051 218 7***	-.055 247***	.092 772 6***	.093 289 5***	.040 638 1***
	(2.74)	(-16.76)	(11.13)	(19.93)	(5.08)
Sargan	27.331 96	28.706 21	27.993 14	26.623 49	28.056 64
test	[0.392 1]	[0.324 6]	[0.358 8]	[0.429 3]	[0.108 1]
AR(1)	-3.944 4	-4.093 6	-3.751 5	-3.467 3	-3.092 9
	[0.000 1]	[0.000 0]	[0.000 2]	[0.000 57]	[0.002 0]
AR(2)	-.822 58	-1.093 1	-.665 21	1.095	-.798 53
	[0.410 7]	[0.274 3]	[0.505 9]	[0.273 5]	[0.424 6]

注:(1) *、* *、* * * 分别表示在 10%、5%、1%的统计水平下显著;(2)圆括号内的数值为 t 检验值,方括号内的数值为检验值的伴随概率 P 值。

主营业务收入区位熵对植物油加工业全要素生产率变化、技术变化、技术效率变化、规模效率变化都有显著正向影响,作用系数分别为 0.377 232 8、0.088 430 4、0.268 952、0.113 342,假设 6-1、假设 6-2、假设 6-3、假设 6-4 通过验证。这说明,植物油加工业的空间集聚能够产生良好的集聚效应,不仅能够通过技术外溢促进技术进步,而且能够通过规模经济促进规模效率变化,从而促进全要素生产率变化。同时，主营业务收入区位熵对技术效率和规模效率的影响系数要大于对技术变化的影响系数，说明植物油加工业的空间集聚对全要素生产率的促进作用主要通过技术效率特别是规模效率来实现，产业集聚的技术外溢效应有待进一步强化。但是，主营业务收入区位熵对纯效率变化的正向影响并不显著，假设 6－5 未通过验证。可能的原因在于，我国植物油加工业的空间集聚尚处于初级阶段，对于优化资源配置效率的促进作用比较有限。

企业规模对植物油加工业技术变化有显著正向影响，作用系数为 0.152 934 5，假设 6－8 通过验证。这说明，技术创新的大企业论在植物油加工业具有适用性，其可能的原因在于，植物油加工业的技术进步主要表现为先进的技术设备和生产工艺的广泛运用，而更新植物油加工业的生产线通常需要大量的资金投入和高素质的员工队伍，显然只有大企业才能够承担得起技术创新的巨大投入。同时，由于产业的特殊性，不断提高的植物油料加工能力本身就是植物油生产加工设备的基本技术性能指标，也就说，更高水平的技术设备往往也意味着更大规模的生产能力，显然大企业会对先进技术有更为充分的需求。企业规模对全要素生产率变化、技术效率变化、规模效率变化、纯效率变化都有显著负向影响，作用系数分别为 －0.233 738 8、－0.323 797 5、－0.201 637 7、－0.193 314 4，假设 6－6、假设 6－7、假设 6－9、假设 6－10 通过验证。这看似与大企业论相矛盾——企业规模越大反而效率越低——其实，这反而从另一个侧面佐证了大企业论。正是由于植物油加工企业的规模不够大，大部分企业尚未达到规模经济的临界点，无法带动本地区的资源优化配置，从而对技术效率构成了严重的负面影响，并且抵消了对于技术进步的正面影响，对整体的全要素生产率变化也形成了负面影响。

从业人员区位熵对于全要素生产率变化、技术效率变化和纯效率变化的正向影响都不显著，但是其对于技术进步和规模效率都有显著负向影响，作用系数分别为－0.133 240 3 和－0.112 624 1。这一方面可能与植物油加工业的产业属性有关，它既不属于劳动密集型产业，也不属于技术密集型产业，从业人员的聚集所产生的劳动力共享效应和知识溢出效应都难以转化为技术进步，至少不能替代资本在技术设备更新方面的主导作用；另一方面可能与该指标本身的特点有关，从业人员区位熵较高说明特定区域的植物油加工业从业人员数量相对较多，在产出水平既定的条件下意味着较低的人均劳动生产率，在要素价格既定的条件下意味着以劳动替代技术和资本才是理性选择，于是技术进步和规模经济都受到充裕劳动力资源的“诅咒”。

三、本章小结

产业集聚理论与实践的双重繁荣都华丽地诠释着集聚经济的良好效应，并且使产业集聚成为绝大多数产业发展的主导模式。实质上，集聚既可能通过资源共享、成本节约、知识外溢、创新孵化对于产业发展及其效率提升产生促进作用，也可能通过拥挤效应、创新惰性、系统风险对于产业发展及其效率提升产生制约作用。

中国植物油加工业总体的集聚态势并不明显，集聚动力甚至出现弱化趋势。但是，从2003—2011年区位熵的均值来看，有18个省区至少有一项指标区位熵超过集聚标准(大于1)，有6个省区的四项指标区位熵都超过集聚标准，而且黑龙江、广西、天津等地区的植物油加工业区位熵确实达到了较高的水平。这些具有集聚迹象的省区可以大致上归结为三类，即邻近主要原料产地的植物油加工业集聚区、邻近主要消费市场的植物油加工业集聚区、邻近交通运输枢纽的植物油加工业集聚区。三类植物油加工业集聚区的平均全要素生产率增长速度均高于全国平均水平，其中第一类集聚区的全要素生产率增长速度、技术效率增长速度、规模效率增长速度最高，第三类集聚区次之，第二类集聚区最低。但第二类集聚区在技术进步速度方面的表现最好，第三类集聚区在纯效率增长速度方面的表现最好。

基于动态面板数据模型的实证研究结果显示，主营业务收入区位熵对植物油加工业全要素生产率变化、技术变化、技术效率变化、规模效率变化都有显著正向影响，但对纯效率变化的正向影响并不显著；从业人员区位熵对于技术进步和规模效率都有显著负向影响，但对于全要素生产率变化、技术效率变化和纯效率变化的正向影响都不显著；企业规模对植物油加工业技术变化有显著正向影响，对全要素生产率变化、技术效率变化、规模效率变化、纯效率变化都有显著负向影响。

第七章 资源禀赋与空间集聚耦合视角的中国植物油加工业全要素生产率变化

资源禀赋与空间集聚都是影响植物油加工业全要素生产率变化的重要因素，但是这两种因素之间又存在复杂的互动关系，二者的关系状态也会对植物油加工业全要素生产率变化产生深刻影响。本章在深入分析资源禀赋与空间集聚之间的互动关系基础上，构建"资源禀赋—空间集聚"耦合系统，引入物理学的耦合系统分析工具，对各地区植物油加工业资源禀赋与产业集聚的耦合协调度进行测算，并分析不同地区耦合协调度差异的成因，然后分别将资源禀赋与空间集聚的序参量和耦合协调度作为解释变量引入动态面板数据模型，分析资源禀赋、空间集聚以及二者的耦合协调度对于植物油加工业全要素生产率变化的影响。

一、植物油加工业资源禀赋与空间集聚的耦合系统分析

（一）植物油加工业资源禀赋与空间集聚的互动关系

植物油加工业资源禀赋与空间集聚之间存在多维度、多

向度的复杂的互动关系。一方面，资源禀赋对空间集聚的双向影响主要体现在如下几个方面：其一，资源禀赋能够为植物油加工业空间集聚的形成和发展提供重要的要素支撑。任何产业的集聚发展都离不开相应生产要素的支撑，只是不同产业或者不同区域对于不同生产要素的依赖程度存在差异。由于植物油加工业属于初级加工业，其对于植物油料、交通运输等禀赋条件的依赖程度较高，因此，资源禀赋对于植物油加工业的集聚发展具有特别重要的支撑作用，而且禀赋资源的空间分布在一定程度上规定了植物油加工产业集聚的空间布局。其二，资源禀赋能够降低植物油加工业空间集聚的综合成本。良好的资源禀赋不仅意味着充足的要素供给，而且能够争取到更加有利的政策氛围，从而能够显著降低产业集聚的要素成本和制度成本。同时，良好的资源禀赋还能够从多个方面节省植物油产业集聚的交易成本，例如，资源优势区域存在为数众多的生产要素供给主体，可以降低厂商在要素获取过程中的信息搜寻成本和交易谈判成本，而显著的地理区位优势和良好的交通运输条件则可以显著降低厂商的运输成本。其三，资源禀赋可能侵蚀植物油加工业空间集聚的创新动力。创新优势是产业集聚诸多良好效应的重要源泉，而创新的主要动力来自竞争和利润诉求，但是良好的资源禀赋条件可能会通过显著的规模优势和收益优势提升厂商的平均利润水平，降低厂商对于竞争压力的感知程度，使大量厂商成为“温水里的青蛙”，逐渐丧失对于创新的热情。因此，资源禀赋可能通过弱化创新动力而使得植物油加工产业集聚的衰退周期提前到来。其四，资源禀赋的客观承载能力对植物油加工业空间集聚的规模和程度构成硬性约束。植物油加工业在特定区域集聚发展最终能够达到多大规模、集聚水平究竟能够达到什么程度，除了受到产业属性、市场环境、政策氛围等因素的影响之外，还受到资源禀赋产业承载能力的约束，而且这种约束很难突破。

另一方面，空间集聚对资源禀赋的双向影响可以概括为如下几个方面：其一，植物油加工业空间集聚能够通过收益创造功能来强化资源禀赋的优势程度。植物油加工业集聚发展能够发挥多重良好效应，并且集中体现为更强的收益创造能力和更高的平均利润水平，而这无疑能够为相关生产要素供给主体提供充足的收益回报，进而激励其进一步扩大供给，从而使资源禀赋优势得到进一步强化。其二，植物油加工业空间集聚能够通过需求引领和创新孵化功能来提升资源禀赋的质量层次。植物油加工业集聚发展必然伴随着规模扩张和竞争升级，这必将从数量规模和质量层次两个层面放大对于相关资源要素的需求，同时，产业集聚在创新孵化方面的良好功效，将拉动要素生产和资源开发利用环节的创新，这两方面的合力将促使资源禀赋优势在数量和质量两个层面得到提升。其三，植物油加工业空间集聚可能导致对禀赋资源的滥用。为数众多的植物油加工企业在特定区域集聚发展，将会加剧要素市场的买方竞争，特别是由于植物油加工产业链条相对较短，细分市场差异相对较少，极易引发恶性竞争，导致对植物油料、土地等禀赋资源的掠夺性开发。其四，植物油加工业空间集聚可能强化路径依赖效应，使资源禀赋畸形发展，进而由优势变为"诅咒"。植物油加工业集聚发展过程中将形成一种自我累积的强化机制，不仅市场的自发力量会吸引相关资源要素持续流入，而且政府为了实现稳定增长、扩大税收、增加就业也会继续予以扶持，从而使得该地区的资源禀赋主要服从和服务于植物油加工业的发展，长此以往，资源禀赋将呈现畸形状态，难以为区域产业转型升级提供良好支撑。

(二) 植物油加工业"资源禀赋—空间集聚"耦合系统的内涵与测算模型

由于资源禀赋和空间集聚都包含着多维度的内容，很难用单一指标度量，而且二者之间复杂的互动关系也很难通过常用的协整检验和因果检验做出准确评估，因此，亟待寻求一种新的方法来分析二者的互动关系。源于物理学的耦合系统分析法能够借助简单的量化指标反映不同子系统之间的作用关系，而且能够运用评价指标体系全面反映各子系统的复杂内涵，因此，本书拟借助这一分析方法来考量植物油加工业资源禀赋与空间集聚之间的互动关系。

1. 耦合系统的内涵与研究述评

耦合(Coupling)是物理学的一个基本概念，是指两个或两个以上的系统之间通过各种相互作用而彼此影响以至联合起来的现象，是各子系统在良性互动的框架下形成的相互依赖、相互协调、相互促进的动态关联关系。

耦合分析源于物理学的系统耦合分析，目前其应用范围已经拓展至地理学、地质学、气象学以及经济学等多个学科领域。例如，吴文恒、牛叔文(2006)利用协调度模型分析了1990—2004年甘肃省人口与资源环境耦合发展的演进态势；[①]张燕、吴玉鸣(2006)对1996年、2000年和2004年中国区域工业化与城市化耦合协调发展的时空规律进行了实证分析；[②]王琦、陈才(2008)利用系统科学的协同思想及复杂系统涌现性理论构建了产业集群与区域经济空间之间的耦合度及耦合协调度模型，并据此总结了产业集群与区域经济空间的耦合协调度与系统涌现性的关系；[③]

---

① 吴文恒，牛叔文. 甘肃省人口与资源环境耦合的演进分析[J]. 中国人口科学，2006(2)：81-86

② 张燕，吴玉鸣. 中国区域工业化与城市化的时空耦合协调机制分析[J]. 城市发展研究，2006(6)：46-51

③ 王琦，陈才. 产业集群与区域经济空间的耦合度分析[J]. 地理科学，2008(2)：145-149

贾士靖、刘银仓、邢明军(2008)分析了中国2005年31个省区的农业生态环境与经济发展的耦合度；①赵宏林、陈东辉(2008)以上海市青浦区为样本分析了城市化与生态环境之间的耦合关系；②郝生宾、于渤、吴伟伟(2009)将耦合度分析引入了管理学领域，在分析企业网络能力与技术能力的交互耦合关系基础上，构建相应的耦合度评价模型，并运用模型对样本企业网络能力与技术能力的耦合度进行了评价；③生延超、钟志平(2009)测算了湖南14城市旅游产业与区域经济的耦合协调度；④许君燕(2010)运用2005年数据测算了中国31个省市城市化与土地利用的耦合协调度⑤；许恒周、金晶(2011)基于1998—2008年的省际面板数据测算了三大区域耕地非农化与经济增长之间的耦合协调度；⑥张青等(2011)基于2005年数据测算了黄土高原地区282个县域生态系统与经济系统的耦合协调度；⑦李娜、孙才志、范斐(2010)测算了1994—2007年辽宁沿海6市城市化与水资源的耦合协调度；⑧周莹莹、刘传哲(2011)测算了1998—2009年我国虚拟经济与实体经济之间的动态协调度及静态协调度；⑨张沛东(2010)基于2006年数据测算了我国29个省区制造业与生产性服务业之间的耦合协调度；⑩黄瑞芬、王佩(2011)测算了环渤海经济圈2000—2008年海洋产业集聚与环境资源之间的耦合协调度；⑪傅远佳(2011)测算了2000—2009年北部湾经济区海洋产业集聚与经济增长之间的耦合协调度；⑫李

① 贾士靖，刘银仓，邢明军.基于耦合模型的区域农业生态环境与经济协调发展研究[J].农业现代化研究，2008(5)：573-575

② 赵宏林，陈东辉.城市化与生态环境之关联耦合性分析——以上海市青浦区为例[J].中国人口·资源与环境，2008(6)：174-177

③ 郝生宾，于渤，吴伟伟.企业网络能力与技术能力的耦合度评价研究[J].科学学研究，2009(2)：250-254

④ 生延超，钟志平.旅游产业与区域经济的耦合协调度研究——以湖南省为例[J].旅游学刊，2009(8)：23-29

⑤ 许君燕.城市化与土地资源利用的耦合协调机制研究[J].资源开发与市场，2010(10)：929-933

⑥ 许恒周，金晶.耕地非农化与区域经济增长的因果关系和耦合协调性分析——基于中国省际面板数据的实证研究[J].公共管理学报，2011(3)：64-72

⑦ 张青，等.黄土高原生态与经济系统耦合协调发展状况[J].应用生态学报，2011(6)：1531-1536

⑧ 李娜，孙才志，范斐.辽宁沿海经济带城市化与水资源耦合关系分析[J].地域研究与开发，2010(4)：47-51

⑨ 周莹莹，刘传哲.耦合协调度视角下我国虚拟经济与实体经济关系[J].求索，2011(5)：1-4

⑩ 张沛东.区域制造业与生产性服务业耦合协调度分析——基于中国29个省级区域的实证研究[J].开发研究，2010(2)：46-49

⑪ 黄瑞芬，王佩.海洋产业集聚与环境资源系统耦合的实证分析[J].经济学动态，2011(2)：39-42

⑫ 傅远佳.海洋产业集聚与经济增长的耦合关系实证研究[J].生态经济，2011(9)：126-129

莉(2013)测算了2000—2010年广东公共图书馆与区域经济之间的耦合协调度；①王瑜炜、秦辉(2014)年测算了2001—2010年31个省区信息化和新型工业化之间的耦合协调度，并用面板数据模型分析了外部环境因素对耦合协调度的影响。②

总体来看，大多数关于耦合度分析的实证研究文献，主要停留在对于样本耦合协调度进行测算与比较，并基于测算结果的解释相关政策含义层面，很少有文献将耦合协调度作为解释变量进行进一步的实证研究。

2. 植物油加工业"资源禀赋—空间集聚"耦合系统的内涵

基于耦合的基本概念，作者将资源禀赋与空间集聚分别视作一个子系统，然后将二者合并为一个新的系统——"资源禀赋—空间集聚"系统，进而通过测度这一新系统的耦合协调度来反映植物油加工业资源禀赋与空间集聚之间的互动关系。资源禀赋与空间集聚之间的耦合互动关系实质上是指资源禀赋与空间集聚两个子系统之间通过各自的构成要素而相互影响的非线性关系的总和。资源禀赋与空间集聚之间的耦合作用机理在于：资源禀赋既可以通过要素支撑和成本节约促进空间集聚，又可能基于自身有限的产业承载能力对空间集聚产生硬性约束；空间集聚则既可以通过收益创造、需求引致、创新孵化来强化和提升资源禀赋的质量层次，又可能导致对资源禀赋的过度开发。按照这种逻辑机理，资源禀赋与空间集聚之间的作用关系既可能呈现一种相互促进的耦合关系，也可能表现出矛盾冲突的一面。

3. 植物油加工业"资源禀赋—空间集聚"系统的耦合度模型

耦合度是反映系统或要素相互影响程度的指标，主要用于测度系统内部序参量之间的协同作用。耦合度模型的计算公式为：

$$C = n\left[\frac{u_1 \times u_2 \times \cdots \times u_n}{\prod(u_i + u_{i+1})}\right]^{1/n}$$

其中，C为耦合度值，$C\in[0,1]$，取值为0时，系统处于无序状态；取值为1时，系统处于良性共振耦合有序状态。$u_i(i=1,2,\cdots,n)$为植物油加工业"资源禀赋—空间集聚"系统的序参量。$u_i = \sum_{j=1}^{p}\lambda_{ij}u_{ij}$，其中，$\sum_{j=1}^{p}\lambda_{ij} = 1$；$u_i$为子系统对总系统有序度的贡献；$\lambda_{ij}$为序参量权重；$u_{ij}$为第$i$个序参量的第$j$个指标，其值为$x_{ij}(j=1,2,\cdots,p)$标准化处理后的值。

由于本书中的耦合系统是由资源禀赋和空间集聚两个子系统组成的，因此耦

① 李莉. 公共图书馆与区域经济的耦合协调度分析——以广东为例[J]. 图书馆论坛，2013(6)：56-61

② 王瑜炜，秦辉. 中国信息化与新型工业化耦合格局及其变化机制分析[J]. 经济地理，2014(2)：93-100

合度模型可以简化为：

$$C = 2 \times \left[\frac{u_1 \times u_2}{(u_1 + u_2)(u_1 + u_2)}\right]^{1/2}$$

其中，C 为耦合度值，u_1、u_2 分别为资源禀赋和空间集聚两个子系统对总系统有序度的贡献。根据耦合度的取值范围变化可以分为六种类型：

表 7-1 耦合度的取值与类型

$C\in$	0	(0,0.3]	(0.3,0.5]	(0.5,0.8]	(0.8,1.0)	1
类型	无序状态	低水平耦合	颉颃耦合	磨合耦合	高水平耦合	耦合有序

4. 植物油加工业"资源禀赋—空间集聚"系统的耦合协调度模型

为了准确反映资源禀赋与空间集聚两大子系统的协调互动关系，科学评判不同区域资源禀赋与空间集聚交互耦合的协调程度，须进一步计算两大子系统的耦合协调度，其计算公式为：

$$D = (C \times T)^{1/2}$$

$$T = au_1 + bu_2$$

其中，D 为耦合协调度；T 为资源禀赋与空间集聚两个子系统的综合协调指数；a、b 为待定系数，由于两个子系统在相互作用过程中地位和强调大致相当，因此一般均取 0.5。耦合协调度指标不仅能够用于不同区域协调度的比较分析，而且能够发现在资源禀赋与空间集聚水平均偏低情况下产生的伪协调。根据耦合协调度的取值范围，可以分为十种类型①：

表 7-2 耦合协调度的取值与类型

$D\in$	(0,0.09]	[0.10,0.19]	[0.20,0.29]	[0.30,0.39]	[0.40,0.49]
类型	极度失调	严重失调	中度失调	轻度失调	濒临失调
$D\in$	[0.50,0.59]	[0.60,0.69]	[0.70,0.79]	[0.80,0.89]	[0.90,1]
类型	勉强协调	初级协调	中级协调	良好协调	优质协调

(三) 植物油加工业资源禀赋与空间集聚的耦合协调度：测算与比较

1. "资源禀赋—空间集聚"系统的评价指标体系构建

综合参考以往文献关于资源禀赋与空间集聚的评价指标，考虑指标数据的可

① 吴文恒，牛叔文. 甘肃省人口与资源环境耦合的演进分析[J]. 中国人口科学，2006(2)：81-86

获得性，我们分别构建了资源禀赋与空间集聚两个子系统的评价指标体系，如表 7－3所示。

表 7－3 “资源禀赋—空间集聚”系统的评价指标体系

子系统	一级指标	二级指标	三级指标	单位	指标属性	权重
资源禀赋	核心资源	植物油料	植物油料播种面积占全国比重	%	正向	0.095 338
			植物油料产量占全国比重	%	正向	0.095037
	共性资源	劳动力	劳动年龄人口占全国总量比重	%	正向	0.086693
			劳动年龄人口占本地区人口比重	%	正向	0.082435
		资本	城乡居民储蓄余额占全国比重	%	正向	0.089076
			全社会固定资产投资占全国比重	%	正向	0.087589
			实际利用外商直接投资占全国比重	%	正向	0.098869
	支撑资源	科技资源	研发经费投入占全国比重	%	正向	0.095926
			发明专利授权量占全国比重	%	正向	0.099072
		区位交通资源	三大交通运输业从业人数占全国比重	%	正向	0.084557
			每万人拥有三大交通运输业从业人数	人	正向	0.085408
空间集聚	产出集聚	总产值集聚	总产值区位熵	—	正向	0.249257
		主营业务收入集聚	主营业务收入区位熵	—	正向	0.248565
	投入集聚	总资产集聚	总资产区位熵	—	正向	0.251421
		从业人员集聚	从业人员区位熵	—	正向	0.250757

资源禀赋子系统的评价指标体系包括核心资源、共性资源、支撑资源 3 个一级指标，植物油料资源、劳动力资源、资本资源、科技资源、区位交通资源 5 个二级指标，植物油料产量占全国比重、植物油料播种面积占全国比重、劳动年龄人口数量占全国比重、劳动年龄人口占本地区人口比重、城乡居民储蓄余额占全国比重、全社会固定资产投资占全国比重、实际利用外商直接投资占全国比重、研发经费投入占全国比重、发明专利授权量占全国比重、三大交通运输业从业人数占全国比重、

每万人拥有三大交通运输业从业人数 11 个三级指标，全部为正向指标。空间集聚子系统的评价指标体系包括产出集聚和投入集聚 2 个一级指标，总产值集聚、主营业务收入集聚、总资产集聚、从业人员集聚 4 个二级指标，总产值区位熵、主营业务收入区位熵、总资产区位熵、从业人员区位熵 4 个三级指标，全部为正向指标。2. 基于熵值法的指标权重估算

确定指标权重的方法主要有平均数法、德尔菲法、层次分析法、熵值法等。我们采用熵值法估算各指标的权重，这种方法“主要通过分析各指标之间的关联程度及各指标所提供的信息量来确定指标的权重，能够在一定程度上避免主观赋值所带来的偏差”①。

假设 x_{ij} 表示样本 i 的第 j 个指标的数值（$i=1,2,\cdots,n;j=1,2,\cdots,p$），其中 n 和 p 分别为样本个数与指标个数。采用熵值法估算指标权重的具体步骤为：

第一步，对指标做比重变换，公式为：$s_{ij}=\dfrac{x_{ij}}{\sum\limits_{i=1}^{n}x_{ij}}$；

第二步，计算指标的熵值，公式为：$h_j=-\sum\limits_{i=1}^{n}s_{ij}\ln s_{ij}$；

第三步，将熵值逆行化，公式为：$\alpha_j=\dfrac{\max(h)_j}{h_j}(\alpha_j\geqslant 1)$；

第四步，计算 j 项指标的权重，公式为：$w_j=\dfrac{\alpha_j}{\sum\limits_{j=1}^{p}\alpha_j}$。

本书依据 29 个样本省区相关指标数据 2003—2011 年的均值，运用熵值法测算了“资源禀赋—空间集聚”耦合系统的各评价指标的权重，各指标的最终权重如表 7－3 所示。

3．指标数据标准化处理

由于相关指标的原始数据量纲和数量级不同，为了便于进行比较，须对原始数据进行无量纲化处理。我们主要采用极差标准化的方法对相关原始数据进行标准化处理。

（1）对于正向指标，标准化处理的公式为：$u_{ij}=\dfrac{x_{ij}-\min(x_j)}{\max(x_j)-\min(x_j)}$

（2）对于负向指标，标准化处理的公式为：$u_{ij}=\dfrac{\max(x_j)-x_{ij}}{\max(x_j)-\min(x_j)}$

4．“资源禀赋—空间集聚”系统耦合协调度的测算结果与比较分析

① 蒋敏. 中国省域交通与城市化的耦合度分析[J]. 新疆社会科学，2008(5)：19－24

本书基于29省区相关指标数据2003—2011年的均值测算了植物油加工业“资源禀赋—空间集聚”系统的耦合协调度及相关变量的均值，详见表7-4。

从耦合度的测算结果来看，在样本期内大部分省区植物油加工业资源禀赋与空间集聚的耦合度较高，除了北京因空间集聚序参量取值为0而处于无序状态之外，有25个省区处于高水平耦合状态，占样本量的比重约为86%；福建因耦合度取值为1而处于耦合有序状态；新疆和广东虽然同处于磨合耦合状态，但是成因恰恰相反，新疆是资源禀赋序参量取值较低而空间集聚序参量取值较高，而广东则是资源禀赋序参量取值较高而空间集聚序参量取值较低。大部分省区耦合度较高，一方面与产业属性和各省区的发展战略有关，对于主要依靠对植物油料的初级加工来提供生活必需品的产业，各省区为满足区域稳定供给一般会依据当地的资源条件适当加以发展；另一方面也一定程度上说明本书所选择的资源禀赋与空间集聚的评价指标基本合理。但是，还需要看到，部分省区尽管耦合度水平较高，但是资源禀赋和空间集聚两个序参量的取值都比较低，存在严重的伪协调问题，例如，陕西、福建、青海、贵州等。

表7-4 2003—2011年植物油加工业“资源禀赋—空间集聚”系统耦合协调度及相关变量均值

地区	资源禀赋序参量(u_1)	空间集聚序参量(u_2)	耦合度(C)	综合协调指数(T)	耦合协调度(D)	类型
黑龙江	0.505 329	0.934 72	0.954 51	0.720 025	0.829 018	良好协调
山东	0.498 182	0.539 021	0.999 225	0.518 602	0.719 861	中级协调
湖北	0.383 687	0.446 008	0.997 175	0.414 847	0.643 176	初级协调
河南	0.433 571	0.360 903	0.995 808	0.397 237	0.628 945	初级协调
江苏	0.554 891	0.275 407	0.941 645	0.415 149	0.625 238	初级协调
广西	0.228 43	0.638 056	0.881 2	0.433 243	0.617 878	初级协调
河北	0.354 442	0.366 194	0.999 867	0.360 318	0.600 225	初级协调
辽宁	0.410 734	0.306 099	0.989 289	0.358 417	0.595 464	勉强协调
安徽	0.357 561	0.272 561	0.990 86	0.315 061	0.558 732	勉强协调
湖南	0.292 807	0.312 448	0.999 473	0.302 627	0.549 971	勉强协调
新疆	0.120 453	0.675 009	0.716 927	0.397 731	0.533 989	勉强协调
广东	0.643 941	0.123 738	0.735 403	0.383 84	0.531 297	勉强协调
内蒙古	0.250 273	0.307 43	0.994 734	0.278 851	0.526 672	勉强协调
天津	0.188 77	0.359 786	0.950 162	0.274 278	0.510 498	勉强协调

续 表

地区	资源禀赋序参量(u_1)	空间集聚序参量(u_2)	耦合度(C)	综合协调指数(T)	耦合协调度(D)	类型
四川	0.323 65	0.206 327	0.975 189	0.264 989	0.508 344	勉强协调
陕西	0.246 579	0.229 229	0.999 335	0.237 904	0.487 592	濒临失调
福建	0.228 863	0.228 703	1	0.228 783	0.478 313	濒临失调
吉林	0.240 401	0.200 496	0.995 896	0.220 448	0.468 555	濒临失调
上海	0.321 799	0.109 833	0.871 114	0.215 816	0.433 59	濒临失调
江西	0.259 756	0.094 844	0.885 276	0.177 3	0.396 181	轻度失调
贵州	0.135 241	0.170 304	0.993 394	0.152 773	0.389 568	轻度失调
浙江	0.363 051	0.062 87	0.709 424	0.212 96	0.388 689	轻度失调
山西	0.218 359	0.085 431	0.899 186	0.151 895	0.369 57	轻度失调
青海	0.123 173	0.144 542	0.996 809	0.133 858	0.365 282	轻度失调
云南	0.167 676	0.081 606	0.938 503	0.124 641	0.342 017	轻度失调
甘肃	0.169 264	0.078 238	0.929 914	0.123 751	0.339 231	轻度失调
重庆	0.159 537	0.054 452	0.871 115	0.106 994	0.305 294	轻度失调
宁夏	0.081 727	0.046 534	0.961 62	0.064 131	0.248 333	中度失调
北京	0.459 617	0	0	0.229 808	0	极度失调

从耦合协调度的测算结果来看,大部分省区的植物油加工业资源禀赋与空间集聚的耦合协调度取值不高,仅有黑龙江耦合协调度取值超过 0.8,处于良好协调状态;山东超过 0.7,处于中级协调状态;湖北、河南、江苏、广西、河北超过 0.6,处于初级协调状态;耦合协调度取值超过 0.6 的省区数量仅占样本总数的 24%;8 个省区处于勉强协调状态;4 个省区处于濒临失调状态(其中包括耦合度取值为 1 的福建);8 个省区处于轻度失调状态;宁夏处于中度失调状态;而北京处于极度失调状态。从耦合协调度的形成原因来看,黑龙江和山东资源禀赋和空间集聚两个序参量总体上取值都比较高,但是相对而言都主要受益于空间集聚方面的优势;在 5 个初级协调的省区中,3 个省区属于资源禀赋与空间集聚都有一定程度发展的情况,2 个省区受益于单方面的强势拉动:江苏靠资源禀赋优势弥补了空间集聚的不足,而广西则靠空间集聚优势弥补了资源禀赋的劣势;在 8 个勉强协调的省区中,大部分省区得益于资源禀赋与空间集聚的同步发展,而新疆和天津主要依靠空间集聚的强势拉动,广东则主要依靠资源禀赋的强劲支撑;在 8 个轻度失调的省区

中，除了贵州和青海，失调的原因都源于空间集聚的落后；宁夏处于中度失调状态的原因在于资源禀赋与空间集聚的双重落后；而北京则在严重滞后的空间集聚的拖累下陷入极度失调状态。

从植物油加工业资源禀赋与空间集聚的耦合协调度的变化趋势来看(表 7-5)，大部分省区的耦合协调度总体上保持稳定，波动幅度不大，27 个省区2003—2011 年平均变化幅度不超过 10%；但是，大部分省区的耦合协调度总体上呈现下降态势，剔除北京之后，2011 年的耦合协调度取值大于 2003 年的省区只有 8 个，2011 年的耦合协调度取值大于样本期均值的省区只有 7 个。

表 7-5 2003—2011 年植物油加工业“资源禀赋——空间集聚”系统耦合协调度

年份	2003	2004	2005	2006	2007	2008	2009	2010	2011
黑龙江	0.773 7	0.801 3	0.836 4	0.839 4	0.811 1	0.828 9	0.825 9	0.816 1	0.824 3
山东	0.726 2	0.769 5	0.752 3	0.744 2	0.740 5	0.730 4	0.692 1	0.661 8	0.635 0
湖北	0.656 4	0.616 4	0.609 2	0.614 8	0.637 2	0.651 0	0.662 1	0.636 0	0.647 5
河南	0.642 3	0.635 0	0.656 0	0.642 4	0.656 2	0.642 7	0.598 3	0.582 1	0.581 6
江苏	0.628 8	0.648 6	0.618 8	0.619 3	0.630 3	0.630 9	0.624 4	0.615 0	0.564 3
广西	0.663 5	0.621 3	0.619 8	0.604 9	0.635 9	0.634 3	0.614 0	0.587 0	0.559 4
河北	0.649 9	0.654 8	0.626 1	0.621 6	0.620 6	0.597 8	0.557 4	0.536 6	0.516 5
辽宁	0.617 8	0.635 0	0.605 4	0.619 4	0.614 2	0.604 3	0.555 7	0.548 6	0.521 2
安徽	0.599 9	0.588 9	0.590 0	0.537 9	0.552 8	0.544 7	0.532 9	0.520 3	0.504 7
湖南	0.499 7	0.519 3	0.525 3	0.532 0	0.563 7	0.582 4	0.566 1	0.561 4	0.558 9
新疆	0.509 6	0.564 7	0.526 1	0.519 9	0.544 9	0.540 2	0.534 8	0.534 9	0.505 1
广东	0.516 4	0.540 3	0.513 9	0.493 7	0.563 2	0.562 5	0.535 5	0.510 0	0.483 7
内蒙古	0.511 2	0.549 4	0.547 5	0.543 5	0.548 2	0.530 7	0.498 9	0.488 4	0.493 6
四川	0.502 5	0.519 1	0.516 0	0.484 1	0.517 1	0.520 7	0.510 2	0.489 6	0.48 76
天津	0.473 0	0.477 9	0.474 5	0.503 1	0.526 4	0.529 6	0.521 1	0.523 6	0.509 7
陕西	0.492 7	0.4870	0.474 1	0.476 8	0.502 5	0.497 7	0.480 3	0.474 2	0.466 9
福建	0.415 9	0.478 3	0.475 2	0.468 5	0.435 9	0.516 1	0.496 2	0.504 7	0.463 1
吉林	0.510 8	0.504 0	0.497 4	0.434 3	0.475 4	0.451 5	0.470 8	0.443 1	0.412 7
上海	0.413 0	0.454 4	0.442 7	0.432 7	0.460 9	0.464 8	0.416 1	0.388 6	0.386 8
江西	0.321 1	0.352 2	0.342 2	0.346 5	0.385 4	0.428 2	0.419 3	0.435 6	0.438 2

续 表

年 份	2003	2004	2005	2006	2007	2008	2009	2010	2011
浙 江	0.418 4	0.425 5	0.393 7	0.366 1	0.386 8	0.390 0	0.370 2	0.368 0	0.343 9
贵 州	0.442 4	0.427 5	0.419 4	0.404 6	0.410 8	0.352 6	0.359 1	0.317 0	0.322 3
山 西	0.396 2	0.412 1	0.394 7	0.373 7	0.369 8	0.344 3	0.343 3	0.332 2	0.321 9
青 海	0.425 7	0.370 5	0.351 5	0.322 8	0.353 0	0.359 9	0.363 4	0.368 3	0.327 7
甘 肃	0.306 5	0.303 5	0.351 1	0.339 5	0.364 9	0.369 9	0.356 6	0.334 4	0.298 4
云 南	0.269 5	0.222 2	0.339 3	0.368 6	0.371 4	0.380 7	0.365 6	0.330 9	0.319 3
重 庆	0.191 9	0.318 6	0.266 7	0.272 4	0.266 1	0.263 4	0.282 7	0.359 3	0.367 1
宁 夏	0.135 3	0.188 5	0.231 4	0.255 5	0.256 5	0.277 3	0.273 6	0.276 4	0.271 7

进一步从植物油加工业资源禀赋与空间集聚耦合协调度与全要素生产率变化的对应关系来看，2003—2011 年，15 个全要素生产率呈现增长态势的省区，耦合协调度的均值为 0.513 3，处于勉强协调状态；而 13 个全要素生产率呈现下降态势的省区（不包括北京），耦合协调度的均值为 0.484，处于濒临失调状态。从个别省区的情况来看，耦合协调度最高的黑龙江和山东，全要素生产率都呈现增长态势；而耦合协调度最低的北京和宁夏，全要素生产率都呈现下降态势，其中宁夏全要素生产率下降幅度最大。为了更直观地对比全要素生产率变化与耦合协调度之间的关系，我们测算了各省区全要素生产率变化与耦合协调度相对于全国平均水平的比值，结果显示（图 7－1），16 个省区的耦合协调度相对领先于全要素生产率，占样本总量（不包括北京）的 57％，说明大部分省区的耦合协调度对于全要素生产率增长有拉动作用。

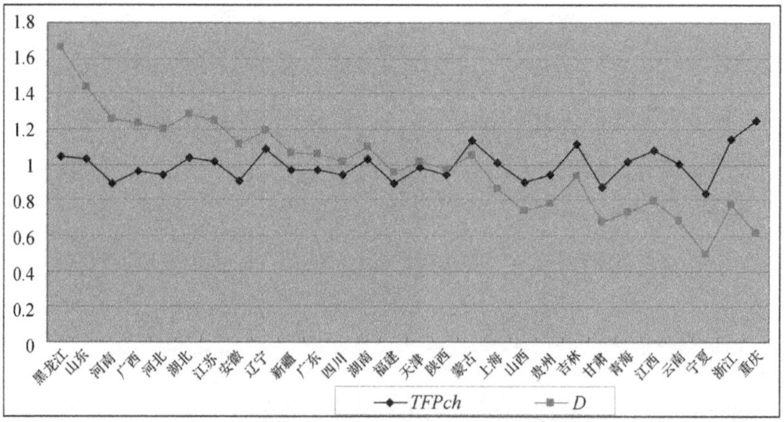

图 7－1　2003—2011 年全要素生产率变化与耦合协调度相对值的对应关系

二、资源禀赋、空间集聚对植物油加工业全要素生产率变化的影响:基于耦合视角

(一) 资源禀赋、空间集聚对植物油加工业全要素生产率变化的影响:基于替代指标的分析

如前文所述,资源禀赋与空间集聚都是影响植物油加工业全要素生产率变化的重要因素,但是二者在不同维度的指标所产生的影响存在显著差异。为了进一步考量资源禀赋和空间集聚对于植物油加工业全要素生产率变化的影响,我们分别选择二者的核心替代指标,包括植物油料播种面积比重、植物油料产量比重、主营业务收入区位熵、从业人员区位熵,作为解释变量,选择企业平均总资产规模作为控制变量,运用动态面板数据模型进行回归分析。

1. 模型设定

假设植物油料播种面积(VOAP)、植物油料产量(VOAQ)、主营业务收入区位熵(LQZY)、从业人员区位熵(LQRY)以及企业平均总资产规模(ASIZE)对植物油加工业全要素生产率变化及其分解指标的影响可以表示为:

$$Malmquist = \varphi \times VOAP^{\alpha} \times VOAQ^{\beta} \times LQZY^{\gamma} \times LQRY^{\mu} \times ASIZE^{\pi} \quad (1)$$

对(1)式两边取自然对数可得:

$$\ln Malmquist = \varphi + \alpha \ln VOAP + \beta \ln VOAQ + \gamma \ln LQZY + \mu \ln LQRY + \pi \ln ASIZE \quad (2)$$

由于全要素生产率及其分解指标的变化速度既可能在惯性作用下趋向发散,也可能在边际递减规律的作用下趋向收敛,无论哪种机制发生作用,当期增长速度都必然会受到前期增速的影响,因此,我们引入因变量的一阶滞后变量,将被解释变量的替代指标分别代入(2)式,并加入不可观测、不随时间变化的个体效应集 ω 和随机扰动项 ε,可建立如下动态面板模型:

$$\ln TFPch_{it} = \varphi + \lambda \ln TFPch_{it-1} + \alpha \ln VOAP_{it} + \beta \ln VOAQ_{it} + \gamma \ln LQZY_{it} + \mu \ln LQRY_{it} + \pi \ln ASIZE_{it} + \omega_{it} + \varepsilon_{it} \quad (3)$$

$$\ln TECHch_{it} = \varphi + \lambda \ln TECHch_{it-1} + \alpha \ln VOAP_{it} + \beta \ln VOAQ_{it} + \gamma \ln LQZY_{it} + \mu \ln LQRY_{it} + \pi \ln ASIZE_{it} + \omega_{it} + \varepsilon_{it} \quad (4)$$

$$\ln EFFch_{it} = \varphi + \lambda \ln EFFch_{it-1} + \alpha \ln VOAP_{it} + \beta \ln VOAQ_{it} + \gamma \ln LQZY_{it} + \mu \ln LQRY_{it} + \pi \ln ASIZE_{it} + \omega_{it} + \varepsilon_{it} \quad (5)$$

$$\ln SEch_{it} = \varphi + \lambda \ln SEch_{it-1} + \alpha \ln VOAP_{it} + \beta \ln VOAQ_{it} + \gamma \ln LQZY_{it} +$$

$$\mu \ln LQRY_{it} + \pi \ln ASIZE_{it} + \omega_{it} + \varepsilon_{it} \tag{6}$$

$$\ln PEch_{it} = \varphi + \lambda \ln PEch_{it-1} + \alpha \ln VOAP_{it} + \beta \ln VOAQ_{it} + \gamma \ln LQZY_{it} + \mu \ln LQRY_{it} + \pi \ln ASIZE_{it} + \omega_{it} + \varepsilon_{it} \tag{7}$$

2. 数据来源与方法选择

全要素生产率及其分解指标来自基于 DEA 的 Malmquist 生产率指数(第四章),植物油料播种面积比重和植物油料产量比重根据相关年份《中国统计年鉴》数据计算(第五章),主营业务收入区位熵、总资产区位熵、企业平均总资产规模数据根据"中国统计数据应用支持系统"公布的植物油加工业数据和"中经网统计数据库"公布的规模以上工业数据计算(第六章)。由于全要素生产率变化及其分解指标均为环比增长指标,所有解释变量和控制变量数据均转换为当期值与上期值之比。

由于在动态面板模型中,将被解释变量的滞后项作为解释变量会产生自相关问题,植物油加工业发展及其效率变化还会受到文化习俗、地理气候等难以观测的因素影响,所选解释变量之间也可能存在内生性问题,因此,通常的随机效应或者固定效应估计方法所得出的估计值将是有偏的、非一致的。Arellano & Bond (1991)提出的差分广义矩(DIF-GMM)估计方法①通过差分消除不可观测、不随时间变化的个体效应,并且将滞后两阶及以上的变量作为工具变量以消除内生性问题,从而较好低克服了常用估计方法的困境。但是,差分在消除个体效应的同时也会产生部分信息损失,从而弱化工具变量和估计结果的有效性。Blundell & Bond (1998)提出的系统广义矩(System-GMM)估计方法②将被解释变量差分的滞后项与随机误差项正交作为新的矩条件,可以同时利用变量水平变化和差分变化的信息,进而克服差分广义矩的缺陷,而且本书样本具有"时间维度小、截面维度大"的特征,也更适合系统广义矩(System-GMM)估计方法。本书采用系统广义矩(System-GMM)估计方法对上述模型进行回归分析,并且用 Sargan 统计量进行过度识别约束检验,用 AR(2)统计值进行差分后的残差项序列相关检验。Sargan 过度识别约束检验的原假设是模型中的所有矩条件有效,拒绝原假设说明模型设定错误;Arellano-Bond 二阶自相关检验的原假设是模型不存在二阶自相关,拒绝原假设说明模型不能适用差分广义矩估计。

---

① Arellano M, Bond S. Some tests of specification for panel data: Monte Carlo evidence and an application to employment equations[J]. Review of Economic Studies, 1991(58):277-297

② Blundell R, Bond S. Initial conditions and moment restrictions in dynamic panel data models[J]. Journal of Econometrics,1998(87):115-143

本书的系统广义矩(System-GMM)估计及 Sargan 统计量、AR(2)统计值均借助 Stata 12.0 统计软件实现。

3. 估计结果分析

从表 7-6 的估计结果来看,5 个模型的 Sargan 统计值和 AR(2)统计值的伴随概率均大于 0.05,不能拒绝原假设,说明模型设定正确,并且不存在二阶自相关问题,系数估计是有效的,可以用于解释变量之间的经济含义。所有被解释变量的一阶滞后项对解释变量都有显著负向影响,说明全要素生产率及其分解指标的增长速度在边际递减规律的作用下趋向收敛,完全合乎基于 Malmquist 生产率指数法获得的样本数据的特征,这也说明了在模型中引入一阶滞后项具有合理性。

表 7-6 资源禀赋、空间集聚的替代指标对植物油加工业全要素生产率变化的影响估计结果

变量	*TFPch*	*TECHch*	*EFFch*	*SEch*	*PEch*
L1.	—.375 658 4***	—.347 509 4***	—.426 361 2***	—.327 329 8***	—.609 733 8***
	(—14.01)	(—24.71)	(—11.72)	(—54.17)	(—27.49)
voaq	.209 125 4	—.153 959 9*	.551 547 5**	.598 466***	.196 909 9
	(1.22)	(—1.79)	(1.99)	(10.34)	(1.32)
voap	—.400 076 9	.239 716 5**	—.762 966***	—.508 637 6***	—.297 330 9**
	(—1.61)	(2.10)	(—3.28)	(—8.90)	(—2.18)
LQZY	.545 544 1***	.087 386 7**	.306 598 1**	.159 176 5*	.094 953 7
	(3.27)	(2.26)	(2.07)	(1.65)	(0.59)
LQRY	.001 025 4	—.148 371 5***	.066 680 7	—.064 849 5	.016 045 6
	(0.01)	(—3.00)	(0.75)	(—0.89)	(0.23)
ASIZE	—.359 287***	.166 267 4***	—.333 720 1***	—.277 889 1***	—.208 813 5***
	(3.17)	(3.29)	(—4.23)	(—4.63)	(—3.97)
c	.067 305 8***	—.054 411 9*	.094 717 9***	.094 957 4***	.042 428 7
	(4.75)	(—6.64)	(6.69)	(11.73)	(3.68)
Sargan	25.420 64	28.483 83	25.912 39	25.008 71	27.870 08
test	[0.495 3]	[0.335 1]	[0.467 9]	[0.518 5]	[0.112 5]
AR(1)	—3.945 1	—4.201 1	—4.220 7	—3.455 2	—3.129 6
	[0.000 1]	[0.000 0]	[0.000 0]	[0.000 5]	[0.001 8]
AR(2)	—.664 64	—1.115 4	—.512 71	.882 96	—.969 51
	[0.506 3]	[0.264 7]	[0.608 2]	[0.377 3]	[0.332 3]

注:(1) *、* *、* * *分别表示在 10%、5%、1%的统计水平下显著;(2)圆括号内的数值为 t 检验值,方括号内的数值为检验值的伴随概率 P 值。

植物油料产量对技术变化有显著负向影响,作用系数为—0.153 959 9,对技术效率变化和规模效率变化有显著正向影响,作用系数分别为 0.551 547 5 和 0.598 466,但对全要素生产率变化和纯效率变化的正向影响并不显著;植物油料播种面积对技术变化有显著正向影响，作用系数为 0.239 716 5，对技术效率变化以及规模效率和纯效率均有显著负向影响，作用系数分别为−0.762 966、−0.508 637 6、−0.297 330 9，但对全要素生产率的负向影响并不显著。与不考虑空间集聚的情况相比，植物油料产量和植物油料播种面积对于技术变化的影响发生了明显的翻转，可能主要是因为植物油加工业的集聚发展强化了对于植物油料的依赖，植物油料产量丰裕地区能够凭借原料供给优势支撑植物油加工业发展，进而导致技术创新动力弱化，而植物油料播种面积扩大是植物油料需求量上升引致的结果，因而植物油料播种面积增速较快的地区往往是需求缺口较大的地区，其对于要素替代型或原料节约型技术进步的需求也比较强烈。与这种变化相对应，在考虑空间集聚的情况下，植物油料产量对于全要素生产率的正向影响和播种面积的负向影响均变得不显著。

主营业务收入区位熵对全要素生产率、技术变化、技术效率和规模效率均有显著正向影响，作用系数分别为 0.545 544 1、0.087 386 7、0.306 5981、0.159 176 5，但是对于纯效率变化的正向影响并不显著；从业人员区位熵对技术变化有显著负向影响，作用系数为−0.148 371 5，而对全要素生产率变化、技术效率变化和纯效率变化的正向影响以及对规模效率变化的负向影响均不显著。与不考虑资源禀赋的情况相比，主营业务收入区位熵和从业人员区位熵对于全要素生产率及其分解指标的影响基本保持稳定，只有从业人员区位熵对于规模效率变化的负向影响变得不显著。

企业平均资产规模对全要素生产率、技术效率、规模效率和纯效率变化均有显著负向影响，作用系数分别为−0.359 287、−0.333 720 1、−0.277 889 1、−0.208 813 5，对技术变化有显著正向影响，作用系数为 0.166 267 4。企业平均资产规模对全要素生产率及其分解指标的影响与不考虑资源禀赋的情况完全一致，仅存在系数值的区别，这也在一定程度上体现了控制变量选择的合理性。

(二) 资源禀赋、空间集聚对植物油加工业全要素生产率变化的影响：基于序参量指标的分析

1. 模型设定与方法选择

尽管部分替代指标能够在一定程度上反映资源禀赋与空间集聚对于植物油加工业全要素生产率的影响，但是由于二者的内涵极其丰富，少数替代指标并不能充分反映二者的实际水平，并且以不同指标来考量所得出的结论也存在显著差异。因此，本书借用耦合系统分析过程中基于相应评价指标体系得出的序参量评分来

反映资源禀赋和空间集聚的发展水平，并将二者作为解释变量，将企业平均资产规模作为控制变量，构建动态面板数据模型，从相对综合的视角来分析资源禀赋与空间集聚对植物油加工业全要素生产率变化的影响。

模型设定如下：

$$\ln TFPch_{it} = \varphi + \lambda \ln TFPch_{it-1} + \alpha \ln UCLUSTER_{it} + \beta \ln URESOURCE_{it} + \pi \ln ASIZE_{it} + \omega_{it} + \varepsilon_{it} \tag{8}$$

$$\ln TECHch_{it} = \varphi + \lambda \ln TECHch_{it-1} + \alpha \ln UCLUSTER_{it} + \beta \ln URESOURCE_{it} + \pi \ln ASIZE_{it} + \omega_{it} + \varepsilon_{it} \tag{9}$$

$$\ln EFFch_{it} = \varphi + \lambda \ln EFFch_{it-1} + \alpha \ln UCLUSTER_{it} + \beta \ln URESOURCE_{it} + \pi \ln ASIZE_{it} + \omega_{it} + \varepsilon_{it} \tag{10}$$

$$\ln SEch_{it} = \varphi + \lambda \ln SEch_{it-1} + \alpha \ln UCLUSTER_{it} + \beta \ln URESOURCE_{it} + \pi \ln ASIZE_{it} + \omega_{it} + \varepsilon_{it} \tag{11}$$

$$\ln PEch_{it} = \varphi + \lambda \ln PEch_{it-1} + \alpha \ln UCLUSTER_{it} + \beta \ln URESOURCE_{it} + \pi \ln ASIZE_{it} + \omega_{it} + \varepsilon_{it} \tag{12}$$

其中，UCLUSTER、URESOURCE 分别指空间集聚和资源禀赋的序参量，采用前文计算数据，转换为当期数据与上期数据的比值，其他变量含义同前文。

与前文相同，本节对动态面板数据模型的系统广义矩(System－GMM)估计及 Sargan 统计量、AR(2)统计值均借助 Stata 12.0 统计软件实现。

2. 估计结果分析

从表 7－7 的估计结果来看，五个模型的 Sargan 统计值和 AR(2)统计值的伴随概率均大于 0.05，不能拒绝原假设，说明模型设定正确，并且不存在二阶自相关问题，系数估计是有效的，可以用于解释变量之间的经济含义。所有被解释变量的一阶滞后项对解释变量都有显著负向影响，说明全要素生产率及其分解指标的增长速度在边际递减规律的作用下趋向收敛，完全合乎基于 Malmquist 生产率指数法获得的样本数据的特征，这也说明了在模型中引入一阶滞后项具有合理性。

资源禀赋序参量对植物油加工业全要素生产率变化、技术变化、纯效率变化均有显著正向影响，作用系数分别为 0.566 745 9、0.626 094 3、0.977 226 8，对技术效率变化有显著负向影响，作用系数为－0.359 728 4，对规模效率变化的正向影响并不显著。这说明，尽管不同资源条件对于植物油加工业全要素生产率及其分解指标的影响存在显著差异，但是总体而言，一个地区综合的资源禀赋条件越好。越能够为技术创新和资源优化配置提供更好的支撑，从而越能够促进全要素生产率的提高，而且由于我们所讨论的综合资源条件包涵了技术资源条件，所以资源禀赋序参量对技术进步有显著正向影响。然而,一个地区的禀赋资源往往为多个产业共享,即便植物油料也并不为植物油加工业所独享,因而植物油加工业在本地区国民经济中的地位决定了其所能够得到的资源支撑。按照这种分析逻辑,由于植物油加工业属于初级加工业,在产业结构体系中属于边缘性部分,往往难以依靠禀赋资源的支撑而实现规模效率,这可以在一定程度上解释为什么资源禀赋序参量对规模效率变化影响不显著,并且对技术效率变化有显著负向影响。

表 7-7　资源禀赋、空间集聚序参量对植物油加工业全要素生产率变化的影响估计结果

变量	*TFPch*	*TECHch*	*EFFch*	*SEch*	*PEch*
L1.	-.385 182 7***	-.399 571***	-.476 143 5***	-.346 755 3***	-.599 033 6***
	(-22.81)	(-27.62)	(-29.82)	(-26.64)	(-22.21)
URESOURCE	.566 745 9**	.626 094 3***	-.359 728 4*	.080 542 3	.977 226 8***
	(2.22)	(7.70)	(-1.70)	(0.44)	(2.65)
UCLUSTER	.258 775 8***	-.278 064 5***	.210 189 7***	.184 953 7**	-.261 121 2***
	(4.46)	(-8.87)	(7.15)	(2.30)	(-2.70)
ASIZE	-.262 888 1***	.258 885 5***	-.3576069***	-.300 768 6***	-.151 677 5***
	(-2.70)	(7.42)	(-5.60)	(-24.30)	(-3.57)
c	.055 268 9***	-.083 727 5***	.108 683 2***	.105 926 5***	.011 650 8
	(2.94)	(-15.64)	(7.40)	(25.29)	(0.91)
Sargan test	25.355 51	27.383 53	26.527 33	24.621 97	25.072
	[0.498 9]	[0.389 4]	[0.434 4]	[0.540 4]	[0.198 7]
AR(1)	-3.995 8	-3.895 8	-3.750 8	-3.499 9	-3.208 5
	[0.000 1]	[0.000 1]	[0.000 2]	[0.000 5]	[0.001 3]
AR(2)	-.659 88	-.301 91	-.621 03	1.141 1	-.355 95
	[0.509 3]	[0.762 7]	[0.534 6]	[0.253 8]	[0.721 9]

注:(1) *、**、*** 分别表示在 10%、5%、1% 的统计水平下显著;(2)圆括号内的数值为 t 检验值,方括号内的数值为检验值的伴随概率 P 值。

空间集聚序参量对植物油加工业全要素生产率变化、技术效率变化、规模效率变化均有显著正向影响,作用系数分别为 0.258 775 8、0.210 189 7、0.184 953 7,对技术变化和纯效率变化有显著负向影响,作用系数分别为 -0.278 064 5、-0.261 121 2。这说明,尽管不同集聚指标对于全要素生产率的影响存在差异,但是,综合来看,一个地区产业集聚水平提高速度越快,植物油加工业全要素生产率的增长速度也越快,而且促进作用主要来自技术效率特别是规模效率改进。其原因在于,植物油加工业空间集聚水平的提高必然伴随着产业规模的快速扩张以及龙头企业市场份额的提高,能够为实现规模效率提供良好支撑。但是,由于植物油加工业的空间集聚水平还不高,集聚经济的多种良好效应和外部性尚未充分显现,加上该产业的技术含量相对较低，资源优化配置面临的时空约束和体制壁垒也比较多，因而空间集聚对技术进步和资源优化配置产生了负向影响。

企业平均资产规模对全要素生产率变化、技术效率变化、规模效率变化、纯效率变化均有显著负向影响，作用系数分别为－0.262 888 1、－0.357 606 9、－0.300 768 6、－0.151 677 5，对技术变化有显著正向影响，作用系数为 0.258 885 5，与其他模型相比，无实质性变化。这说明，技术创新的大企业论适用于植物油加工业，企业资产规模的提高能够强化技术创新。但是，植物油加工企业的平均规模仍然偏小，既难以实现企业层面的规模效率，也难以促进宏观层面的资源优化配置。

(三) 资源禀赋与空间集聚耦合协调度对植物油加工业全要素生产率变化的影响

1. 模型设定与方法选择

资源禀赋与空间集聚均对植物油加工业全要素生产率变化有重要影响，同时二者之间存在复杂的互动关系，二者之间的关系状态也会对植物油加工业全要素生产率产生深刻影响。为此，我们将资源禀赋与空间集聚之间的耦合协调度作为解释变量，将企业平均资产规模作为控制变量，构建动态面板数据模型来检验资源禀赋与空间集聚的互动关系状态对植物油加工业全要素生产率变化的影响。

模型设定如下：

$$\ln TFPch_{it} = \varphi + \lambda \ln TFPch_{it-1} + \alpha \ln D_{it} + \beta \ln ASIZE_{it} + \omega_{it} + \varepsilon_{it} \tag{13}$$

$$\ln TECHch_{it} = \varphi + \lambda \ln TECHch_{it-1} + \alpha \ln D_{it} + \beta \ln ASIZE_{it} + \omega_{it} + \varepsilon_{it} \tag{14}$$

$$\ln EFFch_{it} = \varphi + \lambda \ln EFFch_{it-1} + \alpha \ln D_{it} + \beta \ln ASIZE_{it} + \omega_{it} + \varepsilon_{it} \tag{15}$$

$$\ln SEch_{it} = \varphi + \lambda \ln SEch_{it-1} + \alpha \ln D_{it} + \beta \ln ASIZE_{it} + \omega_{it} + \varepsilon_{it} \tag{16}$$

$$\ln PFch_{it} = \varphi + \lambda \ln PEch_{it-1} + \alpha \ln D_{it} + \beta \ln ASIZE_{it} + \omega_{it} + \varepsilon_{it} \tag{17}$$

其中，D 指空间集聚与资源禀赋的耦合协调度，采用前文计算数据，转换为当期数据与上期数据的比值，其他变量含义同前文。

与前文相同，本节对动态面板数据模型的系统广义矩(System-GMM)估计及 Sargan 统计量、AR(2)统计值均借助 Stata 12.0 统计软件实现。

2. 估计结果分析

从表 7－8 的估计结果来看，5 个模型的 Sargan 统计值和 AR(2)统计值的伴随概率均大于 0.05，不能拒绝原假设，说明模型设定正确，并且不存在二阶自相关问题，系数估计是有效的，可以用于解释变量之间的经济含义。

表 7-8 资源禀赋、空间集聚耦合协调度对植物油加工业全要素生产率变化的影响估计结果

变量	*TFPch*	*TECHch*	*EFFch*	*SEch*	*PEch*
L1.	−.399 247 7***	−.352 274 2***	−.470 998 9***	−.349 108 5***	−.626 850 4***
	(−59.84)	(−43.43)	(−37.55)	(−57.05)	(−25.73)
D	1.150 403***	−.726 812 7***	.708 792***	.702 583***	−.822 26***
	(4.55)	(−8.18)	(5.42)	(2.37)	(−2.68)
ASIZE	−.269 338 6***	.212 641 9***	−.328 898 3***	−.259 030 7***	−.140 109 2***
	(−2.71)	(7.47)	(−7.96)	(−19.96)	(−3.12)
c	.065 353 4***	−.069 900 3***	.097 638 2***	.099 399 9***	.025 004**
	(3.49)	(−38.15)	(12.58)	(28.62)	(2.25)
Sargan test	26.254 41	27.876 21	26.996 49	24.812 3	24.642 4
	[0.449 2]	[0.364 6]	[0.409 5]	[0.529 6]	[0.215 5]
AR(1)	−3.958 2	−4.014 8	−3.698 2	−3.518 7	−3.132 8
	[0.000 1]	[0.000 1]	[0.000 2]	[0.000 4]	[0.001 7]
AR(2)	−.750 14	−.451 72	−.593 85	1.080 6	−.586 36
	[0.453 2]	[0.651 5]	[0.552 6]	[0.279 9]	[0.557 6]

注:(1) *、* *、* * *分别表示在 10%、5%、1%的统计水平下显著;(2)圆括号内的数值为 t 检验值,方括号内的数值为检验值的伴随概率 P 值。

资源禀赋与空间集聚的耦合协调度对植物油加工业全要素生产率变化以及技术效率变化和规模效率变化均有显著正向影响,作用系数分别为 1.150 403、0.708 792、0.702 583,对技术变化和纯效率变化均有显著负向影响,作用系数分别为−0.726 812 7、−0.822 26。这说明,资源禀赋与空间集聚的耦合协调度有助于促进植物油加工业全要素生产率增长,并且这种促进作用主要通过技术效率特别是规模效率实现。通常在植物油加工产业集聚水平较高的地区,必然具有较大的产业规模,并且良好的资源禀赋条件能够为产业规模扩张提供要素支撑,从而有助于规模效率的实现。但是,由于在资源禀赋与空间集聚的互动关系中,空间集聚处于相对主导地位,通过需求引领和利益牵引影响着禀赋资源的流向,因而二者耦合协调度对全要素生产率及其分解指标的影响,至少在基本方向上同空间集聚序参量的影响相同。从这个意义上讲,资源禀赋与空间集聚的耦合协调度对植物油加工业技术变化和纯效率变化的显著负向影响也可以从空间集聚方面寻找原因。由产业属性决定的相对偏低的技术需求强度会弱化整个产业集聚对于技术创新的追求,依靠空间集聚获得的政策红利和市场优势也会弱化技术创新动力,因而耦合协调度高的地区反而技术创新效率偏低。同时,植物油加工业的集聚发展会造就诸多既得利益群体,可能会采取非市场化手段阻碍资源的进一步优化配置,特别是在产业链条中处于主导地位的龙头企业,可能会更多采取市场替代的一体化战略进行规模扩张，进而通过垄断的市场结构和科层制的组织结构制约资源配置效率的提升。

企业平均资产规模对全要素生产率变化、技术效率变化、规模效率变化、纯效率变化均有显著负向影响，作用系数分别为－0.269 338 6、－0.328 898 3、－0.259 030 7、－0.140 109 2，对技术变化有显著正向影响，作用系数为0.212 641 9。与其他模型相比，无实质性变化，这佐证了技术创新的大企业论。当前相对偏小的企业规模制约着技术效率、规模效率和纯效率的改善，在全要素生产率变化动力主要源自技术效率特别是规模效率变化的背景下，企业规模难以推动全要素生产率增长。

三、本章小结

植物油加工业资源禀赋与空间集聚之间存在多维度、多向度的复杂的互动关系，物理学中的耦合系统分析方法为我们认识资源禀赋与空间集聚的互动关系提供了全新的视角。本书测算了29个省区2003—2011年植物油加工业资源禀赋与空间集聚的耦合协调度，结果显示，大部分省区的耦合协调度取值不高，仅有黑龙江处于良好协调状态，山东处于中级协调状态，5个省区处于初级协调状态，8个省区处于勉强协调状态，4个省区处于濒临失调状态，8个省区处于轻度失调状态，宁夏处于中度失调状态，而北京处于极度失调状态。样本期内，15个全要素生产率呈现增长态势的省区，耦合协调度的均值为0.513 3；处于勉强协调状态，而13个全要素生产率呈现下降态势的省区（不包括北京），耦合协调度的均值为0.484，处于濒临失调状态。

为了进一步检验资源禀赋与空间集聚对于植物油加工业全要素生产率的影响，本书选用不同解释变量进行了实证研究。基于替代指标的检验结果显示，在考虑空间集聚的情况下，植物油料播种面积和植物油料产量对全要素生产率的影响均变得不显著；而在考虑资源禀赋的情况下，主营业务收入区位熵和从业人员区位熵对于全要素生产率及其分解指标的影响基本保持稳定。基于序参量指标的检验结果显示，资源禀赋序参量和空间集聚序参量均对植物油加工业全要素生产率变化有显著正向影响，但资源禀赋序参量的正向影响主要源于技术变化和纯效率变化，而空间集聚序参量的正向影响主要源于技术效率特别是规模效率变化。进一步将资源禀赋与空间集聚的耦合协调度引入动态面板模型的计量结果显示，耦合协调度对植物油加工业全要素生产率变化以及技术效率变化和规模效率变化均有显著正向影响，对技术变化和纯效率变化均有显著负向影响。

第八章
结论与政策建议

本章拟对主要研究结论进行相对全面的总结，并且围绕提升全要素生产率、促进植物油加工业科学发展这一目标对相关政策建议进行相对系统的探讨，也对未来的研究方向进行展望和讨论。

一、研究结论

1. 提升全要素生产率、转变发展方式是化解植物油加工业多重安全危机的根本路径

中国植物油加工业发展已经取得了显著成就，产业规模持续扩大，产业结构趋于优化，但是也存在诸多问题与挑战，整个产业面临严峻的安全危机。其中，产业安全危机集中表现为外资控制和价值链的低端锁定，供给安全危机集中表现为植物油料自给率低下和油料加工产能严重过剩的矛盾，质量安全危机集中表现为地沟油的无序流通，消费安全危机则集中表现为与厂商操控有关的价格波动和与消费习惯有关的过度消费。造成上述多重危机的原因是多方面的，但是其共同的深层次成因则在于中国植物油加工业的粗放型发展方式。加快实现发展方式由粗放型向集约型转变，是促进中国植物油加工业健康发展的根本出路。而中国植物油加工业转变发展方式的关键是降低对物质要素投入的依赖，更多依靠科

技进步和全要素生产率的提高来推动产业发展。通过促进技术创新、改善资源配置效率、发挥规模经济效应来提升植物油加工业全要素生产率不仅有利于促进发展方式转变，而且有助于化解植物油加工业所面临的诸多安全危机。

2. 中国植物油加工业全要素生产率总体呈增长态势，增长动力主要来自规模效率变化

本书运用基于DEA的Malmquist生产率指数，以总产值为产出变量，以固定资产、存货、从业人员为投入变量，借助DEAP 2.1软件，对2003—2011年29个省区植物油加工业的全要素生产率变化及其分解指标进行了测算，结果发现，整个样本期间中国植物油加工业的全要素生产率呈增长态势，年均增长1.9%，而增长动力主要来自技术效率变化，特别是规模效率变化做出了突出贡献，而技术变化则对全要素生产率增长产生了制约作用。从四大区域来看，中国植物油加工业全要素生产率变化情况区域间差异并不显著，反而区域内部差异较大。四大区域植物油加工业全要素生产率的具体增长速度与区域经济发展水平并不完全吻合，东北地区表现最好，东部地区和西部地区次之，中部地区最差。中国植物油加工业全要素生产率增长总体上不存在σ收敛；在全国层面植物油加工业全要素生产率存在绝对β收敛，但四大区域均不存在绝对β收敛；条件β收敛不仅在全国层面存在，在东部、西部、中部三大区域也存在。

3. 资源禀赋的不同要素对植物油加工业全要素生产率的影响存在显著差异，优势论与诅咒论各有证据

从理论上看，资源禀赋既可能对植物油加工业发展及其效率改善产生正向影响，也可能产生负向影响，并且分别有禀赋优势论与资源诅咒论作为支撑。本书从核心要素、共性要素、支撑要素三个层次来考量植物油加工业的资源禀赋结构，并且选择相应替代指标进行了实证检验，结果发现：(1) 在核心要素中，植物油料产量对于植物油加工业规模优势及其增长速度、全要素生产率、技术进步、规模效率均有显著正向影响，支持了资源优势论的观点；而植物油料播种面积对植物油加工业的规模及全要素生产率、技术效率、规模效率、纯效率都有显著负向影响，揭示了存在“资源诅咒”效应的可能性。(2) 在共性要素中，劳动力对技术进步有显著正向影响，但对规模效率有显著负向影响；而固定资产投资对全要素生产率变化、技术变化、技术效率变化、纯效率变化具有显著正向影响；外资虽然对全要素生产率、技术效率、规模效率和纯效率均有显著正向影响，但是，对技术进步有显著制约作用。(3) 在支撑要素中，技术资源对产业规模、全要素生产率、技术进步、技术效率、纯效率均有显著正向影响；交通资源对全要素生产率、技术效率、纯效率有显著

正向影响，但是对于技术进步有显著负向影响。

4. 空间集聚对全要素生产率有显著促进作用，但是中国植物油加工业的空间集聚水平有待进一步提升

尽管产业集聚几乎已经成为包括植物油加工业在内的所有产业发展的主导模式，但是，从理论机理而言，产业集聚对植物油加工业发展及其效率提升具有双向影响。从行业集中度和空间基尼系数来看，样本期内，中国植物油加工业总体的集聚态势并不明显，集聚动力甚至出现弱化趋势。但是，植物油加工业在区域层面依然呈现出一定的集聚发展迹象，从区位熵 2003—2011 年的均值来看，有 18 个省区至少有一项指标的区位熵超过集聚标准(大于 1)，有 6 个省区四项指标的区位熵都超过集聚标准，而且黑龙江、广西、天津等地区的植物油加工业的区位熵达到了较高的水平。结合产业集聚区的资源禀赋特性，可以将其归纳为邻近主要原料产地、邻近主要消费市场、邻近交通运输枢纽三类，而且三类植物油加工业集聚区的平均全要素生产率增长速度均高于全国平均水平，其中第一类集聚区的全要素生产率增长速度、技术效率增长速度、规模效率增长速度最高，第三类集聚区次之，第二类集聚区最低。为了验证产业集聚对于全要素生产率变化的影响，我们以主营业务收入区位熵、从业人员区位熵为解释变量，以企业规模为控制变量，构建了动态面板数据模型，回归结果显示，主营业务收入区位熵对全要素生产率变化、技术变化、技术效率变化、规模效率变化都有显著正向影响；从业人员区位熵对技术进步和规模效率都有显著负向影响；企业规模对技术变化有显著正向影响，对全要素生产率变化、技术效率变化、规模效率变化、纯效率变化都有显著负向影响。

5. 资源禀赋与空间集聚的耦合协调度对植物油加工业全要素生产率有显著促进作用，但大部分地区的耦合协调度水平亟待提高

资源禀赋与空间集聚各自包涵丰富的内容，而且相互之间存在复杂的互动关系，仅仅运用简单的替代指标很难准确计量二者对于植物油加工业全要素生产率的影响，因而，本书引入耦合系统分析工具，从综合视角来考量资源禀赋与空间集聚对于植物油加工业全要素生产率的影响。从 2003—2011 年植物油加工业资源禀赋与空间集聚的耦合协调度测算结果来看，大部分省区的耦合协调度取值不高，仅有黑龙江处于良好协调状态，山东处于中级协调状态，而北京处于极度失调状态。样本期内，15 个全要素生产率呈现增长态势的省区，耦合协调度的均值为 0.513 3，处于勉强协调状态。将资源禀赋序参量和空间集聚序参量作为解释变量引入动态面板模型的估计结果显示，二者均对全要素生产率变化有显著正向影响，但资源禀赋序参量的正向影响主要源于技术变化和纯效率变化，而空间集聚序参

量的正向影响主要源于技术效率特别是规模效率变化。将资源禀赋与空间集聚的耦合协调度引入动态面板模型的估计结果显示，耦合协调度对植物油加工业全要素生产率变化、技术效率变化和规模效率变化均有显著正向影响，对技术变化和纯效率变化均有显著负向影响。

二、相关政策建议

1. 处理好技术优势与规模优势、集聚发展与平衡发展的关系，找准效率提升的着力点

从测算结果来看，中国植物油加工业全要素生产率变化呈现两个显著特点：一方面，总体呈现增长态势，但是增长动力主要来自规模效率，而技术变化和纯效率变化则产生了制约作用；另一方面，不同地区存在显著差异，而且与区域经济发展水平并不重合。因此，要提升中国植物油加工业的全要素生产率，必须以上述两个特点为基础，以扬长补短为基本原则，处理好技术优势与规模优势、集聚发展与平衡发展的关系，切实找准效率提升的着力点。(1) 继续鼓励规模化经营，从产业和组织两个层面提升规模优势，同时以规模扩张为契机，加大技术研发投入，提高技术创新效率，不断铸造新的技术优势，以规模优势带动技术优势，努力实现技术与规模双轮驱动全要素生产率提升；(2) 坚持走集聚发展道路，引导优势资源向部分先行地区集聚，形成特色化的集聚发展模式，充分发挥产业集聚的正向外溢效应，以集聚发展引领平衡发展，推动全要素生产率的整体提升。

2. 补强夯实资源禀赋优势，完善效率提升的要素保障

尽管资源禀赋的部分要素直接构成了植物油加工业的投入要素，会对作为余值的全要素生产率构成消减作用，但是任何产业发展都不可能完全脱离对资源要素的依赖，没有物质基础的支撑，整个产业将成为"无米之炊"，因此，良好的资源禀赋条件是提升全要素生产率必不可少的要素保障。前文的理论分析和实证检验均证明，不同资源要素对全要素生产率的影响存在显著差异，因而，必须依据不同资源要素的属性和影响机理，从数量规模和质量结构两个层面对区域资源要素禀赋进行优化升级。(1) 以全面提高植物油料生产效率为核心，在不大幅度提高植物油料播种面积的前提下，推动植物油料产量稳步增加。一方面，以稳定提高植物油料的国内自给率为政策目标，扶持植物油料高产种子和种植技术的研发与推广，努力提高植物油料的单产，鼓励加强木本油料和非传统植物油料的开发利用，全方位扩大植物油料总体产量规模；另一方面，在国内耕地资源约束日益严峻的背景下，

合理平衡粮食和油料的补贴和收购政策，保持总体播种面积相对稳定，并且以新一轮农地流转制度改革为契机，加大承包土地资源的整合力度，提高植物油料种植的规模化和机械化水平，切实提高植物油料种植行业的生产率。(2) 加大人力资本投资力度，不断提高劳动力的整体素质，增强从业人员对现代化生产工艺的操控能力，使植物油加工企业能够以更少的劳动力投入量创造更多的产值。同时，注意培养高素质的企业家和创新人才，为植物油加工业企业参与国际竞争提供人才支撑。(3) 加快完善区域创新体系，提高自主创新能力，改善技术创新效率，强化区域整体的技术资源优势。同时，在企业层面，借鉴高新技术企业的有关政策，提高研发投入的税前抵扣比例，鼓励植物油加工企业加大研发投入力度，加强技术引进和消化吸收再创新，在产业共性技术方面减少同发达国家和地区的差距。(4) 顺应转变经济发展方式的总体要求，克服经济增长的投资依赖症，控制固定资产投资规模扩张，优化固定资产投资结构，在投资流向上适当向植物油加工业相关领域倾斜，支持植物油加工企业以先进生产设备进行劳动替代。(5) 尽管植物油加工业属于限制外资进入的领域，但是外资仍然是影响植物油加工业发展的重要变量，其中正向影响主要来自规模扩张和效率改善，而负向影响主要来自技术抑制，因此，应调整优化外资政策，改变对外资的盲目崇拜和超国民待遇，加强引进战略性外商直接投资，注重发挥外资的技术溢出效应。(6) 加强交通基础设施建设，提高交通运输服务水平，降低植物油加工业的物流运输成本。

3. 加快产业集聚发展步伐，强化效率提升的主导动力

前文的实证检验结果显示，产业集聚对植物油加工业全要素生产率变化有显著促进作用，并且对技术进步和规模效率都有显著正向影响，从这个意义上说，产业集聚的规模优势和多重正向外溢效应已成为植物油加工业全要素增长的主导动力。然而，从相关测算指标来看，我国植物油加工业的空间集聚水平并不高。因此，未来必须进一步加快集聚发展的步伐，不断提高集聚水平，持续发挥产业集聚的正向外溢效应。(1) 理性认识产业集聚的多重良好效应，强化集聚发展理念，逐步改变区域供给安全导向的平衡发展模式，完善集聚发展的政策环境，在产业基础和禀赋条件比较好的地区率先形成较高水平的植物油加工产业集聚。(2) 在引导众多植物油加工企业集中布局的同时，注意吸引前、后向业务联系紧密的企业，增强集聚企业之间的互补性，从横向和纵向两个层面拓展和延伸植物油加工业的产业链条，充分发挥产业集聚的正向外溢效应。(3) 加快产业转型升级步伐，提高深加工和精炼业务的比重，提升整个产业集聚的附加值。同时，降低产业能耗和环境污染，加强对植物油料残渣的再开发利用，推动整个产业集聚的可持续发展。

4. 培育具有国际竞争优势的龙头企业，优化效率提升的主体条件

企业是植物油加工业发展的基本组织主体，其规模结构、市场地位和经营绩效直接影响着整个产业的兴衰，也是提升产业整体全要素生产率的最具能动性的力量。前文的实证研究结果显示，企业规模对技术进步有显著促进作用，而技术进步又是制约植物油加工业全要素生产率增长的短板，因此，应着力扩大企业规模，提升技术创新效率，以不断增强的技术优势推动全要素生产率增长。(1) 充分发挥市场机制的决定性作用，加快淘汰落后产能，引导优质资源向更具效率的企业流动，不断提高植物油加工企业的平均规模，增强企业的技术创新能力，提升企业层面的规模效益。(2) 以新一轮全面深化改革为契机，深化投融资体制改革，清除阻碍植物油加工企业兼并收购的体制壁垒，拓宽植物油加工企业规模化经营的渠道，加快培育本土资本主导的具备国际竞争优势的龙头企业。(3) 借鉴国际粮油巨头的经营理念和管理经验，鼓励内资植物油加工企业加强品牌建设，塑造国内外知名的植物油品牌，依托品牌效应强化在原料市场和产品市场的竞争优势。(4) 加强植物油加工企业社会责任建设，引导企业在追求经济利益的同时守好法律底线，重视伦理责任和慈善责任，主动抵制假冒伪劣行为，积极回应民众诉求和国家使命，切实为维护植物油的质量安全、消费安全和产业安全做出更大贡献。

5. 全面促进耦合协调发展，开辟效率提升的科学路径

前文的实证研究证明了，从耦合视角来看，资源禀赋序参量和空间集聚序参量均对植物油加工业全要素生产率变化有显著正向影响，并且二者的耦合协调度也对全要素生产率、技术效率和规模效率有显著正向影响，因此，资源禀赋与空间集聚的良性互动是未来植物油加工业发展的理性路径，而提高二者的耦合协调度则提升全要素生产率的科学路径。(1) 科学把握资源禀赋与空间集聚耦合互动的理论机理和现实意义，在贯彻落实科学发展观的过程中，确立耦合协调发展的基本理念，既要强调依据资源禀赋来推进空间集聚，又要重视通过空间集聚来提升资源禀赋，从而使植物油加工业步入主要依靠全要素生产率提高实现自我累积发展的良性轨道。(2) 分别补强、提升资源禀赋和空间集聚，夯实高水平耦合协调发展的基础，既要以提高植物油料生产效率、提高人力资本素质、提高技术创新效率为关键抓手来持续提升资源禀赋优势，又要以扩大产业规模、延伸产业链条、放大外溢效应、提高附加值率、促进可持续发展为关键抓手来持续提升空间集聚的水平和绩效。(3) 以加快培育特色化植物油加工产业集聚为重点，增强产业集聚对资源禀赋的适应性和引领性，打造高水平耦合协调发展的现实样本。(4) 加强制度创新，优化资源禀赋与空间集聚耦合协调发展的保障机制，例如，建立权威高效的利益协

调机制来应对跨区域资源整合和产业转移过程中的矛盾冲突，建立有序稳定的竞争合作机制来应对市场开发和创新转型中的种种难题，建立科学客观的评价反馈机制等来保障绩效竞争和政策引领的正确方向。

三、未来研究展望

1. 区分不同植物油料品种，进行细分产业研究

由于受到数据可得性的制约，本书只对植物油加工业进行了整体研究，未能进一步探讨不同植物油料品种的具体情况。实际上，不同植物油料品种的空间分布和禀赋特征存在显著差异，如果能够运用大豆、油菜籽、花生等主要植物油料品种的数据进一步验证资源禀赋与空间集聚的耦合发展对于全要素生产率的影响，结合细分品种来探讨下一步的发展思路，将具有更强的实践价值。因此，希望能够在今后的研究中，充分调动各种社会资源，克服数据障碍，针对某些具体油料品种开展细分产业研究。基于地域便利和情感偏好的考虑，迫切希望能够在花生油行业开展细分研究。花生播种面积和产量的数据可由统计局提供，但是花生油加工企业的数据较难获取，可以考虑从两条线展开，一是在花生主产区进行大范围调研，二是依据零售市场上主要花生油品牌进行定向访谈。

2. 选择部分有影响力的植物油产业集聚区，进行典型案例研究

同样出于数据可得性的考虑，本书主要在省域层面探讨植物油加工业的资源禀赋与空间集聚问题。然而，实际上由于我国各省域面积较大而且差异显著，而植物油料生产又与地理位置和气候条件关系密切，在省域层面讨论资源禀赋和空间集聚问题往往会使说服力大打折扣，特别是基于省域数据得出的实证检验结果可能难以对现实问题做出有力的回应，甚至部分基于宏观数据的检验结果会与直观现实相悖。因此，希望能够在今后的研究中，选择部分有影响力、有代表性的植物油产业集聚区，进行细致的案例研究，剖析资源禀赋与空间集聚在企业实际运营中的影响机理，评判二者对于企业经营绩效的现实影响，以期从微观层面证明“资源禀赋与空间集聚的耦合协调发展是中国植物油产业健康发展的有效路径之一”。同样出于便利性考量，可以考虑选择以“鲁花花生油”为代表的山东莱阳花生油产业集聚区进行典型案例研究，不仅可以相对便利地获取相关数据，而且已经有相关学术成果可供参考。

参考文献
References

[1] Ohlin Bertil. Interregional and International Trade[M]. Cambridge: Harvard University Press, 1933

[2] Fare R, Grosskopf S, Norris M, et al. Productivity Growth, Technical Progress and Efficiency Changes in Industrialized Countries[J]. American Economic Review,1994,84(1):66 - 83

[3] Barron R, X. Sala—i—Martin. Convergence Across States and Regions[J]. Brookings Papers on Economic Activity, 1991(1):107 - 182

[4] Barron R, Sala—i—Martin, X. Convergence[J]. Journal of Political Economy, 1992, 100(2):223 - 251

[5] Stephen M. Miller , Mukti P. Upadhyay. Total Factor Productivity and the Convergence Hypothesis[J]. Journal of Macroeconomics, 2002(24):267 - 286

[6] Samuelson Paul A. International Factor—Price Equalization Once Again [J]. Economic Journal, 1949, 59(234):181 - 197

[7] Auty Richard. Sustaining Development in Mineral Economies: The Resource Curse Thesis[M]. New York: Oxford University Press, 1993

[8] Sachs Jeffrey, Andrew Warner. Natural Resource Abundance and Economic Growth[A]. G Meier, J Rauch, eds. Leading Issues in Economic Development[C]. New York: Oxford University Press,1995

[9] Sachs Jeffrey, Andrew Warner. The Curse of Natural Resources[J]. European Economic Review (Elsevier), 2001,45(4 - 6):827 - 838

[10] Gylfason Thorvaldur. Resources, Agriculture and Economic Growth in Economies in Transition[Z]. Kyklos, 2000, 53(4):545 - 579

[11] Corden W Max. Booming Sector and Dutch Disease Economics: Survey and Consolidation[M]. New York: Oxford University Press,1984

[12] Blundell R, Bond S. Initial conditions and moment restrictions in dynamic panel data models [J]. Journal of Econometrics, 1998(87): 115 - 143

[13] Sala—i—Martin, Xavier, Arvind Subramanian. Addressing the Natural Resource Curse: An Illustration from Nigeria[Z]. IMF Working Paper, 2003

[14] Mehlum Halvor, Karl Moene, Ragnar Torvik. Institutions and the Resource Curse[J]. Economic Journal, 2006, 116(508): 1 - 20

[15] Arellano M, Bond S. Some tests of specification for panel data: Monte Carlo evidence and an application to employment equations[J]. Review of Economic Studies, 1991(58): 277 - 297

[16] Paul Krugman. Increasing returns and Economic Geography[J]. Journal of Political Economy, 1991, 99(3): 483 - 499

[17] Ciccone A, Hall R E. Productivity and the Density of Economic Activity [J]. American Economic Review, 1996(86): 54 - 70

[18] Henderson V J. Marshall's Scale Economies[J]. Journal of Urban Economics, 2003, 53(1): 1 - 28

[19] Cingano F, Schivardi F. Identifying the Sources of Local Productivity Growth[J]. Journal of the European Economic Association, 2004, 2(4): 720 - 742

[20] Schumpeter J. Capitalism, Socialism and Democracy[M]. New York: Harper & Row, 1942

[21] Galbraith J K. American Capitalism: The Concept of Countervailing Power [M]. Houghton Mifflin, 1952

[22] Kamien M, Schwartz N. Market Structure and Innovation[M]. Cambridge: Cambridge University Press, 1982

[23] Edwin Mansfield. The Production and Application of New Industrial Technology[M]. New York: W. W. Norton & Co Inc. (Np), 1977

[24] Scherer F M. Firm size, market structure, opportunity and the output of patented inventions[J]. American Economic Review, 1965, 55: 1097 - 1125

[25] [美]西蒙·库兹涅茨. 各国的经济增长——总产值和生产结构[M]. 常勋，等，译. 北京：商务印书馆，1985

[26] [美]西奥多·W·舒尔茨. 论人力资本投资[M]. 北京：北京经济学院出版社，1990

[27] [美]罗伯特·J·巴罗,夏威尔·萨拉-伊-马丁. 经济增长[M]. 夏俊,译. 第二版. 上海:格致出版社,2010
[28] 徐康宁. 产业聚集形成的源泉[M]. 北京:人民出版社,2006
[29] [英]马歇尔. 经济学原理[M]. 朱志泰,译. 北京:商务印书馆,1997
[30] [美]托马斯·A·普格尔,彼得·H·林德特. 国际经济学[M]. 李克宁,等,译,第十一版. 北京:经济科学出版社,2001
[31] [美]迈克尔·波特. 国家竞争优势[M]. 李明轩,邱如美,译. 北京:华夏出版社,2002
[32] 王俊籽. 我国食用植物油供求分析及发展态势展望[J]. 粮油加工与食品机械,2004(3):10-12
[33] 陈艳君. 2003 年植物油市场年度回顾暨 2004 年展望[J]. 粮食与油脂,2004(3):30-32
[34] 郭平丽. 2004 年植物油市场行情分析及 2005 年市场展望[J]. 粮食与油脂,2005(2):33-37
[35] 郭清保. 2007 年国内食用植物油市场回顾及 2008 年走势展望[J]. 黑龙江粮食,2008(1):30-35
[36] 程黔. 2008 年国内食用油市场行情展望[J]. 农业展望,2008(1):20-23
[37] 李云峰. 2008 年我国油脂油料市场回顾与 2009 年展望——植物油市场[J]. 中国粮食经济,2009(3):36-38
[38] 李攀峰. 2010 年食用油走势展望[J]. 粮食问题研究,2012(2):7-12
[39] 董彦彬. 2009 年国内食用油市场分析及后市展望[J]. 农业展望,2010(1):13-17
[40] 李娜. 2009 年国内食用油市场回顾与展望[J]. 农业展望,2010(2):17-19
[41] 朱行. 2010/2011 年度世界油籽与植物油供求预测[J]. 中国粮食经济,2010(7):39-40
[42] 王瑞元. 国内外食用油市场的现状与发展趋势[J]. 中国油脂,2011(6):1-6
[43] 郭清保. 2011 年中国食用油市场回顾与展望[J]. 饲料广角,2012(1):21-22
[44] 程黔. 我国 2011 年食用油市场回顾及 2012 年展望[J]. 粮食与油脂,2012(3):36-38
[45] 王新,颜繁宝. 中国油料油脂市场回顾与展望[J]. 中国油脂,2013(4):12-14
[46] 李楠,董彦彬. 2013 年油料和食用植物油市场分析与 2014 年展望[J]. 农业展望,2014(3):9-14
[47] 王瑞元. 国内外食用油市场的现状与发展趋势[J]. 中国油脂,2011(6):1-6

[48] 李争,杨俊.食用植物油价格波动与CPI关系研究[J].价格理论与实践,2009(12):59-60
[49] 李全根.我国食用油价格异常波动的成因与对策研究[J].中国井冈山干部学院学报,2008(4):81-86
[50] 马晓平,江可申,邓晶.近阶段食用油价格上涨的原因分析及对策探讨[J].价格月刊,2010(3):8-12
[51] 肖敏.我国食用油价格波动的原因与对策研究[J].价格理论与实践,2010(2):23-24
[52] 刘家富,李秉龙,李孝忠.基于VAR模型的国产大豆和豆油市场价格传导研究[J].农业技术经济,2010(8):33-38
[53] 王永刚.我国食用植物油消费增长及其影响因素分析[J].农业技术经济,2006(6):54-59
[54] 彭可茂,祁春节,雷海章.中国城乡居民食用植物油的需求弹性分析[J].中国物价,2006(4):61-64
[55] 沈琼.我国城镇居民植物油消费需求分析[J].中国农业大学学报,2008(3):36-42
[56] 马冠生,等.中国成年居民食用油消费现状[J].中国食物与营养,2008(9):29-32
[57] 何杰夫,张博.中国食用植物油的供应量和消费量究竟是多少?[J].中国农村经济,2011(4):87-92
[58] 马龙波,等.北京市食用油消费调查及消费者需求偏好研究[J].林业经济,2012(2):63-65
[59] 付亦男等.北京市某高校师生日均食盐食用油摄入量调查[J].中国健康教育,2013(11):976-977
[60] 周金星,等.沈阳市食用油消费意识现状与分析[J].中国油脂,2012(9):1-5
[61] 钟甫宁,陈希,叶锡君.转基因食品标签与消费偏好——以南京市超市食用油实际销售数据为例[J].经济学(季刊),2006(4):1311-1318
[62] 钟甫宁,陈希.转基因食品、消费者购买行为与市场份额——以城市居民超市食用油消费为例的验证[J].经济学(季刊),2008(3):1061-1078
[63] 谢玉梅,邬一羽.消费者对转基因食用油的认知和购买行为分析——基于无锡市消费者的调查数据[J].江南大学学报:人文社会科学版,2014(2):115-119
[64] 刘爱民,等.生物柴油产业发展与植物油供求关系分析[J].资源科学,2008(4):560-564

[65] 杨庆敏.日本废食用油处理路径及对中国的启示[J].当代经济,2010(18):10-12
[66] 姜法竹,王存,杨秀峰.品牌小包装食用油营销竞争力评价研究[J].商业研究,2010(11):72-75
[67] 石帅,张大红,骆耀峰.上海市食用油消费调查及消费者需求偏好研究[J].中国油脂,2010(10):1-5
[68] 杨红旗,路风银,吴恩淮.我国食用植物油生产现状分析与发展对策[J].江西农业学报,2010(1):211-212
[69] 郭元章,霍艳爽.河北省油料产业的发展现状问题与对策[J].河北农业科学,2013(3):81-85
[70] 吴金玉,杜亚光,孙娟.积极发展油棕生产努力提高我国食用植物油自给率[J].中国热带农业,2009(2):11-13
[71] 屈宝香,等.中国花生产业发展与食用植物油供给安全保障分析[J].中国食物与营养,2008(11):13-15
[72] 胡志全,程广燕.实施花生补贴和收购最低保护价制度是提高我国食用植物油安全保障水平的有效措施[J].农业经济,2010(10):31-32
[73] 王瑞元.大力发展油菜产业,提高我国食用油自给率[J].农业机械,2011(14):21-24
[74] 王瑞元.发展油茶产业是提高中国食用油自给率的重要举措[J].粮食科技与经济,2011(4):5-6
[75] 王永刚,张正河,卢向虎.世界油料及植物油生产,贸易格局分析[J].中国油脂,2006(1):10-13
[76] 刘李峰,武拉平,刘庞芳.贸易自由化背景下中国植物油籽贸易的现状及前景[J].中国油脂,2006(10):14-17
[77] 沈琼,刘小和.我国油料、植物油的进口特征及品种间的替代性分析[J].中国农村经济,2006(5):25-31
[78] 李然.当前我国植物油籽贸易的特征,发展趋势与对策[J].国际贸易问题,2008(8):34-41
[79] 彭争光,等.进口橄榄油存在的主要问题及对策研究[J].粮食与食品工业,2010(6):56-58
[80] 朱再清.我国油菜籽及菜籽油的比较优势及国际竞争力分析[J].华中农业大学学报:社会科学版,2009(6):10-13
[81] 沈琼.关税减让对我国油料和植物油贸易的影响分析[J].统计与决策,2009(3):96-98

[82] 王永刚. 跨国公司直接投资与中国油料和植物油贸易的关系研究[J]. 南京农业大学学报:社会科学版,2010(3):45-49

[83] 陈新华,冯中朝,刘洁. 技术性贸易壁垒(TBT)对我国食用油料产业安全的影响与保护的有效性分析[J]. 农业现代化研究,2010(6):674-677

[84] 郑芳. 我国与亚太地区国家油料作物贸易流动与影响因素分析[J]. 兰州学刊,2010(7):62-66

[85] 肖嵘. 我国植物油籽出口结构及国际竞争力的实证研究[J]. 国际贸易问题,2010(5):12-18

[86] 吴学君. 中国植物油籽产业内贸易的实证分析[J]. 中国油料作物学报,2011(1):87-92

[87] 唐海燕. 人民币汇率变动对我国食用植物油贸易的影响及展望[J]. 农业展望,2012(3):52-54

[88] 国家粮食储备局西安油脂科学研究设计院. "十一五"时期我国食用油工业发展战略研究(上)[J]. 食品科技,2007(4):1-3

[89] 励建荣. 中国植物油工业的现状及发展战略[J]. 食品科技,2008(1):100-104

[90] 王瑞元. 2009 年我国食用植物油加工业的基本状况和应关注的几个问题[J]. 中国油脂,2010(9):1-5

[91] 王瑞元. 我国食用植物油加工业的基本情况和在"十二五"期间应关注的一些问题[J]. 中国油脂,2011(11):1-5

[92] 王永刚. 贸易、国际投资与植物油加工业市场结构[J]. 重庆工商大学学报:社会科学版,2006(6):61-64

[93] 王永刚. 浅析空间集聚对植物油加工业增长绩效的影响[J]. 新疆农垦经济,2006(11):20-24

[94] 陈晓群,庄丽娟. 通胀预期背景的食用油产业链利益分配格局[J]. 改革,2010(1):55-60

[95] 许良,王永刚. 印度、日本和韩国植物油产业政策及其对我国的启示[J]. 中国油脂,2006(7):16-19

[96] 周垂钦,等. 我国花生油产业发展现状与前景[J]. 中国油脂,2009(10):5-8

[97] 杨涛,李娜. 我国玉米油产业现状与前景分析[J]. 黑龙江粮食,2009(6):36-37

[98] 陈云飞,何东平. 武汉食用植物油产业的现状与发展策略[J]. 粮油加工与食品机械,2005(12):13-14

[99] 胥镤. 四川省食用植物油产业发展研究[J]. 粮食问题研究,2010(2):13-17

[100] 杨振和,苏振华.基于三大油料资源优势的湖南食用植物油产业发展研究[J].黑龙江粮食,2013(1):46-49
[101] 郭清保.当前跨国集团在华植物油产能研究[J].粮食与油脂,2008(3):36-39
[102] 马苏.从外资并购食用油企业谈反垄断法的适用和完善[J].中国粮食经济,2009(9):12-14
[103] 谢春凌.外资对我国植物油产业的影响与对策[J].改革与战略,2011(3):136-138
[104] 赵丽佳,冯中朝.我国油料和植物油的产业安全:基于进口视角的分析[J].国际贸易问题,2008(12):29-36
[105] 苟勇.对我国食用植物油安全问题的思考[J].粮食问题研究,2008(5):15-24
[106] 王汉中.我国食用油供给安全形势分析与对策建议[J].中国油料作物学报,2007(3):347-349
[107] 程广燕,王东阳.当前国内植物油产业格局、趋势及对策分析[J].农业展望,2011(1):39-42
[108] 高铁生,安毅,张俊.我国食用油市场安全与储备制度改革[J].经济与管理研究,2008(8):34-37
[109] 刘悦,聂作明,王兴国.HACCP在食用油加工行业中的应用探讨[J].中国粮油学报,2009(7):148-152
[110] 潘学清.论花生产业与中国食用油战略安全[J].北京农业,2009(29):5-7
[111] 潘明清,付婷婷,卓玛.西藏全要素生产率的测算与分析[J].西藏大学学报:社会科学版,2011(2):74-80
[112] 全炯振.中国农业全要素生产率增长的实证分析:1978—2007年——基于随机前沿分析(SFA)方法[J].中国农村经济,2009(9):36-47
[113] 张海波,刘颖.我国农业全要素生产率增长及收敛研究[J].统计与决策,2012(13):139-142
[114] 王奇,王会,陈海丹.中国农业绿色全要素生产率变化研究:1992～2010年[J].经济评论,2012(5):24-33
[115] 马恒运,唐华仓.中国牛奶生产的全要素生产率分析[J].中国农村经济,2007(2):40-48
[116] 刘威,陈书章,马恒运.我国原料奶生产全要素生产率增长分析[J].商业研究,2011(7):58-63

[117] 李谷成,冯中朝.中国农业全要素生产率增长:技术推进抑或效率驱动——一项基于随机前沿生产函数的行业比较研究[J].农业技术经济,2010(5):4-14
[118] 李谷成,冯中朝,范丽霞.农户家庭经营技术效率与全要素生产率增长分解(1999—2003年)——基于随机前沿生产函数与来自湖北省农户的微观证据[J].数量经济技术经济研究,2007(8):25-34
[119] 郑循刚,胡培.四川省农户农业生产全要素生产率增长分解——基于2005—2007年的面板数据分析[J].农村经济,2010(6):39-42
[120] 赵燃,骆乐,韩鹏.中国农产品加工业技术效率、技术进步与生产率增长[J].中国农村经济,2008(4):24-32
[121] 王艳华,王军,张越杰.吉林省农产品加工业全要素生产率变动及其分解分析——基于Malmquist生产率指数的实证研究[J].农业技术经济,2010(10):108-114
[122] 战炤磊,王凯.产业集聚、企业规模与农产品加工业全要素生产率——来自江苏的证据[J].中南财经政法大学学报,2012(5):134-140
[123] 李鹏,曾光.我国农副食品加工业全要素生产率研究——基于17个细分行业数据[J].中国农业大学学报,2012(4):179-184
[124] 刘洋,吴育华.中国农业全要素生产率变动:1995—2005年[J].中国农机化,2008(6):41-44
[125] 李谷成.人力资本与中国区域农业全要素生产率增长——基于DEA视角的实证分析[J].财经研究,2009(8):115-128
[126] 郭军华,李帮义.区域农业全要素生产率测算及其收敛分析[J].系统工程,2009(12):31-37
[127] 方福前,张艳丽.中国农业全要素生产率的变化及其影响因素分析——基于1991—2008年Malmquist指数方法[J].经济理论与经济管理,2010(9):5-12
[128] 郑云.中国农业全要素生产率变动、区域差异及其影响因素分析[J].经济经纬,2011(2):55-59
[129] 杨杰,叶小榕.中国农业全要素生产率测算及动态分解研究——以2000—2008年我国30个行政区域数据为样本[J].常熟理工学院学报:哲学社会科学,2011(7):38-43
[130] 白林,万忠,罗其友,林伟君,方伟.中国农业全要素生产率构成及区域趋同性分析——基于1996—2010年Malmquist指数法[J].农业现代化研究,2012(5):552-555
[131] 李尽法,吴育华.河南省农业全要素生产率变动实证分析——基于Malmquist指数方法[J].农业技术经济,2008(2):96-102

[132] 杨易,吴秀敏,赵智晶.基于Malmquist指数的四川省农业全要素生产率分析[J].湖北农业科学,2011(6):1283-1287

[133] 苏柱华,陈胜学.人力资本对农业全要素生产率、技术效率和技术进步的影响——基于广东省1995—2010年面板数据的分析[J].南方农业学报,2012(8):1235-1240

[134] 郑素芳,韦明,张岳恒.海南省农业全要素生产率及地区差异分析——基于DEA的Malmquist指数方法[J].海南大学学报:人文社会科学版,2012(3):126-130

[135] 王珏,宋文飞,韩先锋.中国地区农业全要素生产率及其影响因素的空间计量分析——基于1992—2007年省域空间面板数据[J].中国农村经济,2010(8):24-35

[136] 潘丹,应瑞瑶.中国农业全要素生产率增长的时空变异:基于文献的再研究[J].经济地理,2012(7):113-117

[137] 张莉侠,刘荣茂,孟令杰.中国乳制品业全要素生产率变动分析——基于非参数Malmquist指数方法[J].中国农村观察,2006(6):2-8

[138] 尹云松,孟令杰.基于Malmquist指数的中国乳制品业全要素生产率分析[J].农业技术经济,2008(6):15-22

[139] 丁岩,等.辽吉两省玉米全要素生产率的比较研究——基于莫氏指数的研究[J].商业研究,2008(12):181-182

[140] 李尚蒲,罗必良.我国农垦全要素生产率的测算:1999—2007[J].统计与决策,2009(13):83-85

[141] 李道和,郭锦墉,朱述斌.中国柑橘产业的全要素生产率、技术进步与效率变化[J].江西农业大学学报:社会科学版,2010(1):43-47

[142] 张海波,刘颖.我国粮食主产省农业全要素生产率实证分析[J].华中农业大学学报:社会科学版,2011(5):35-38

[143] 薛强,等.基于Malmquist指数的家庭奶牛饲养全要素生产率研究——以中国10个奶业省为例[J].农业现代化研究,2012(4):440-442

[144] 苏时鹏,马梅芸,林群.集体林权制度改革后农户林业全要素生产率的变动——基于福建农户的跟踪调查[J].林业科学,2012(6):127-135

[145] 闵锐.粮食全要素生产率:基于序列DEA与湖北主产区县域面板数据的实证分析[J].农业技术经济,2012(1):47-55

[146] 于海龙,李秉龙.中国乳业的全要素生产率及影响因素分析——基于DEA—Tobit模型分析[J].西安财经学院学报,2012(5):33-38

[147] 江小涓.用改革的办法破解发展难题[N].人民日报,2009-04-01
[148] 赵蕾,王怀明.中国农业生产率的增长及收敛性分析[J].农业技术经济,2007(2):93-98
[149] 李鹏,曾光.我国农副食品加工业全要素生产率研究——基于17个细分行业数据[J].中国农业大学学报,2012(4):179-184
[150] 王珏,宋文飞,韩先锋.中国地区农业全要素生产率及其影响因素的空间计量分析——基于1992—2007年省域空间面板数据[J].中国农村经济,2010(8):24-35
[151] 赵伟,马瑞永.中国经济增长收敛性的再认识——基于增长收敛微观机制的分析[J].管理世界,2005(11):12-21
[152] 李谷成.中国农业生产率增长的地区差距与收敛性分析[J].产业经济研究,2009(2):41-48
[153] 路征,邓翔.要素禀赋与中国制造业空间分布——基于Rybczynski方程矩阵的实证分析[J].西南民族大学学报:人文社会科学版,2010(9):162-167
[154] 李超,覃成林.要素禀赋、资源环境约束与中国现代产业空间分布[J].南开经济研究,2011(4):123-136
[155] 尚杰,姜睿.要素禀赋对区域环保产业竞争力的影响研究——基于Kim-Marion模型和Moreno模型的实证分析[J].中国软科学,2012(2):166-173
[156] 徐康宁,王剑.自然资源丰裕程度与经济发展水平关系的研究[J].经济研究,2006(1):78-89
[157] 邵帅,齐中英.西部地区的能源开发与经济增长——基于"资源诅咒"假说的实证分析[J].经济研究,2008(4):147-160
[158] 方颖,纪衎,赵扬.中国是否存在"资源诅咒"[J].世界经济,2011(4):144-160
[159] 王智新,梁翠.人口规模、资源禀赋与经济增长实证分析[J].中国人口·资源与环境,2012(10):158-163
[160] 应瑞瑶,周力.资源禀赋与绿色创新——从中国省际数据的经验研究看"荷兰病"之破解[J].财经研究,2009(11):92-102
[161] 邵帅,范美婷,杨莉莉.资源产业依赖如何影响经济发展效率?——有条件资源诅咒假说的检验及解释[J].管理世界,2013(2):32-63
[162] 战炤磊.产业集群对区域经济发展的双向效应——基本方式与作用机理[J].技术经济与管理研究,2011(1):99-103
[163] 徐康宁.当代西方产业集群理论的兴起、发展和启示[J].经济学动态,2003(3):71-74

[164] 石灵云,刘修岩.地方化经济、城市化经济与劳动生产率——基于中国制造业四位数行业的实证研究[J].南方经济,2008(3):43-51
[165] 孙浦阳,韩帅,许启钦.产业集聚对劳动生产率的动态影响[J].世界经济,2013(3):33-53
[166] 魏后凯.企业规模、产业集中与技术创新能力[J].经济管理,2002(4):4-10
[167] 陆立军,于斌斌.产业集聚、创新网络与集群企业技术能力——基于绍兴市14262份问卷的调查与分析[J].中国科技论坛,2010(3):67-72
[168] 孟祺.产业集聚与技术进步——基于中国装备制造业的实证分析[J].科技与经济,2010(1):67-70
[169] 王俊松,贺灿飞.集聚经济、外资溢出效应与中国汽车企业效率[J].地理科学进展,2009(3):337-344
[170] 苏李,臧日宏,闫逢柱.中国制造业地理集聚对技术进步影响的实证分析[J].中国科技论坛,2010(2):54-60
[171] 王丽丽,范爱军.空间集聚与全要素生产率增长——基于门限模型的非线性关联研究[J].财贸经济,2009(12):105-110
[172] 朱英明.区域制造业规模经济、技术变化与全要素生产率——产业集聚的影响分析[J].数量经济技术经济研究,2009(10):3-18
[173] 戴西超,谢守祥,丁玉梅.企业规模、所有制与技术创新——来自江苏省工业企业的调查与实证[J].软科学,2006(6):114-116
[174] 于君博,舒志彪.企业规模与创新产出关系的实证研究[J].科学学研究,2007(2):373-380
[175] 聂辉华,谭松涛,王宇锋.创新、企业规模和市场竞争:基于中国企业层面的面板数据分析[J].世界经济,2008(7):57-66
[176] 高良谋,李宇.技术创新与企业规模关系的形成与转化[J].中国软科学,2008(12):96-104
[177] 彭征波.企业规模、市场结构与创新——来自不同行业的经验证据[J].中南财经政法大学学报,2007(2):106-111
[178] 杨砚峰,李宇.技术创新的企业规模效应与规模结构研究——以辽宁装备制造业为例[J].中国软科学,2009(2):164-172
[179] 吴文恒,牛叔文.甘肃省人口与资源环境耦合的演进分析[J].中国人口科学,2006(2):81-86
[180] 张燕,吴玉鸣.中国区域工业化与城市化的时空耦合协调机制分析[J].城市发展研究,2006(6):46-51

[181] 王琦,陈才. 产业集群与区域经济空间的耦合度分析[J]. 地理科学,2008(2):145-149
[182] 贾士靖,刘银仓,邢明军. 基于耦合模型的区域农业生态环境与经济协调发展研究[J]. 农业现代化研究,2008(5):573-575
[183] 赵宏林,陈东辉. 城市化与生态环境之关联耦合性分析——以上海市青浦区为例[J]. 中国人口·资源与环境,2008(6):174-177
[184] 郝生宾,于渤,吴伟伟. 企业网络能力与技术能力的耦合度评价研究[J]. 科学学研究,2009(2):250-254
[185] 生延超,钟志平. 旅游产业与区域经济的耦合协调度研究——以湖南省为例[J]. 旅游学刊,2009(8):23-29
[186] 许君燕. 城市化与土地资源利用的耦合协调机制研究[J]. 资源开发与市场,2010(10):929-933
[187] 许恒周,金晶. 耕地非农化与区域经济增长的因果关系和耦合协调性分析——基于中国省际面板数据的实证研究[J]. 公共管理学报,2011(3):64-72
[188] 张青,等. 黄土高原生态与经济系统耦合协调发展状况[J]. 应用生态学报,2011(6):1531-1536
[189] 李娜,孙才志,范斐. 辽宁沿海经济带城市化与水资源耦合关系分析[J]. 地域研究与开发,2010(4):47-51
[190] 周莹莹,刘传哲. 耦合协调度视角下我国虚拟经济与实体经济关系[J]. 求索,2011(5):1-4
[191] 张沛东. 区域制造业与生产性服务业耦合协调度分析——基于中国29个省级区域的实证研究[J]. 开发研究,2010(2):46-49
[192] 黄瑞芬,王佩. 海洋产业集聚与环境资源系统耦合的实证分析[J]. 经济学动态,2011(2):39-42
[193] 傅远佳. 海洋产业集聚与经济增长的耦合关系实证研究[J]. 生态经济,2011(9):126-129
[194] 李莉. 公共图书馆与区域经济的耦合协调度分析——以广东为例[J]. 图书馆论坛,2013(6):56-61
[195] 王瑜炜,秦辉. 中国信息化与新型工业化耦合格局及其变化机制分析[J]. 经济地理,2014(2):93-100
[196] 蒋敏. 中国省域交通与城市化的耦合度分析[J]. 新疆社会科学,2008(5):19-24

后 记
Postscript

本书是在我同名的博士论文基础上修订而成的，主要是补充了农产品加工业的相关文献述评和转基因植物油的有关内容。按照惯例，在呕心之作行将付梓之际，总要说点什么，至少也要谈点感想，而且自己也确实曾经“发愿”要好好写一个后记。但是，由于疲于应付各种工作任务和生活琐事，当然更多的是自己的惰性，迟迟未能落笔。在出版截止日期即将到来之际，我想再补充两个方面的内容：一是向一直以来关心和支持我的师长和亲朋好友表达我真诚的谢意；二是坦露一下我在冥冥之中选择植物油加工业作为研究对象的原因。

虽然在博士论文的致谢部分已经向众多师长和亲朋好友说过感谢，但总是觉得不够全面、不够充分，而且这种感谢无论重复多少遍都不为过。感谢我的博士生导师王凯教授，不仅悉心指导我的论文写作，而且关心我的工作和生活。王老师敏锐的学术眼光，严谨的治学态度，洒脱的处世方式，健康的生活模式，都是我终身学习的好榜样。感谢南京农业大学经济管理学院的所有任课老师，他们渊博的知识和高效的科研方法令我获益良多。感谢师门的所有同学，与他们的交往是我求学道路上的靓丽风景。

感谢我的硕士生导师中共江苏省委党校的方建中教授，不仅将我领进学术之门，而且一直对我的学习、工作和生活给予无微不至的关心和实实在在的帮助，并且对我的博士论文提出了许多建设性的意见和建议。感谢中共江苏省委党校的王平教授、孙文华教授和江苏省社会科学院江海学刊杂志社的李芸研究员、经济研究所的张超研究员、农村发展研究所的吕美晔副研究员对我博士论文写作和修改工作的细致建议和技术支持。感谢江海学刊杂志社的韩璞庚研究员，不仅时常对论文进度加以鞭策和督促，而且从哲学高度给出了独到的建议。感谢江海学刊杂志社的潘清研究员、刘蔚研究员、赵涛研究员、范旭斌副研究员、丁惠平副研究员、单雪丽女士，不仅时常给我打气，而且帮我分担了许多工作任务，使我能够更好地协调在职学习与工作的关系，单雪丽女士还帮忙对全文的图表格式进行了高效率的排版处理。

感谢我的家人对于整个读博过程的理解和支持，感谢年迈的父母帮忙分担家务和照看小孩，感谢妻子操持整个家庭的运营，感谢儿子们提供的动力，这种幸福的后盾是我顺利完成学业并专注科研的根本保障。

关于我博士论文选题的原因，时常会有人问起这个问题，但在不同时期有不同版本的解释。在此想要特别解释一下选择“植物油加工业”这一冷门产业作为研究对象的原因。尽管植物油是人们生活中重要的必需品，但是似乎一直没有成为主流经济学关注的重点，直到目前以“植物油产业”为题的核心期刊论文也不过十余篇，我的相关论文在发表时，“植物油产业”也往往被要求作为副标题或例证。对于将“植物油加工业”作为博士论文的研究对象，在论文正式写作之初，我有一个冠冕堂皇的解释——“这是基于学位要求、专业要求和前期积累等多种因素的均衡选择”：前期在全要素生产率、产业集聚、农产品加工业等方面做了一些探索，发表了一些论文，算是有一定的研究基础；学院规定“农业经济管理专业的博士研究生必须研究与农业有关的问题”；要达到博士学位的要求必须要有相当分量的实证研究。植物油加工业属于农产品加工业的三位数细分行业，与农业有关；而无论是全要素生产率测算还是动态面板回归分析，都需要完备的面板数据，恰好华通数据中心研发的《中国统计数据应用支持系统》有植物油加工业的相关数据（只是当时很少有单位正式购买该数据库，部分图书馆的试用入口可以查看数据但不能下载，只好通过QQ截图将所需数据保存成图片，然后再逐个输入到Excel表格中）。后来，随着研究的深入，逐渐发现自己同植物油加工业还是颇有缘分的，越到后来这种感觉越是强烈，以至于发现自己早期的人生经历（大致是2007年读博士之前）竟然和中国植物油加工业的变迁息息相关。

我1979年9月出生于山东省莱阳市榆科顶乡战家沟村，父亲从1984年左右开始个体经营花生油加工作坊。查阅《1984年国民经济和社会发展统计公报》可以发现，当时我国宏观政策的主基调是“对内搞活经济、对外实行开放”，“农村以联产承包责任制为特征的合作制度进一步完善”，“农业生产在上年大幅度增长的基础上又获得较大丰收”，其中花生产量达481万吨，比上年增长21.8%。宏观层面的宽松政策环境和良好增长态势，加上微观层面的辛勤劳作和诚信经营，油坊总体的经营状况还算红火，这也使我和妹妹得以在短缺经济时代度过了一个算不上富足但也不太短缺的童年。1992年党的十四大之后，随着建立社会主义市场经济体制目标的确立，我国植物油加工业全面复苏，市场化程度和产销能力均大幅提升，父亲的油坊也蒸蒸日上，我和妹妹也顺利升入县重点高中。但是，到了 20 世纪 90 年代中后期，油坊陷入严重危机，以至于我和妹妹在大学时期一直都面临较大的经济压力。这次危机的成因固然有微观层面的市场契约意识薄弱和决策失误等因素，但在一定程度上也与宏观形势的趋紧有关，例如，1996 年“经济软着陆”、1997—1998 年东南亚金融危机、1998 年中国经济从卖方市场转为买方市场等，特别是 90 年代中期以后中国开始成为世界主要油料进口国，粮油跨国巨头开始进入中国市场，使得国内植物油加工业的竞争更加激烈。21 世纪初期，通过开辟新的采购渠道和升级机器设备，油坊走上了复兴之路，但是具有“存储”性质的运营模式终究无法对抗价格剧烈波动引发的“挤兑”风险，特别是 2008 年前后植物油价格的大幅波动致使复兴之路再次中断。然而，随着经济社会发展水平的提高，人们对于绿色健康的要求不断强化，而与此同时，各类食品安全危机事件又频频见诸报端，这似乎意味着传统作坊又迎来了复兴的良好机遇，但是人口老龄化和农村空心化带来的劳动力短缺成为传统作坊持续运营的制约因素。目前，油坊基本退出了市场化运营，主要保障亲朋好友的花生油供给，也使得远在千里之外的我们可以常年享用到纯正的无添加的压榨花生油（目前没有转基因花生）。《淮南子·说山训》云：“以小明大，见一叶落而知岁之将暮，睹瓶中之冰而知天下之寒。”传统作坊与现代企业固然有大不同，但审视传统作坊的变迁对于思考现代企业的发展也大有教益。对于中国植物油加工企业而言，只有走规模化、集约化、品牌化的发展道路，才能实现基业长青；对于中国植物油加工产业而言，只有转变经济发展方式，走主要依靠技术进步和全要素生产率提高的“内生增长”道路，才能克服多重安全危机、实现长期健康发展。

总之，植物油加工业还有很多值得深入研究的问题，只有深耕细作才能品咂出其中的醇香和幸福味道。最后，再次感谢所有关心和支持我的人，我将以此为新的起点，在科研道路上整装再出发。

战炤磊

丙申岁末于金陵